8 Z 3571 2

Paris
1883

Schiller, Frederich von

Correspondance

Tome 2

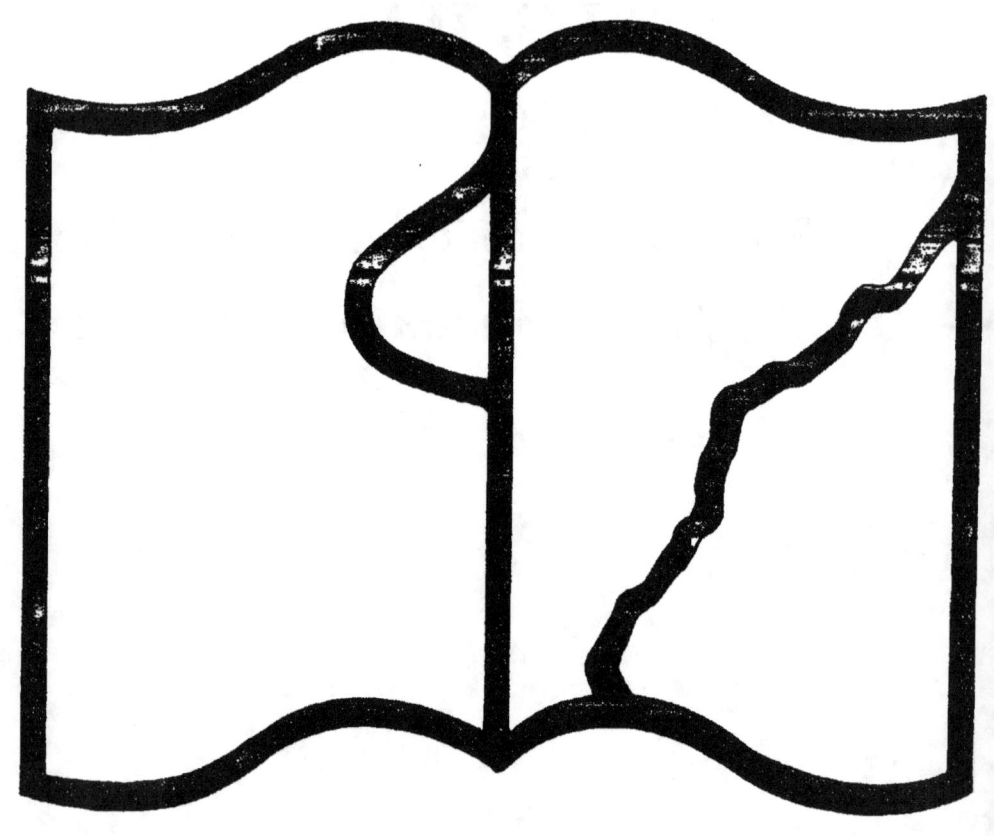

Symbole applicable
pour tout, ou partie
des documents microfilmés

Texte détérioré — reliure défectueuse

NF Z 43-120-11

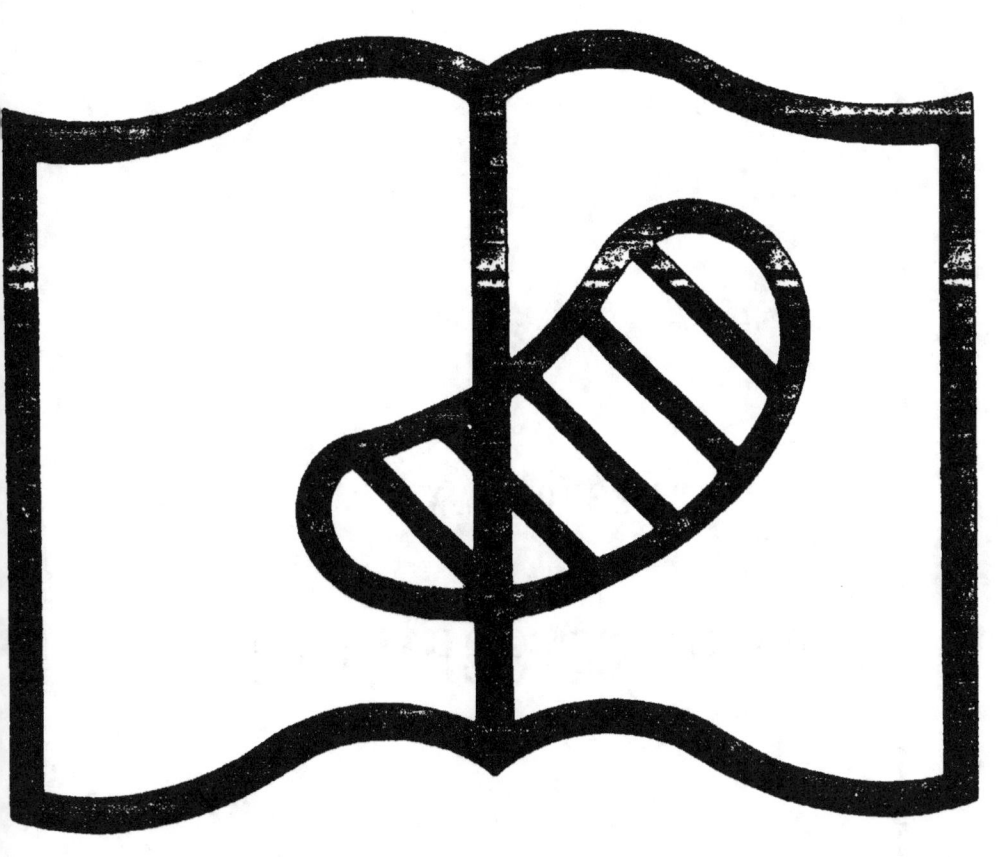

Symbole applicable
pour tout, ou partie
des documents microfilmés

Original illisible

NF Z 43-120-10

CORRESPONDANCE
ENTRE
GŒTHE ET SCHILLER

II

ANGERS, IMPRIMERIE BURDIN ET Cie, RUE GARNIER, 4.

CORRESPONDANCE

ENTRE

GŒTHE ET SCHILLER

TRADUCTION DE

Mme LA BARONNE DE CARLOWITZ

REVISÉE, ANNOTÉE, ACCOMPAGNÉE D'ÉTUDES HISTORIQUES
ET LITTÉRAIRES

PAR M. SAINT-RENÉ TAILLANDIER

PROFESSEUR A LA FACULTÉ DES LETTRES DE MONTPELLIER

TOME SECOND

PARIS

G. CHARPENTIER, ÉDITEUR

13, RUE DE GRENELLE-SAINT-GERMAIN, 13

1883

Tous droits réservés

CORRESPONDANCE
ENTRE
GŒTHE ET SCHILLER

V

LA REPRÉSENTATION
DE
LA TRILOGIE DE WALLENSTEIN

— 1798-1799 —

Nous avons vu Gœthe, impatient de tenir enfin la première pièce de la trilogie de *Wallenstein*, partir subitement pour Iéna, le 22 septembre 1798, bien résolu cette fois à dominer toutes les indécisions de son ami. Il arrive; le voilà au vieux château, dans le logement qui lui est toujours préparé, dans cette pittoresque solitude où il s'est retiré si souvent pour écouter, loin du bruit de Weimar, les voix de la poésie ou de la science. Aujourd'hui, ce n'est pas un poëme, un drame, un roman, ce ne sont pas des méditations scientifiques qui l'appellent à Iéna chez son vieux compagnon Knebel, c'est la nécessité de harceler Schiller et de débarrasser ce mâle génie des liens qui l'entravent encore. La poésie et l'esthétique se disputent l'auteur de *Wallenstein*. Il s'agit d'écarter un instant l'esthétique, d'éloigner la philosophie de l'art et ses scrupules sans fin ; il faut rendre à sa libre inspiration cette conscience sublime et timorée. Gœthe, si patient dans ses méditations, si ardent et si prompt dans l'exécution de ses œuvres, est persuadé que Schiller a suffisamment médité son drame; le poëte de *Wallenstein* a conquis le droit de se livrer à son génie, et surtout l'heure est venue de se borner, d'arrêter les dernières lignes du tableau, de ne plus se perdre dans la casuistique des détails. « C'était un spectacle affligeant, disait Gœthe trente ans plus tard, de voir un homme comblé de dons si extraordinaires se tourmenter ainsi avec des formules philosophiques qui ne pouvaient lui servir à rien[1]. » Gœthe est donc venu affranchir l'imagination de Schiller. Par sa présence et ses excitations, dût-il l'importuner un peu, il veut l'obliger à terminer *le Camp de Wallenstein* et à livrer aux acteurs de Weimar cette première partie de la trilogie. Voilà pourquoi il s'est logé au vieux château. Il a besoin d'être à Iéna, mais non pas trop près de Schiller. Il faut qu'il l'encourage et le soutienne, il ne faut pas qu'il

[1] *Gespraeche mit Gœthe in den letzten Jahren seines Lebens*, 1823-1832, par J. P. Eckermann; Leipzig, 1836, 1ᵉʳ vol. p. 88. Voyez la traduction de M. Emile Délerot (bibliothèque Charpentier).

le dérange. Ils se verront à dîner, à souper, à la promenade; ils prendront le thé ensemble, et chacune des paroles de Gœthe sera un aiguillon pour son ami. Afin que ces excitations soient plus vives, il y mêlera l'exemple : lui aussi, il travaillera au *Camp de Wallenstein*, il composera un chant de soldats que les bandits du duc de Friedland entonneront au lever du rideau. Ne faudra-t-il pas que Schiler se décide enfin à lui dire : « Voici mon œuvre, emportez-la? »

Le 30 septembre 1798, Schiller écrivait à Kœrner: « Gœthe ne m'a pas laissé un seul instant de repos avant que je lui eusse livré *le Camp de Wallenstein*. » L'œuvre est donc terminée, et Gœthe, emportant son trophée, retourne à Weimar le 1er octobre.

Cette semaine décisive, du 22 septembre au 1er octobre, ces journées fécondes qui nous montrent les deux poëtes dans une attitude si différente et tous deux si dévoués l'un à l'autre, n'ont pas dû enrichir leur correspondance écrite. Si nous avions leurs entretiens intimes pendant cette curieuse période, combien de détails de leur physionomie, quels traits de mœurs et de caractère nous seraient tout à coup révélés ! « Gœthe ne m'a pas laissé un seul instant de repos ; » avec quels sentiments Schiller traçait-il ces paroles? Était-ce une plainte, ou un cri de reconnaissance, ou l'explosion d'un naïf orgueil? Qui ne voudrait enfin assister à ces scènes familières? Qui ne voudrait voir Gœthe tour à tour affectueux et grondeur, si tendre dans ses reproches, si impérieux dans sa sollicitude, et Schiller agité, inquiet, non moins obsédé par ce maître exigeant que par son démon intérieur et s'efforçant de les satisfaire l'un et l'autre, *magnum si pectore possit excussisse deum?* Malheureusement, sur tous ces points nous en sommes réduits aux conjectures; les deux billets que nous insérons ici n'ont d'autre intérêt que de rappeler cet épisode, de constater la présence de Gœthe à Weimar, et de faire songer au rôle si important qu'il y a joué, selon le témoignage de Schiller lui-même dans sa lettre du 30 septembre à Kœrner.

GŒTHE A SCHILLER.

Iéna, le 29 septembre 1798.

Je vous prie de m'envoyer par le porteur votre *Guerre de Trente ans*; j'en ai besoin pour la chanson du commencement, et pour plusieurs autres points de la pièce.

Je n'irai pas vous voir ce soir, car je veux rester jusqu'à la nuit au camp de *Wallenstein*...

Je viendrai demain dîner avec vous, si vous le permettez, afin de nous entendre sur bien des choses.

GŒTHE.

SCHILLER A GŒTHE.

Iéna, le 29 septembre 1798.

Je regrette beaucoup de ne pouvoir vous voir aujourd'hui; par un ciel aussi sombre, le plaisir de converser est une consolation unique.

Je tâcherai de finir ma part du *Prologue* destiné à l'ouverture du théâtre, et dont nous avons arrêté le plan ensemble. Il est déjà bien avancé et j'espère pouvoir vous le lire demain après le dîner.

Vous aurez *la Guerre de Trente ans* dans une demi-heure.
Schiller.

Le *Prologue* dont il est question ici n'est pas *le Camp de Wallenstein*, ce vif tableau de l'Allemagne pendant la guerre de Trente ans que Schiller appelle *comédie* dans ses lettres à Kœrner, et *Prélude* (*Vorspiel*) dans ses lettres à Gœthe; il s'agit d'un discours en vers qui devait inaugurer le théâtre nouvellement restauré de Weimar, et servir en même temps d'introduction à la trilogie du poëte. Dans cette lettre du 29 septembre, Schiller parle seulement de la part qu'il devait prendre à la rédaction de ce *Prologue*; il le fit tout entier, sauf quelques corrections de Gœthe, et ces vers, nous le verrons tout à l'heure, sont le magnifique programme de l'ère nouvelle que *Wallenstein* ouvrait à la scène allemande. Pendant que Schiller écrit son *Prologue*, la troupe de Weimar est à l'œuvre; les rôles sont distribués pour *le Camp de Wallenstein*, chacun rivalise de zèle et Gœthe dirige les répétitions. Il restait encore à écrire la scène où un capucin, dans le style du temps, vient sermonner les Croates de Wallenstein; Gœthe avait promis de s'en charger, Schiller étant occupé du *Prologue*, mais il est obligé de retirer sa promesse. Les costumes à choisir, les acteurs à dresser, mille soins de détail à surveiller de près et mille indications à donner, tout cela lui prend ses journées entières. Schiller écrira donc le sermon du capucin; seulement, pour lui venir en aide, Goethe lui envoie un écrivain de ce temps-là, un sermonnaire du dix-septième siècle, Abraham a Sancta-Clara, le type le plus burlesque et le plus audacieux de ce que pouvait être l'éloquence religieuse au milieu des infamies de la guerre de Trente ans. Schiller, enchanté de cette révélation, met hardiment à profit l'éloquence du *père Abraham;* il le traduit ou l'imite sans scrupule, mais il l'imite en poëte et le traduit en artiste. *Le père Abraham est pour lui un modèle incomparable devant lequel il faut se mettre à l'œuvre avec respect.* Ces derniers préparatifs de la pièce occupent les deux poëtes pendant la première semaine du mois d'octobre; la messagère qui porte les lettres de Weimar à Iéna est impatiemment attendue des deux côtés.

SCHILLER A GŒTHE.

Iéna, le 2 octobre 1798.

Nos dames poëtes de Weimar, Amélie Imhof et ma belle-sœur, sont venues me voir, ce qui m'a empêché de terminer le *Prologue* qui ne demandait plus que quelques heures de travail. Je vous l'enverrai par la

poste; je suis satisfait du plan et j'espère qu'il répondra
à vos vues. Dites-moi, par le retour de la messagère,
si vous croyez que je pourrai, sans inconvénient, faire
imprimer ce poëme dans l'*Almanach des Muses*. Par là
je grossirais cet Almanach, et augmenterais le nombre
des morceaux signés par moi tout en donnant à ce
prologue une publicité de plus, sans que le public le
voie avant l'époque voulue, puisque aucun exemplaire
de l'Almanach ne sortira de ma main avant la fin de
la semaine prochaine. Si vous trouvez quelques changements à faire au *Prologue*, ayez la complaisance de
m'envoyer un exprès afin que je puisse faire usage de
vos conseils dans la correction des épreuves.

Je vous supplie instamment de m'envoyer les couvertures et les gravures pour l'*Almanach des Muses*.

A demain plus de détails. Adieu, portez-vous bien.

SCHILLER.

GŒTHE A SCHILLER.

Weimar, le 3 octobre 1798.

Vous ferez très-bien d'insérer le *Prologue* dans l'*Almanach des Muses*, puis il voyagera dans bien d'autres
recueils encore; il faut que nous nous arrangions à être
partout, et cela ne nous manquera pas.

Ayez la bonté de m'envoyer ce *Prologue* dès qu'il
sera terminé; l'esquisse est excellente et l'exécution y
répondra.

J'espère recevoir les couvertures et les gravures de
l'*Almanach des Muses* avant que cette lettre parte.

Je ne puis vous en dire davantage aujourd'hui, tant la confusion est grande autour de moi.   GŒTHE.

Je vous envoie toutes les gravures et les couvertures que j'ai pu me procurer ; je n'ai pas même eu le temps de les compter ; faites-le et dites-moi combien il vous en faudra encore, afin qu'on prenne les mesures nécessaires, car tout le monde est très-occupé ici. Adieu, bonne santé.

SCHILLER A GŒTHE.

Iéna, le 4 octobre 1798.

Voici le *Prologue ;* puissiez-vous en être content ! Je crois qu'il faudrait supprimer tout ce que j'ai mis entre parenthèses, car il y a bien des choses qui ne se disent pas, mais qu'on lit avec plaisir, et la solennité inséparable d'un prologue, pour l'inauguration d'un édifice, demande des restrictions qu'il est difficile de calculer dans son cabinet.

Ayez la bonté de commander encore cinq cents couvertures de couleur brune et autant de gravures.

Je suis très-curieux de savoir si vos acteurs s'y prendront bien pour *le Camp de Wallenstein.*

SCHILLER.

GŒTHE A SCHILLER.

Weimar, le 5 octobre 1798.

Le *Prologue* est aussi bien réussi que je m'y attendais, et je vous en remercie de tout mon cœur. Je ne l'ai lu que deux ou trois fois pour me pénétrer de l'ensemble ; je ne puis vous indiquer encore les endroits où il y aurait peut-être des retranchements à faire, ni ceux où je donnerais volontiers un coup de pinceau pour augmenter l'effet théâtral.

Demain au soir vous recevrez le manuscrit avec mes corrections; si vous ne l'avez pas encore livré à l'impression, attendez que vous ayez fondu mon édition avec la vôtre; nous aurons un texte uniforme.

Je regrette beaucoup de ne pouvoir dire ce *Prologue* moi-même, mais si Vohs se conduit aussi bien que le font ses camarades dans le *Camp de Wallenstein*, nous pourrons être contents. Leiszring, Weyrauch et Haide déclament les vers rimés comme s'ils n'avaient fait que cela toute leur vie; Haide surtout a déclamé une des tirades finales avec une perfection dont je n'ai pas encore vu d'exemple sur le théâtre allemand.

Après cette bonne nouvelle, je suis forcé de vous annoncer qu'il m'a été impossible de contribuer, seulement par une ligne, au sermon du capucin, mais je vous envoie un volume du père Abraham, qui, à coup sûr, vous inspirera... Voyez la page 77. Au reste, le morceau tout entier est un trésor d'inspirations.

Il m'est également impossible d'en finir avec la chanson du commencement, mais j'ai quelque chose de convenable à mettre à sa place. On fera, d'ailleurs, les changements dans les représentations suivantes; et même le genre de la pièce exige qu'à chaque représentation on voie quelque chose de neuf, afin que les spectateurs ne puissent plus s'orienter.

Veillez sur votre santé, je vous fixerai bientôt le jour où votre présence sera devenue indispensable; pour

1.

l'instant, tout n'est encore ici que tumulte et agitation. Mes compliments à votre chère femme. GŒTHE.

SCHILLER A GŒTHE.
Iéna, le 5 octobre 1798.

Ainsi, vous êtes content du *Prologue*, et ces trois messieurs sont dans les meilleures dispositions pour jouer *le Camp de Wallenstein*, voilà des nouvelles qui sont tout à fait les bienvenues. Je ne puis arrêter l'impression du *Prologue*, mais je crois qu'une différence légère entre le poëme imprimé et le poëme parlé n'est d'aucune importance.

D'après ce que vous me dites, il faut que je m'occupe sérieusement du sermon du capucin, et j'ai bonne espérance, grâce au révérend père Abraham. Je n'ai pas encore pu le lire, car Schelling est resté toute l'après-dînée avec nous.

Je dois vous avertir que j'ai encore fait plusieurs changements que je vous enverrai lundi soir, avec le sermon du capucin ; ils ne concernent qu'une partie de la pièce, et les acteurs pourront les apprendre dans quelques heures.

J'ai remplacé l'officier de police par un soldat avec une jambe de bois, qui fera un bon pendant au conscrit. Cet invalide entre en scène avec une gazette, par laquelle on apprend la prise de Ratisbonne et tous les événements les plus récents de cette période. Cela fournit en même temps l'occasion de faire quelques jolis compliments au duc Bernard.

Si le temps et mes dispositions d'esprit me le permettent, je ferai ma chanson de Magdebourg sur un air connu, afin de ne pas occasionner de retard. En tout cas, je suis tranquille, puisque vous avez autre chose à mettre en place. Si vous pouvez me renvoyer par la messagère mon exemplaire du *Camp de Wallenstein*, cela me rendra grand service. Il me suffira d'avoir les huit ou dix premières pages, car, au milieu et à la fin, je n'aurai rien à changer.

Schelling nous est venu avec ardeur et plaisir; dès la première heure de son arrivée, il est venu me voir, et je l'ai trouvé, en général, très-amical et très-chaleureux pour nous. D'après ce qu'il m'a dit, il s'est beaucoup occupé de la théorie des couleurs, afin de pouvoir en causer avec nous. Après la première représentation du *Camp de Wallenstein*, il se fera annoncer chez vous, car je lui ai dit que vous étiez beaucoup trop occupé pour le recevoir.

J'ai fait ces jours-ci la connaissance d'un singulier original, une espèce d'enthousiaste en morale et en politique, que Herder et Wieland se sont empressés d'expédier à la grande nation. C'est un étudiant de l'université, originaire de Kempten, homme de bonne volonté, doué de facultés brillantes et d'une rare énergie. Cet individu est pour moi une expérience toute nouvelle.

Je présume que ces jours-ci on fera encore voyager plus d'un exprès sur la route entre Weimar et Iéna.

Ma femme vous salue de cœur.   SCHILLER.

GŒTHE A SCHILLER.

Weimar, le 6 octobre 1798.

Je vous renvoie le *Prologue*, et j'approuve tous les

changements que vous y avez faits, mais je désirerais que vous pussiez remplacer tous les passages soulignés par ceux que j'ai mis en place. J'ai voulu par ces variantes qu'il fût un peu moins question d'Iffland, un peu plus de nos acteurs, et qu'il y eût en même temps certaines allusions à Schrœder...

Voici une partie du *Camp de Wallenstein*; continuez à y faire les corrections que vous jugerez nécessaires, mais je ne puis vous promettre de m'en servir à la première représentation. La rime, la prosodie, la réplique, tout y est si bien agencé, que je crains de porter le trouble partout en faisant le moindre changement.

Adieu. Il y a ici tant de tumulte et de confusion, que l'espoir de voir bientôt arriver la nuit est la seule chose qui me soutienne.   GŒTHE.

GŒTHE A SCHILLER.

Weimar, le 6 octobre 1798.

Je profite du courrier du soir pour vous dire en peu de mots où nous en sommes.

J'ai fait faire deux copies conformes du *Prologue*. La période que j'y ai changée et que vous avez acceptée se trouvera intercalée dans l'impression.

Pour ce qui en sera récité au théâtre, j'en ai fait une édition à part, dans laquelle je nomme plusieurs fois Wallenstein, afin que le public sache, à peu près du moins, ce que nous voulons lui donner. Quelle différence entre un travail délicat et détaillé, qu'on fait pour soi-même et pour ses amis, et une œuvre destinée à la foule, dans laquelle on ne peut parler que de généralités ! Vous en ferez vous-même l'expérience à cette occasion, et je vous promets que vous verrez et entendrez d'étranges choses !

Pour le reste, tout va jusqu'à présent au gré de nos désirs. La salle est tout à fait jolie, et la plus grande partie de notre population en éprouve une joie si vive, si sincère, que le petit nombre de ses adversaires n'aura pas beau jeu.

Le *Camp de Wallenstein* va toujours de mieux en mieux, la répétition d'aujourd'hui m'en a fourni la preuve; mais il faut renoncer à toute espèce de changements. Dominé par le désir de se tirer avec honneur d'une tâche aussi nouvelle que difficile, chacun des acteurs se cramponne à son rôle comme le naufragé à une planche de son navire, et on les rendrait vraiment malheureux, si on ébranlait le moins du monde cette ancre de salut.

Je ne m'occupe en ce moment que de mettre chaque détail en relief et de le rattacher à l'ensemble.

Vous trouverez ci-joint la chanson de soldats par laquelle la pièce doit commencer; la musique en sera terminée demain, et j'espère qu'alors tout sera en ordre.

Je ne vous ferai pas venir mal à propos, car, malgré tous nos efforts, il n'est pas probable que nous puissions jouer avant mercredi; mais dès que nos acteurs diront le *Prologue* et le *Camp de Wallenstein* assez bien pour que vous puissiez les entendre avec plaisir, je vous enverrai un courrier; tenez-vous prêt à le suivre immédiatement.

Ne manquez pas de m'envoyer le sermon du capucin dès qu'il sera terminé...

J'ai déjà préparé le compte rendu de la représentation et de l'effet que votre pièce a produit; il suffira de quelques heures pour le terminer. Puisque nous voilà sur le terrain de l'effronterie, nous verrons qui osera se mesurer avec nous.

En attendant, vivez en repos jusqu'à ce que mon messager vous arrive. S'il est bien clair que nous ne pourrons pas jouer mercredi, vous le saurez mardi par un exprès.

En tout cas, vous pouvez être persuadé que le but principal sera atteint. Le petit nombre de personnes admises aux répétitions, et les acteurs eux-mêmes, affirment qu'ils ont maintenant une vive image de l'Allemagne au temps de Wallenstein.

Adieu, portez-vous bien, et, surtout, travaillez autant que possible.

Meyer aura soin des gravures pour l'*Almanach des Muses*; il semble, malheureusement, qu'il y ait une malédiction sur elles; il faut toujours les faire à la hâte. Saluez pour moi votre chère femme. GŒTHE.

SCHILLER A GŒTHE.

Iéna, le 6 octobre 1798.

J'accepte avec plaisir les corrections que vous avez faites au *Prologue*; il n'y a rien à objecter aux motifs qui vous les ont inspirées.

Je ferai imprimer immédiatement six exemplaires

du *Prologue*, afin d'épargner le travail des copistes, et vous pourrez, dès lundi, les envoyer à Schrœder, Cotta, etc.

Je suis fâché, je l'avoue, que mes petites corrections ne puissent être utilisées dès la première représentation du *Camp de Wallenstein;* l'épisode du journal aurait fourni une exposition excellente du moment précis de la guerre. A la quatrième scène, au moins, faites entrer le constable un journal à la main, et à la place de ce vers « un messager est arrivé » mettez : « le journal de Prague est arrivé. » De cette façon, le journal se trouvera introduit dans le cas où nous en aurions encore besoin... Le courrier va partir, je ne puis vous en dire davantage. Vous me ferez savoir par la messagère quel est le délai fixé pour la représentation. Je serais heureux d'avoir encore deux jours de loisir pour achever le sermon du capucin. Adieu et bonne santé.

SCHILLER.

GŒTHE A SCHILLER.

Weimar, le 7 octobre 1798.

Je vous envoie un paquet de couvertures pour l'*Almanach des Muses;* celles qui suivront seront plus coloriées; il est vrai qu'elles coûteront plus cher, mais cela aura l'air plus gai.

Selon toutes les probabilités, l'ouverture de notre théâtre n'aura lieu que vendredi prochain. Je vous engage donc à venir jeudi, de bon matin, afin de prendre encore toutes nos mesures et d'attendre sans inquiétude la grande épreuve du soir.

Les acteurs principaux savent déjà très-bien leurs rôles, les autres hésitent encore un peu, mais tout finira par se fondre dans l'harmonie de l'action. Au reste, de tous les coins de la salle, chaque parole, même prononcée à voix basse, sera parfaitement entendue, pourvu qu'elle soit bien articulée...

Envoyez-moi par la messagère deux copies du *Prologue*. Quant au sermon du capucin, le plus tôt sera le mieux. GŒTHE.

SCHILLER A GŒTHE
Iéna, le 8 octobre 1798.

Voici le sermon du capucin, tel qu'il m'a été possible de le finir au milieu des distractions de ces derniers jours, où j'ai reçu visites sur visites. Puisqu'il ne doit servir que dans une ou deux représentations à Weimar, et que je suis décidé à le revoir plus tard, je me suis borné à traduire tout simplement quelques passages de mon digne modèle, le père Abraham, et à l'imiter dans les autres parties du sermon. Je crois avoir assez bien saisi l'esprit de l'époque.

Un mot à présent sur un point capital. Lorsque vous aurez lu ce sermon, vous comprendrez qu'il faut qu'il soit placé quelques scènes plus tard que je ne l'avais indiqué d'abord, afin que les deux chasseurs et les autres personnages aient le temps de donner une idée des soldats de cette époque. Si ce sermon arrivait trop tôt, les scènes suivantes manqueraient leur effet et pécheraient contre les lois de la gradation. Il est indispensable, au reste, que ce sermon soit suivi d'une scène d'action, celle de l'entrée en scène de la recrue, ou, ce qui vaudrait mieux encore, celle de l'arrestation des paysans ou de l'émeute dans le camp.

J'espère que vous trouverez également nécessaire l'entrée du ménestrel, et le commencement de la danse que j'ai placée là, pour rendre la scène où paraît le capucin plus animée et plus bigarrée.

Je vous remercie de la chanson que les soldats chantent au lever du rideau; je la trouve excellente, et, si j'en ai le temps, j'y ajouterai quelques couplets, car elle pourrait bien être un peu trop courte.

A partir de demain, je me tiendrai prêt à me mettre en route dès que vous m'appellerez. Adieu. SCHILLER.

SCHILLER A GOETHE.

Iéna, le 9 octobre 1798.

Merci pour les gravures et les couvertures, dont nous avions grand besoin. Merci surtout pour les bonnes nouvelles que vous me donnez sur la marche heureuse des répétitions. La remise de l'ouverture du théâtre à vendredi prochain me fait beaucoup de plaisir, et j'espère être à Weimar jeudi de bon matin. La marche vive et animée que vous avez su imprimer à cette affaire a fait éclore dans ma tête toute sorte d'idées, qui finiront par tourner à l'avantage de cette tragédie. *Le Camp de Wallenstein* me servira beaucoup pour l'ensemble, et je sais déjà ce qu'il faudra faire à cet effet; ces projets, tout en augmentant mon travail, m'aideront à le terminer plus vite.

Si j'avais osé attendre jusqu'à demain matin pour

vous envoyer le sermon du capucin, il eût été meilleur. J'ai la plus grande envie de retravailler sérieusement cette forme; elle en vaut la peine. Le père Abraham est un modèle incomparable devant lequel il faut se mettre à l'œuvre avec respect; c'est une tâche intéressante, mais point du tout facile que de l'imiter, de lutter avec lui, en fait d'extravagance et de bon sens.

Je joins ici les couplets que j'ai ajoutés à la chanson des soldats. Je crois qu'il sera bon de donner au public le temps de contempler ce tableau avant que les groupes se mettent en mouvement. Vous vous arrangerez sans doute de manière que plusieurs voix se partagent les couplets, et qu'un chœur répète toujours le dernier vers.

Vous avez agi avec une grâce parfaite dans les changements que vous avez fait subir aux dialogues; il y en a quelques-uns dont je ne comprends pas bien la raison, nous en causerons. De pareilles bagatelles conduisent souvent aux remarques les plus utiles.

Je vous félicite de ce qu'étant ainsi matériellement pourchassé, l'ardeur et l'activité intellectuelles ne vous abandonnent pas.

Ma femme vous envoie ses meilleurs compliments.

SCHILLER.

Cette lettre est du 9 octobre 1798; deux jours après, Schiller arrivait à Weimar avec sa femme et sa belle-sœur pour assister à la répétition générale du *Camp de Wallenstein*. « Quelle belle soirée ! s'é-

crie madame de Wolfzogen dans la biographie de
son beau-frère; Schiller était tout ému de notre joie,
et Gœthe exprimait de la façon la plus aimable la
part vraiment cordiale qu'il prenait à nos émotions. » Le lendemain, 12 octobre[1], la pièce fut représentée devant un auditoire immense. Après une
brillante ouverture, destinée, selon les témoignages
contemporains, à disposer poétiquement l'intelligence des spectateurs, l'acteur Vohs, revêtu du costume sous lequel il devait représenter plus tard le
personnage de Max Piccolomini, parut sur la scène et
prononça le discours en vers qui inaugurait à la fois
la trilogie de Schiller et une période nouvelle de la
poésie germanique. Puis le rideau se leva; le monstre,
comme disait Schiller, le monstre théâtral, l'immense drame en onze actes, prit possession de la
scène, non pas, il est vrai, d'une manière définitive,
puisqu'on ne jouait encore que le prélude, le *Vorspiel* en un acte, mais les spectateurs étaient préparés, et les imaginations croyaient déjà entrevoir derrière le fond de la scène les deux tragédies qui
allaient suivre.

Il ne paraît pas que Schiller, à part le bonheur de
voir son navire lancé en mer, ait été très-satisfait ce

[1] Je dis le 12 octobre 1798, avec tous les biographes de Schiller;
M. Émile Palleske, qui fixe cette représentation au 18, ne dit pas
sur quelles raisons il se fonde pour contredire le témoignage unanime des historiens littéraires.

jour-là de l'habileté des acteurs. Voici ce qu'il écrit à Kœrner : « Le *Vorspiel* a été joué à Weimar. Les acteurs, il est vrai, ont été assez médiocres, mais ils ont fait ce qu'ils ont pu, et il a bien fallu se montrer content. L'innovation d'une pièce en vers rimés n'a pas surpris les oreilles, les comédiens ont dit les vers avec une liberté complète et le public s'est régalé. Nous nous attendions, du reste, à ce résultat. Les yeux grands ouverts et la bouche béante, la foule regardait avec surprise le nouveau monstre dramatique ; quelques-uns des spectateurs ont été merveilleusement impressionnés. » Les comédiens de Weimar, bien que dirigés par Gœthe en personne, ne répondaient peut-être pas à l'idéal de Schiller ; nous voyons cependant par les récits des témoins que plus d'un acteur déploya un véritable mérite et que l'effet dramatique fut immense. On cite surtout Genast, plein de verve et d'originalité dans le rôle du capucin ; il enleva, dit-on, tous les suffrages. Vohs, qui jouait le rôle du cuirassier, Leszring et Haide, qui représentaient les deux chasseurs, peignirent aussi très-vivement le caractère sauvage des bandes de Wallenstein. Schiller lui-même, le soir de la représentation, exprimait ainsi à Gœthe ses remerciments et sa joie.

SCHILLER A GŒTHE.

Weimar, le soir après la représentation du *Camp de Wallenstein*.

Après une journée aussi bien remplie, le repos est tout ce qu'on peut désirer de mieux. Je suis heureux que le public soit sorti du théâtre aussi complétement satisfait. Quant à moi, j'ai passé là une bien douce journée.

Demain, j'espère passer plusieurs heures avec vous; en attendant, dormez bien. SCHILLER.

Le surlendemain, 14 octobre, Schiller retournait à Iéna avec sa famille, et Gœthe l'y accompagnait pour stimuler encore son ardeur et lui prêter l'appui de ses conseils. Il passa toute une semaine auprès de lui; bien des questions relatives aux deux grandes pièces de la trilogie, *les Piccolomini* et *la Mort de Wallenstein*, furent réglées par les deux poëtes pendant ces conférences d'Iéna. Ce fut aussi à Iéna, au milieu des premières émotions du succès, que Gœthe écrivit son compte rendu de la soirée du 12 octobre. « Si tu peux te procurer à Dresde la *Gazette universelle* de Posselt, écrit Schiller à Kœrner (29 octobre), tu y trouveras bien des détails sur les représentations du *Camp de Wallenstein* au théâtre de Weimar. Gœthe a trouvé plaisant de se charger lui-même de ce compte rendu, afin que Bœttiger ne le fît pas; il lui a pris sa proie entre les dents. » Au lieu de l'article malveillant d'un critique médiocre et envieux, la *Gazette universelle* publia donc les pages de Gœthe qui racontaient le succès de la pièce, la satisfaction du public, et l'heureuse impression que le poëte lui-même en avait ressentie, impression salutaire et féconde, dont les deux grandes pièces de la trilogie allaient certainement profiter. « Il n'y a eu qu'une voix, disait Gœthe, sur l'intérêt, l'agrément, les tableaux instructifs et parfaitement appropriés de ce dramatique prélude. La représentation a marché vite et bien. A part l'embarras de quelques figurants, nul n'aurait pu deviner combien on a eu peu de temps à consacrer aux répétitions. Les costumes ont été taillés d'après des gravures de l'époque de Wallenstein, et nous nous attendons à voir les principaux personnages des deux autres pièces costumés avec la même exactitude historique. L'auteur, utilisant au profit de son travail les remarques qu'il a pu faire pendant ces deux soirées, se propose de modifier plusieurs passages, soit en vue de l'effet dramatique, soit pour faciliter aux acteurs la prononciation des vers. Peut-être aussi effacera-t-il certaines choses dont l'inexactitude, au point de vue de la vérité extérieure, serait révélée par des recherches plus spéciales. »

Lorsque Gœthe fut retourné à Weimar, le 20 ou 21 octobre, Schiller se livra nuit et jour au travail que réclamaient de lui les deux drames si impatiemment

attendus, *les Piccolomini* et *la Mort de Wallenstein*. On a déjà vu que la plus grande partie de ces dix actes était terminée depuis quelques mois; mais que de modifications restaient à faire pour approprier ce poëme dramatique aux convenances du théâtre! Que d'efforts il fallait au poëte pour répondre à son propre idéal et réaliser la nouvelle distribution conseillée par Gœthe! Il s'était engagé à livrer les deux pièces aux acteurs de Weimar avant le 1" janvier 1799. « Si je te dis, écrit-il à Kœrner, que je dois donner au théâtre, dans neuf semaines, les deux aures drames de mon *Wallenstein*, tu me pardonneras le retard que je mets à t'écrire. J'ignore absolument, en vérité, comment je pourrai être prêt dans ce court espace de temps, ayant à retoucher toutes les scènes de ces dix actes, et à en écrire quelques-unes entièrement nouvelles. Mais la nécessité où je suis de remuer si rapidement dans ma tête toutes les parties de mon œuvre lui sera salutaire, en définitive, et exercera sur l'ensemble une influence heureuse. »
Il se remet donc à l'œuvre, et pendant les mois de novembre et de décembre, le voilà plongé tout entier dans son travail. Feuilletez sa correspondance avec Kœrner, et vous verrez qu'à cette date la conversation des deux amis est subitement arrêtée; c'est à Gœthe seul qu'il écrit, et pour lui parler de *Wallenstein*.

SCHILLER A GŒTHE.

Iéna, le 9 novembre 1798.

Je suis enfin arrivé hier à la partie la plus importante de mon *Wallenstein*, je dis la plus importante au point de vue poétique; c'est celle qui concerne l'amour, et qui, tout à fait distincte par sa nature de la marche générale de la pièce, y est même absolument opposée par l'esprit : ici, les choses du cœur, là des affaires d'état ! Ce n'est qu'après avoir donné une forme à ces affaires d'état que j'ai pu en détourner ma pensée et me laisser aller à une disposition d'esprit toute différente.

Maintenant, ce que je dois craindre surtout, c'est que l'intérêt profondément humain de ce grand épisode ne m'entraîne à des changements dans ce que je croyais complétement terminé; à cet épisode, en effet, appartient la prééminence, et plus je réussirai dans l'exécution, plus le reste de la pièce en souffrira; car il est bien plus difficile de renoncer à un intérêt de sentiment qu'à ce qui intéresse seulement la raison.

Mon travail consiste donc, en ce moment, à réunir les motifs qui, dans toute l'étendue de ma pièce, peuvent se trouver en harmonie avec cet épisode du cœur; ce travail sera long, mais j'espère qu'il finira par amener chez moi la disposition d'esprit qu'il exige. Je me crois déjà sur la bonne voie, et j'espère que je ne perdrai pas mon temps en *faux frais*.

Mais ce que je puis affirmer d'avance, c'est que *Piccolomini* ne peut ni ne doit passer de mes mains dans celles des acteurs que lorsque ma troisième pièce sera entièrement écrite, sauf les dernières retouches. Veuille maintenant Apollon m'être favorable, afin que l'œuvre entière puisse être terminée dans six semaines!

Ne voulant plus garder sous les yeux les parties de mon œuvre que j'ai déjà terminées, je vous les envoie. Vous y trouverez cependant deux lacunes; l'une concerne les relations secrètes et magiques entre Octavio et Wallenstein, et l'autre la présentation de Questenberg aux généraux de l'armée. Dans la première exécution, cette scène avait quelque chose de roide et de guindé, et je n'ai encore rien trouvé pour la rendre meilleure. Les deux premiers et les deux derniers actes sont déjà finis comme vous voyez, et j'ai écrit le commencement du troisième...

Je vous fais mon compliment sur vos expériences au sujet des couleurs, et je souhaite pour vous que vous soyez bientôt débarrassé de ce fardeau. Puisque l'hiver vous inspire difficilement, vous ne sauriez mieux l'employer qu'en le consacrant à l'achèvement de ce long et pénible travail...

Le silence d'Iffland commence à m'inquiéter, surtout après l'empressement qu'il a mis à me demander ma pièce, car il est de son intérêt de la recevoir le plus tôt possible, si sa demande est sérieuse.

Adieu, bonne santé; mon séjour à la ville m'a été jusqu'ici très-favorable. Ma femme vous fait ses compliments.   SCHILLER.

GŒTHE A SCHILLER.

Weimar, le 10 novembre 1798.

... Demain au soir je serai près de vous et pour longtemps, je l'espère du moins ; puisse cette espérance ne pas être déçue par quelque contre-temps imprévu !...

Je vous remercie de l'envoi de votre *Wallenstein*, j'en ai lu ce matin les deux premiers actes avec le plus grand plaisir. Le premier acte, que je possède maintenant à merveille, me paraît tout à fait approprié au théâtre ; les scènes de famille sont très-heureuses, et du genre qui me touche le plus. La scène d'audience aurait besoin de quelques coups de pinceau pour rendre plus clairs certains points historiques. C'est par ce même motif que j'ai nommé deux fois Wallenstein dans notre *Prologue;* on ne saurait croire combien on a besoin d'être clair et précis avec le public. Mais nous traiterons tout cela de vive voix, et bientôt ; je m'en réjouis de tout mon cœur. Bonne santé, je n'en dis pas davantage.

GŒTHE.

Gœthe sentait encore que sa présence était nécessaire à Iéna. Il y arrive le 11 novembre et y reste jusqu'au 28. Ces allées et venues ne sont pas des détails indifférents. Il me semble que l'on connaît mieux la physionomie particulière des deux poëtes et la féconde alliance de leurs génies quand on assiste à cette vive campagne, à cette stratégie de Gœthe, à ces marches et à ces conférences, préliminaires d'une grande victoire. L'Allemagne a cru longtemps que Goethe avait pris une part directe à la composition du *Wallenstein* de Schiller. L'Allemagne ne se trompait qu'à demi; si Goethe n'a rien écrit dans *Wallenstein*, sauf deux ou trois vers et quelques strophes d'une chanson de soldats, il a délivré Schiller de ses hésitations philosophiques, et sans cesse, à chaque difficulté, à chaque péril, comme un général qui prépare un succès à un compagnon d'armes, il s'est porté vers lui avec toutes ses forces. Du 22 au 25 septembre, il l'avait obligé à terminer *le Camp de Wallenstein*; du 11 au 29 novembre, il l'assiste et l'encourage dans l'exécution des *Piccolomini*. Aussi que de joie chez Schiller quand il reçoit tout à coup un lumineux rayon de l'intelligence de Goethe! Avec quelle tendre reconnaissance il lui écrit : « Vous venez de me prouver une fois de plus qu'un ami sage et plein de sollicitude est vraiment un présent de Dieu ! » Lisons ces lettres du mois de décembre :

GOETHE A SCHILLER.

Weimar, le 1ᵉʳ décembre 1798.

Quel contraste entre l'écho de vos paisibles méditations, qui m'arrive par votre lettre, et le tumulte au milieu duquel je vis depuis quelques jours! Cette vie agitée, cependant, n'a pas été sans quelque utilité pour moi, car le comte Fries m'a apporté une douzaine de vieilles gravures de Martin Schœn, qui m'ont enfin mis à même d'apprécier à leur juste valeur les mérites et les défauts de cet artiste. En dépit de l'ami Lerse, qui soutient l'hypothèse opposée, je persiste à présumer que les relations entre les Allemands et les Italiens, sous le rapport artistique, sont beaucoup plus anciennes que ne l'indique l'histoire des arts. Martin Schœn est mort plus de quarante ans après Masaccio; est-il probable que, pendant ce laps de temps, aucun souffle de l'art n'ait dépassé les Alpes? Jusqu'à présent j'ai admis la chose sans y arrêter ma pensée; maintenant, elle m'intéresse au point de vue de l'avenir...

Adieu, portez-vous bien, saluez de ma part votre chère femme, et pensez à moi en mangeant le rôti que je vous envoie. GŒTHE.

SCHILLER A GŒTHE.

Iéna, le 4 décembre 1799.

Il faut que je vous soumette aujourd'hui une question astrologique en vous priant de l'éclairer par votre examen si purement esthétique.

En donnant plus d'extension à mes *Piccolomini*, je me suis trouvé contraint de développer le motif astrologique qui décide la trahison de Wallenstein et lui inspire une confiance courageuse dans le succès de son entreprise. D'après mon premier projet, cette confiance lui était suggérée par l'opération astrologique dans laquelle on lui avait donné l'assurance que les constellations lui étaient favorables, et cette opération avec le *speculum astrologicum* devait avoir lieu sous les yeux des spectateurs. Mais tout cela est sans intérêt dramatique; c'est vide, c'est sec, et les termes techniques l'eussent rendu inintelligible pour la plus grande partie du public. En un mot, une pareille scène n'a rien qui puisse frapper l'imagination et ne serait qu'une ridicule jonglerie. Aussi ai-je cherché un autre moyen; vous en jugerez par les nouvelles scènes que je joins ici, et qui remplacent les anciennes...

Je voudrais savoir surtout si, par ces changements, j'ai atteint le but que je m'étais proposé, c'est-à-dire si j'ai réussi à donner, par le secours du merveilleux, un élan momentané à Wallenstein, et si, par conséquent, la *jonglerie* dont je me sers a une importance tragique qui la sauve du ridicule. Le cas est très-difficile, car de quelque manière que l'on puisse s'y prendre, le mélange de l'extravagant et de l'absurde avec le grave et le sensé aura toujours quelque chose de choquant. D'un autre côté, je ne pouvais omettre l'influence de l'astrologie sur Wallenstein, car dans un sujet historique il faut avant tout rester fidèle au caractère du héros et de son époque. Ayez la bonté de me dire franchement votre opinion...

Le temps affreux qu'il fait en ce moment m'est bien contraire; les maux de nerfs et les insomnies viennent encore de me faire perdre plusieurs jours de travail.

Ma femme vous salue de cœur, et nous vous remercions tous deux de votre excellent rôti, il a été le bienvenu.

SCHILLER.

GŒTHE A SCHILLER.

Weimar, le 5 décembre 1798.

Votre lettre m'a trouvé au milieu de distractions et de soins qui n'ont rien de commun avec un jugement esthétique sur des motifs dramatiques. Je me vois donc forcé de vous demander un délai jusqu'à ce que je puisse rassembler mes idées sur l'objet en question. Au premier aperçu, votre idée me paraît bonne, car, ainsi que vous le dites vous-même, la dignité dramatique sera toujours incompatible avec une pareille jonglerie; il ne s'agit donc que de savoir si cette jonglerie peut produire un effet tragique, et dans le cas présent je crois que l'effet est produit.

Le motif politique lui-même ne vaut pas beaucoup mieux que le motif astrologique, et je ne crois pas que pour juger ce dernier il faille le comparer aux motifs tragiques, car l'astrologie doit être considérée comme une partie de l'histoire, de la politique, et de la barbarie du temps, qu'il faut faire concorder avec le tragique...

J'en reste là, car aujourd'hui je suis hors d'état de sentir et de penser convenablement.

Je ne puis que vous dire un tendre adieu et vous prier de saluer votre chère femme. GŒTHE.

SCHILLER A GŒTHE.

Iéna, le 7 décembre 1798.

Nous voici encore une fois jetés tous deux dans une vie bien opposée. Vous êtes entouré de distractions qui vous empêchent de vous recueillir, et moi je me trouve dans une solitude et dans une monotonie si complètes, que je soupire après une distraction quelconque, afin de retremper mon esprit. Je n'en ai pas moins rempli quelques lacunes dans l'action de ma tragédie, ce qui la rend plus solide et mieux proportionnée qu'elle n'était. J'ai écrit plusieurs scènes tout à fait nouvelles qui concourent très-utilement à l'harmonie de l'ensemble. Ce mélange de l'extravagant et du sensé dont vous me parlez est devenu beaucoup moins choquant; c'est maintenant un élément hétérogène qui découle de l'ensemble du caractère de l'homme et se manifeste partout. Si je réussis à rendre ce mélange tout à fait individuel, il deviendra une vérité dramatique, car tout ce qui est individuel parle à l'imagination, et n'a, par conséquent, rien à démêler avec la froide raison.

Ne pourriez-vous pas m'envoyer le livre sur le Caucase, dont vous m'avez parlé plusieurs fois[1]? j'ai besoin de lire quelque chose d'amusant. SCHILLER.

GŒTHE A SCHILLER.

Weimar, le 8 décembre 1798.

Je voudrais bien pouvoir m'entretenir pendant quelques heures avec vous sur les questions qu'à mon grand regret je me vois forcé de vous poser par écrit.

---

[1] *Description générale, historique et topographique du Caucase*, par Reinegg, publiée par Fr. E. Schrœder. La seconde partie de l'ouvrage contient un récit fort curieux des aventures de Reinegg chez les peuples du Caucase.

Mais je serai bref et ne dirai rien des choses sur lesquelles nous sommes d'accord.

Tout bien examiné, votre première scène astrologique me paraît préférable à celle que vous y avez substituée.

La superstition astrologique est basée sur le sentiment vague que nous avons de l'immensité de l'univers. L'expérience ne permet pas de douter que les astres les plus rapprochés de nous exercent une grande influence sur la température, la végétation, etc. Qu'on poursuive cette expérience d'une manière ascendante, il est impossible de dire où elle s'arrêtera. L'astronome ne trouve-t-il pas toujours et partout une constellation troublée par une autre constellation? Le philosophe n'est-il pas disposé à reconnaître l'influence de ce qui est le plus loin de nous? n'y est-il pas même obligé? Aussi l'homme guidé par le pressentiment de soi-même n'a-t-il qu'un pas à faire pour étendre cette influence sur sa destinée morale, sur son bonheur ou son malheur. Cette erreur et toutes celles du même genre ne devraient pas être considérées comme des préjugés, car elles tiennent de bien près à notre nature, et pourraient tout aussi bien être admises que toute autre croyance.

Et ce n'est pas seulement dans le cours de certains siècles, mais à certaines époques de la vie et chez certaines natures, que ces sortes d'erreurs s'introduisent beaucoup plus souvent qu'on ne paraît le croire. Le défunt roi de Prusse n'a si vivement désiré l'apparition de votre *Wallenstein* que parce qu'il espérait y voir les croyances astrologiques prises au sérieux.

La foi moderne aux prédictions de tout genre a plus d'un côté défavorable à la poésie, mais celle que vous avez choisie ne me paraît pas la meilleure, car elle appartient aux anagrammes, aux chronodistiques, aux formules rimées à l'aide desquels on invoque le diable, formules qu'on peut lire tout aussi bien en commençant par la fin, toutes choses pédantesques, absurdes, et dont l'art le plus habile ne saurait corriger la sécheresse. La manière heureuse dont vous avez traité cette scène m'avait d'abord séduit, et ce n'est qu'à la réflexion que j'ai reconnu l'inconvénient du procédé des chiffres que vous avez substitué à la véritable opération astrologique. Mon expérience du théâtre me donne la conviction que ce procédé ne produira pas un effet favorable. J'ai consulté Meyer à ce sujet, et il est de mon avis.

D'ici au nouvel an, mon temps ne cessera d'être morcelé; je n'en chercherai pas moins à l'utiliser de mon mieux. La seconde livraison des *Propylées* vient d'être livrée à l'impression, et je ferai mon possible pour que la troisième soit prête avant la fin de l'année. Pour la quatrième, j'ai une singulière idée, sur laquelle je vous consulterai; mais il faut qu'à tout événement je sois libre au printemps prochain de me consacrer tout entier à un grand travail projeté.

Et c'est ainsi qu'une existence follement laborieuse se prolonge de travail en travail, comme, dans les contes des *Mille et une Nuits*, une fable terminée se rattache toujours à celle qui commence.

GŒTHE.

SCHILLER A GŒTHE.

Iéna, le 11 décembre 1788.

C'est vraiment un présent de Dieu qu'un ami sage et plein de sollicitude, vous venez de me le prouver une fois de plus en cette circonstance. Vos observations sont parfaitement justes, et vos raisons péremptoires. Je ne sais quel mauvais génie m'a empêché de prendre au sérieux le motif astrologique dans *Wallenstein*, car il est dans ma nature d'envisager les choses plutôt du côté grave que du côté léger. Il paraît que le caractère de cette matière m'a repoussé d'abord. Maintenant je vois clairement qu'il faut lui donner de l'importance, et la traiter en ce sens; j'espère que j'y réussirai, mais cela allongera mon travail.

La nécessité impérieuse de terminer *Wallenstein* se trouve malheureusement à une époque de l'année peu favorable pour moi; les insomnies m'assiégent de nouveau; je suis obligé d'employer toutes les forces de mon esprit pour conserver la netteté de mes idées et la libre disposition de moi-même. Si je n'avais pas une volonté un peu plus forte que d'autres ne l'ont en pareil cas, il me serait impossible de continuer. J'espère encore cependant que je pourrai vous envoyer *les Piccolomini* pour votre cadeau de Noël.

Vous, de votre côté, tâchez de passer gaiement les mauvaises semaines dont la saison nous menace, puis arrivez-nous ici joyeux et dispos au mois de janvier... Je suis curieux d'apprendre ce que vous avez imaginé pour le quatrième numéro des *Propylées*.

Une visite de mon propriétaire m'empêche de vous en dire davantage.

Ma femme vous salue cordialement. Mille compliments à Meyer.
SCHILLER.

GŒTHE A SCHILLER.

Weimar, le 12 décembre 1798.

Je suis charmé d'avoir pu vous rendre un de ces services dont je connais d'autant mieux le prix, que vous m'en avez déjà rendu beaucoup de semblables. Pourquoi mes conseils n'ont-ils pu vous arriver dans une saison meilleure? ils eussent provoqué promptement votre imagination. Je vous plains vraiment de tout mon cœur d'être obligé de terminer votre ouvrage à une époque de l'année qui n'est rien moins que notre amie.

Pour ma part, j'ai eu le bonheur de découvrir quelque chose de neuf, c'est-à-dire qui ne m'était pas encore venu à la pensée, et certes c'est là un puissant stimulant pour travailler avec succès, même au plus fort de l'hiver.

Je vous envoie les poésies de Grübel, dont je vous ai déjà parlé; elles vous amuseront. Vous recevrez incessamment la copie du compte rendu que j'en ai fait dans la nouvelle *Gazette*. J'ai profité de l'occasion pour dire quelques mots de cette joyeuse manière de présenter les choses, qui ne traîne pas toujours après elle la déplorable queue de l'application utile et morale.

En général, cependant, je m'occupe tantôt d'un objet, tantôt d'un autre, afin d'employer le mieux possible ces tristes journées. C'est de vous que dépend mon sort pendant le mois de janvier. Si *Piccolomini* est en effet terminé pour Noël, je n'irai point à Iéna, car j'espère vous voir ici. Dans le cas contraire, je me rendrai auprès de vous.

Adieu, bonne santé, mes compliments à votre chère femme. GŒTHE.

GŒTHE A SCHILLER.

Weimar, le 22 décembre 1798.

La nouvelle de votre prochaine arrivée ici est certainement tout ce que le soleil, en revenant vers nous, pouvait m'apporter de plus agréable. Je n'ai pu m'occuper un seul instant de la *Théorie des couleurs*; il m'a fallu régler une foule de petites affaires, afin d'être complétement libre quand vous serez ici...

Ne pourriez-vous pas m'envoyer le rôle de la duchesse, l'épouse de Wallenstein? Je l'enverrais à Ratisbonne, à notre nouvelle artiste, afin qu'elle puisse l'étudier avant de nous arriver. Elle sera sans doute à Weimar le 14 janvier, et nous pourrons donner *les Piccolomini* pour le 30... GŒTHE.

SCHILLER A GŒTHE.

Iéna, le 24 décembre 1798.

Je vous écris, le cœur allégé d'un grand fardeau; je viens de terminer *les Piccolomini*, et je les envoie à Ifiland. Il m'a tant pressé et tourmenté, que j'ai fini par rassembler toutes les forces de ma volonté. Trois copistes à la fois ont travaillé sous mes yeux, et le tout a été mis au net, à l'exception de la scène astrologique, que je lui enverrai demain. Secondé par une heureuse disposition d'esprit, que j'attribue au bon sommeil de la nuit précédente, j'ai pu hâter ainsi la fin de cette pièce, sans être réduit à craindre qu'elle se ressente de cette précipitation.

Je suis persuadé qu'à plus de cent lieues à la ronde personne n'a passé une veille de Noël aussi laborieuse et aussi agitée ; j'étais sans cesse tourmenté par la crainte de ne pas finir assez tôt. Iffland m'a vivement exprimé l'embarras où il se trouverait s'il n'avait pas ma pièce dès le commencement de l'année, qui est l'époque la plus favorable au théâtre..., et il m'a fait comprendre que le plus léger retard lui occasionnerait une perte de quatre mille thalers.

Maintenant, je vais employer le reste de la semaine à faire faire une nouvelle copie pour le théâtre de Weimar ; et, si le temps et ma santé me le permettent, je serai près de vous dès les premiers jours de janvier...

Je vous remercie de m'avoir assuré un logement. Mon beau-frère pourra me prêter quelques meubles, mais point de literie ; s'il vous était possible de m'en procurer, cela m'éviterait la nécessité de me charger de tant de bagage.

Quant à nos communications, nous les rendrons plus faciles, moyennant une voiture. Adieu pour aujourd'hui ; je suis tout heureux d'avoir pu vous apprendre ce nouvel événement de ma vie. Ma femme vous envoie ses meilleurs compliments.   SCHILLER.

GŒTHE A SCHILLER.

Weimar, le 25 décembre 1798.

Mille félicitations pour l'achèvement, même contraint, de vos *Piccolomini!* Je vous ne le cacherai pas, je commençais dans ces derniers temps à abandonner tout espoir à ce sujet. D'après la manière dont vous travailliez à *Wallenstein* depuis plusieurs années, il n'y avait aucun motif raisonnable pour croire que vous arriveriez jamais à le terminer; car, tant que la cire est sur le feu, elle ne saurait se consolider.

Votre logement au château se prépare, et je pense que vous y trouverez tout ce dont vous aurez besoin... Que rien ne vous arrête plus; prenez une bonne fois la résolution de partir le 2 janvier, car nous aurons énormément à faire pour être prêts le 30, et le pire, vous le savez, c'est qu'il n'est plus possible d'ajourner la représentation.

Conservez-vous en bonne santé. Saluez pour moi votre chère femme, et soyez d'avance le bien-venu à Weimar. GŒTHE.

GŒTHE A SCHILLER.

Weimar, 29 décembre 1798.

Si vous nous aviez consultés, mon cher ami, en désignant vos décorations, nous aurions eu bien des observations à vous faire, car c'est une chose fort difficile que de convertir une description en réalité. Nous n'en ferons pas moins tous nos efforts pour rendre la mise en scène aussi magnifique que possible; l'ami Meyer dessine lui-même les cartons.

Maintenant, pardonnez-moi si, à l'exemple d'Iffland, je fais le directeur de théâtre, chargé de toutes les difficultés de l'exécution.

Demain matin, je vous enverrai un messager qui, je l'espère, m'apportera une partie de la pièce; et, dans tous les cas, le rôle de la duchesse. Ne vous impatientez pas; si vous n'arrivez pas bientôt, vous recevrez encore plus d'un messager de ce genre. Le mois de janvier sera rude pour moi, car, tout en attendant pour la fin de ce mois une pièce de l'importance de la vôtre, on ne voudra rien perdre des amusements ordinaires.

Je vous souhaite, pour votre voyage, une journée aussi belle que celle d'aujourd'hui, et vous salue de cœur ainsi que votre chère femme. GŒTHE.

SCHILLER A GŒTHE.

Iéna, le 31 décembre 1798.

Je vous ai envoyé hier le rôle de la duchesse, et voici les *Piccolomini* en entier, mais horriblement criblés de ratures. Je croyais avoir assez retranché, lorsqu'avant-hier j'ai fait pour la première fois la lecture de l'ensemble. Jugez de ma frayeur, lorsqu'au bout de trois heures je n'arrivai pas encore à la fin du troisième acte; aussi me suis-je mis immédiatement à rayer plus de quatre cents vers. La pièce sera encore très-longue, je ne crois pas cependant que la représentation dure plus de quatre heures, et si l'on commence à six heures précises, les spectateurs pourront être chez eux avant dix heures du soir.

J'ai fait recopier le second acte; il contient les scènes nouvelles avec Thécla, et comme vous ne les avez pas encore lues, il vous eût été difficile de les juger, si vous aviez été obligé de chercher le texte à travers les corrections et les ratures.

J'envoie aujourd'hui à Iffland mes nouvelles coupures, car je suis sûr que l'embarras de la pièce l'embarrasse énormément...

Je remets mon travail entre vos mains. En ce moment, il m'est impossible de le juger; parfois je désespère même complétement de sa convenance pour le théâtre. Puisse l'effet qu'il produira sur vous être de nature à me donner du courage et de l'espérance! j'en ai besoin.

Adieu, le messager partira vers trois heures.

SCHILLER.

SCHILLER A GŒTHE.

Iéna, le 1ᵉʳ janvier 1799.

Voici, pour votre amusement, quelques feuillets de Koerner sur l'*Almanach des Muses*.

Mon œuvre est entre vos mains, et a sans doute déjà reçu le baptême du théâtre. Maintenant, toutes mes pensées se dirigent déjà vers la troisième pièce, afin d'y travailler dès que je serai à Weimar. Quoiqu'il y ait beaucoup à faire, elle ira vite, car l'action est déterminée, et il y règne des passions très-vives.

Je me fais saigner demain, ce que je n'ai jamais

manqué de faire tous les ans depuis les deux violentes fluxions de poitrine que j'ai eues en 1791 et en 1792. Cela me retiendra encore ici demain, peut-être même après-demain. Je me porte assez bien du reste ; mais, comme il faut que je sois toujours tourmenté par quelque chose, je me suis dernièrement piqué à la main droite sous l'ongle du doigt du milieu. Cette petite blessure commence à s'envenimer, et me fait souffrir quand j'écris.

Vous avez eu la bonté de me faire demander la liste de tous les objets dont j'aurai besoin dans mon logement à Weimar ; mon beau-frère a dû vous la remettre ; c'est à vous, maintenant, à me dire si je puis arriver après-demain.

Ma femme et moi nous nous faisons une véritable fête de vous revoir bientôt.   SCHILLER.

GŒTHE A SCHILLER.

Weimar, le 2 janvier 1799.

Je suis convaincu que vous n'avez pu rendre votre pièce plus courte, et il faudra bien que le public s'en accommode.

Vos scènes d'amour sont fort belles, et les préliminaires de l'astrologie heureusement traités.

Je ne vous en dis pas davantage ; l'heure me presse, et j'espère vous voir bientôt. Ne tardez pas plus longtemps, car nous avons mille choses à nous dire. J'espère que vous trouverez dans votre logement tout ce dont vous pourrez avoir besoin. Mes compliments à votre chère femme.   GŒTHE.

Ainsi, dès le 24 décembre, Schiller annonçait à Gœthe l'achèvement des *Piccolomini*. Iffland, qui désirait jouer la pièce à Berlin presque en même temps qu'elle serait jouée à Weimar, n'avait cessé de harceler le poëte pour en obtenir la première copie, et Schiller venait de la lui envoyer. Il se disposait aussi à l'envoyer à Gœthe, mais, au moment de la faire partir, il hésitait de nouveau. N'avait-il pas ceci à corriger, puis cela, puis cette scène encore? Le 27 décembre, Gœthe fut obligé de lui adresser la plaisante réquisition que voici : « Le porteur de ce billet représente un détachement de hussards qui a reçu l'ordre de s'emparer, par tous les moyens possibles, des deux Piccolomini, père et fils, dût-il les rapporter par morceaux, s'il ne peut se rendre complétement maître de leurs personnes. Signé : la commission de Melpomène, instituée par ordre supérieur pour veiller sur le monstre wallensteinien. » Schiller, en effet, envoya d'abord des fragments, puis des rôles détachés, puis la pièce tout entière, et enfin, le 4 janvier 1799, il arrivait à Weimar, accompagné de sa femme et de sa belle-sœur, pour diriger, de concert avec Gœthe, les répétitions de son drame.

GŒTHE A SCHILLER.

Weimar, le 5 janvier 1799.

J'apprends avec bonheur que vous êtes arrivé, et je

désire savoir quel emploi vous ferez de votre journée. S'il vous était possible de venir dîner avec moi, vous me feriez un très-grand plaisir.

Je ne me porte pas très-bien, aussi ne sortirai-je pas aujourd'hui, car j'ai plus que jamais besoin de santé et d'activité intellectuelle.

Mes compliments à votre chère femme, que je me réjouis de revoir bientôt.   Gœthe.

SCHILLER A GŒTHE.

Weimar, le 5 janvier 1799.

Je viens de recevoir votre billet. Puisque vous le permettez, je serai chez vous à une heure, et vous pourrez, jusqu'à cinq heures, faire de moi tout ce que vous voudrez.

Nous avons très-bien dormi dans le joli petit logement que vous nous avez fait si commodément meubler.

Le reste de vive voix. Mille choses de la part de ma femme.   Schiller.

SCHILLER A GŒTHE.

Weimar, le 10 janvier 1799.

Je désire savoir si vous avez bien dormi cette nuit. Hier j'étais tout étonné de vous voir si dispos, après une nuit d'insomnie et au milieu d'un nuage de tabac.

Je serai chez vous à quatre heures, et après la répétition nous nous retrouverons chez le conseiller Voigt.

Mon travail avance toujours. *Nulla dies sine linea...*
  Schiller.

SCHILLER A GŒTHE.

Weimar, le 15 janvier 1799.

Je vous envoie deux nouvelles hétérogènes, accueillez-les avec bienveillance pour votre dessert.

L'ardeur d'Iffland pour les *Piccolomini* est pour moi d'un heureux augure pour le succès théâtral de cette pièce. Puisqu'il croit pouvoir encore attendre mes conseils pour le rôle dont il s'est chargé, la représentation n'aura pas lieu de sitôt, et les critiques de Berlin ne nous devanceront pas.

J'espère vous voir ce soir à l'Opéra.   SCHILLER.

GŒTHE A SCHILLER.

Weimar, le 17 janvier 1799.

Comme je ne sais pas si vous devez venir dîner avec moi aujourd'hui, j'accepte une invitation de Son Altesse qui me fait prier d'aller la voir dans sa chambre, invitation à laquelle il me faut rendre au plus tôt; je vous prie donc, mon cher ami, de vous trouver chez moi ce soir à quatre heures; vous y trouverez tout notre monde dramatique réuni.

La deuxième livraison des *Propylées* vient d'arriver, mais le plaisir qu'elle aurait pu me causer a été empoisonné par les fautes d'impression dont elle fourmille. Espérons que la troisième livraison sera meilleure. Mais je ne puis penser à cette livraison sans désirer d'y voir figurer quelque chose de vous.

Une chose dont je vous prie instamment, dans l'impossibilité où je suis de rien produire, c'est de me faire une analyse des *Piccolomini*, afin que je puisse en publier au plus tôt un compte rendu dans la *Gazette nouvelle*. Nous n'avons pas de temps à perdre, car les Berlinois ne tarderont pas à nous inonder d'un vrai déluge de jugements.   Gœthe.

GŒTHE A SCHILLER.

Weimar, le 25 janvier 1799.

Apprenez-moi, mon cher ami, par quelques mots si vous avez bien dormi et comment vous vous portez. Peut-être ne pourrez-vous décider encore si vous irez à la répétition. Dans tous les cas, pour peu que vous craigniez d'augmenter votre mal en vous exposant au grand air, restez chez vous aujourd'hui et demain ; je vous remplacerai aussi bien que je le pourrai, et demain je vous rendrai compte des résultats de cette répétition.

Madame Teller a assez bien lu hier, en ce sens que les intonations étaient justes, mais elle a dit son rôle d'une manière trop monotone et sans se donner la peine de jouer ; elle assure qu'il n'en sera pas de même lorsqu'elle sera sur les planches. Cette manie étant celle de presque tous les acteurs, on ne peut trop lui en vouloir ; ce n'en est pas moins une sottise qui empêche de bien étudier les rôles, et abandonne presque tout aux chances du hasard. Je désire avoir de bonnes nouvelles de vous.   Gœthe.

GŒTHE A SCHILLER.

Weimar, le 28 janvier 1799.

Il y aura répétition ce matin à dix heures avant l'audience et le banquet; à cinq heures après-midi, on recommencera la pièce. Si nous pouvons seulement arriver à répéter les trois premiers actes, il nous restera assez de temps pour repasser le plus nécessaire. Je désire beaucoup vous avoir aujourd'hui à dîner; cela nous rappellera, du moins, que nous sommes si près l'un de l'autre. Un mot de réponse à ce sujet.

GŒTHE.

GŒTHE A SCHILLER.

Weimar, le 30 janvier 1799.

Le voilà donc arrivé ce grand jour que j'ai si vivement désiré, et dont j'attends la soirée avec tant d'impatience!

Voici encore quelques observations : ne voudriez-vous pas que Vohs fît son entrée dans la première scène revêtu de sa cuirasse? Il a l'air trop mesquin en pourpoint.

Il ne faut pas non plus oublier la barrette de Wallenstein, ornée de plumes d'autruche; il doit y en avoir dans la garde-robe du théâtre.

Faites donc aussi donner à Wallenstein un manteau rouge; lorsqu'on ne le voit pas en face, il ressemble trop aux autres. J'espère vous avoir à dîner chez moi.

GŒTHE.

Le grand jour, comme dit Gœthe, était arrivé; ce jour qu'il avait désiré si vivement, et qui semblait reculer sans cesse de semaine en semaine. Le 30 janvier 1799, les *Piccolomini* parurent sur la scène de

Weimar au milieu d'une affluence plus nombreuse et plus brillante que jamais. C'était la fête de la duchesse de Weimar, ce fut surtout la fête de la poésie. Le succès ne resta pas douteux un instant. Les acteurs, même les plus faibles, eurent des éclairs d'inspiration. Le grand-duc avait pris l'intérêt le plus chaleureux au triomphe du poëte et de son œuvre; dès le lendemain, il écrivit une appréciation détaillée du jeu des acteurs, et envoya des présents à ceux qui avaient le mieux réussi. Graff, qui avait représenté Wallenstein, Vohs, chargé du personnage de Max, furent particulièrement remarqués. On dit que mademoiselle Caroline Jagemann répondit tout à fait à la pensée de Schiller en exprimant l'idéale figure de Thécla, et qu'une toute jeune actrice récemment arrivée de Mannheim, mademoiselle Amélie Malcolmi, fit pressentir dans le rôle de la duchesse un talent du premier ordre. Schiller écrivit à Graff : « Vous avez remporté un grand triomphe, et vous ne pouvez douter qu'il ne vous soit rendu pleine et publique justice pour tout ce que ce rôle doit à votre talent. Il ne sera pas facile à un autre artiste de représenter après vous le personnage de Wallenstein; et, si l'on en juge par la preuve que vous nous avez donnée hier de votre puissance sur vous-même, on peut être certain que dans vos créations à venir vous développerez votre art d'une manière plus parfaite encore. » Schiller avait tort de croire que Wallenstein de Weimar était un modèle difficile à égaler : Berlin lui réservait des surprises ; mais il fallait récompenser les efforts des comédiens, et entretenir leur ardeur pour le troisième drame de la trilogie.

Le 4 février, le grand-duc pria Gœthe de lui présenter familièrement Schiller, et il le complimenta de la façon la plus cordiale. Deux jours après, le poëte était de retour à Iéna, et c'est de là qu'il écrivait à Koerner : « Il y a une éternité que je ne t'ai écrit, ni à personne au monde ; mais tu sais quels empêchements s'y opposaient, tu m'excuseras. Je suis revenu de Weimar depuis quelques jours ; j'y ai passé cinq semaines avec toute ma famille, pour obtenir, par mon influence et mes efforts personnels, une représentation supportable de mes *Piccolomini*. Tout s'est heureusement passé ; mon but a été atteint : la pièce a produit tout l'effet qu'on pouvait en attendre avec un personnel théâtral comme celui de Weimar. Elle a été jouée deux fois de suite, et l'intérêt s'est accru encore à la seconde représentation. J'éprouve une étrange impression en songeant que le public connaîtra mon *Wallenstein* avant toi ; mais, tu le sais, je n'y puis rien. Tu ne le recevras pas avant que tout soit fini ; c'est une joie que je me suis réservée ; je veux avoir ton jugement impartial sur l'ensemble de mon œuvre dans six semaines au plus tard, j'espère avoir terminé la dernière pièce ; alors tu recevras tout à la fois. »

Gœthe avait ramené son ami à Iéna, et ils y passèrent ensemble tout le mois de février. On dirait qu'il ne veut pas le perdre de vue jusqu'à ce qu'il ait terminé le monstre dramatique. Ce furent encore pendant plusieurs semaines des conférences fécondes. Enfin le troisième drame de la trilogie la *Mort de Wallenstein*, était définitivement terminé, on put représenter en trois jours la trilogie tout entière ; le 15 avril on joua le *Camp*, le 17 les *Piccolomini*, et le 20 la *Mort de Wallenstein*. L'émotion que produisit cette grande œuvre fut vraiment extraordinaire, et se répandit bientôt par toute l'Allemagne. Mais lisons d'abord les lettres de Gœthe et de Schiller qui nous font assister à cette dernière partie de leur travail.

SCHILLER A GŒTHE.

Iéna, le 1ᵉʳ mars 1799.

Après une heureuse interruption de deux mois, voici notre commerce de lettres qui reprend ; et il me semble qu'il y a déjà bien longtemps que j'ai quitté Weimar. Le mouvement dramatique, le contact fréquent avec le monde, et surtout la facilité de vous voir tous les jours, ont beaucoup modifié ma manière d'être, et lorsque je serai entièrement débarrassé du triple fardeau de *Wallenstein*, je me sentirai tout un autre homme.

Kœrner m'a écrit ; vous trouverez sa lettre ci-jointe...

Je ne puis en dire davantage aujourd'hui, car l'heure de la poste me presse. Ma femme se rappelle à votre souvenir; elle a été hier à la comédie de Loder, où elle s'est fort amusée. SCHILLER.

GŒTHE A SCHILLER.

Weimar, le 3 mars 1799.

Votre lettre m'est arrivée hier soir fort tard, et je vous réponds dès ce matin afin de rétablir faute de mieux, nos relations épistolaires.

Je suis heureux que cet hiver vous ait été si favorable; pour ma part, je n'ai pas à m'en louer. Il est certain que, sous beaucoup de rapports, nous avons fait des progrès, et j'espère qu'au retour de la belle saison, nous pourrons le prouver pratiquement.

La lettre de Kœrner me paraît très-singulière; mais tout ce qui est individuel n'est-il pas singulier? Personne ne sait s'accommoder ni de soi-même ni des autres, aussi est-on forcé de se construire sa toile d'araignée pour y établir son cercle d'action. Tout cela me ramène à ma nature poétique. C'est par la poésie qu'on se contente soi-même et qu'on se crée des relations agréables avec les autres...

J'ai maintenant un accès de mauvaise humeur qui ne passera que lorsque j'aurai réussi à composer quelque ouvrage important.

Mes compliments à votre chère femme; ne vous lassez pas de travailler; quant à moi, je prévois que je n'aurai pas une heure de contentement avant que je puisse me retrouver auprès de vous pour y être actif à façon. Il faut absolument que je me propose pour l'été prochain une œuvre d'imagination, n'importe laquelle,

afin de me rendre une certaine sérénité d'esprit qui m'a tout à fait manqué cet hiver.
GŒTHE.

SCHILLER A GŒTHE.

Iéna, le 5 mars 1799.

Je me suis aperçu souvent avec chagrin dans le cours de cet hiver que vous n'étiez ni aussi gai, ni aussi ardent qu'à l'ordinaire, et j'ai amèrement regretté de ne pouvoir assez disposer de mon temps pour aller essayer de vous arracher à cet état. Au reste, la nature vous a créé pour produire, et toute autre activité, lorsqu'elle se prolonge, vous met en contradiction avec vous-même. Il ne faut plus jamais laisser s'écouler un aussi long espace de temps sans composer quelque œuvre poétique, et vous pourrez le faire si vous osez le vouloir sérieusement. J'ai été fort content lorsque vous m'avez manifesté l'intention de vous occuper d'un poëme didactique; de pareils travaux rattachent la science à la poésie, facilitent le passage de l'une à l'autre, et, si je ne me trompe, c'est ce passage que vous ne pouvez trouver en ce moment.

Lorsque je songe cependant à la masse d'idées que vous pouvez faire entrer dans des poésies, je ne puis comprendre comment il est possible que vous vous trouviez arrêté. Un seul des nombreux plans qui sont si vivants dans votre imagination, qu'il vous suffirait de le vouloir pour les mettre à exécution, remplirait la vie de tout autre homme. Mais, sous ce rapport aussi, votre réalisme se manifeste dans toute sa vigueur; quand nous autres nous trouvons déjà une activité suffisante dans le soin avec lequel nous nourrissons des idées, vous ne vous trouvez satisfait que lorsque vos idées, à vous, ont été mises à exécution.

Le printemps, l'été surtout, remettront toutes choses en ordre; après une aussi longue pause, vous n'en serez que plus fertile lorsque vous reprendrez votre *Achilléide*, par laquelle vous mettez tout un monde en mouvement. Je ne puis oublier ni le court entretien dans lequel vous m'avez raconté le premier chant de ce poëme, ni l'ardeur, l'animation passionnée qui se manifestait alors dans tout votre être...

Vendredi prochain, je vous enverrai les deux premiers actes de *Wallenstein*. Iffland n'aura rien qu'il ne m'ait écrit. Portez-vous bien et rappelez votre gaieté, en dépit de l'hiver qui paraît vouloir recommencer. Nous vous saluons tous deux du fond du cœur.   SCHILLER.

SCHILLER A GŒTHE.

Iéna, le 7 mars 1799.

Voici les deux actes de *Wallenstein* que je vous avais annoncés, je leur souhaite un bon accueil de votre part; faites-moi connaître votre opinion le plus tôt possible.

J'ai reçu par Iffland des nouvelles de la représentation des *Piccolomini*. Tout s'est passé comme on me l'avait dit, et le public a accueilli la pièce un peu froidement, ainsi que je l'avais prévu; la troisième pièce rompra la glace.

Je suis enfin parvenu à couper cette dernière pièce en cinq actes, et les préparatifs de l'assassinat de Wallenstein ont beaucoup gagné en ampleur et en importance dramatique ; il est vrai que cela a fort augmenté mon travail.

Ma femme, qui a été indisposée, mais qui va mieux maintenant, vous salue de tout son cœur. Nous vous remercions de vos excellents navets.   SCHILLER.

GŒTHE A SCHILLER.

Weimar, le 9 mars 1799.

Les deux premiers actes de *Wallenstein* sont excellents, et ils m'ont, dès la première lecture, causé une impression si vive, que je ne doute pas un instant du succès.

Si dans les *Piccolomini* le spectateur vous suit avec peine à travers des combinaisons artificielles et parfois même arbitraires, dans *Wallenstein*, tout, dès le début, est soumis aux nécessités de la nature. Le monde où se passe l'action est posé, les règles d'après lesquelles on doit le juger sont connues, et le torrent des passions se précipite à travers un lit creusé d'avance. Je suis on ne peut pas plus désireux de voir la suite, qui, d'après les changements que vous lui avez fait subir, sera tout à fait neuve pour moi.

J'ai une bonne nouvelle à vous annoncer ; animé par vos conseils, je viens de fixer ma pensée sur les champs troyens. Une grande partie de l'*Achilléide* qui manquait encore de forme intérieure, vient de s'organiser jusque dans ses plus petits détails ; et comme le fini seul peut m'intéresser même au sein de l'infini, j'espère terminer cet ouvrage pour le mois de septembre, en y appliquant toutes mes forces. Si c'est une illusion, je veux la conserver aussi longtemps que possible.

Je vous renverrai *Wallenstein* demain. Saluez pour moi votre chère femme, à qui je souhaite de se rétablir, et marchez toujours d'un pas heureux et rapide. Avancez aussi vite que possible vers le dénoûment de votre tragédie.
GŒTHE.

GŒTHE A SCHILLER.

Weimar, le 10 mars 1799.

Je joins à l'envoi de *Wallenstein* deux mots seulement et un salut cordial de Meyer. Il lui a été tout aussi impossible qu'à moi de s'arrêter dans la lecture de vos deux actes, et nous ne pouvons plus avoir aucun doute sur le dramatique effet qu'ils produiront. Depuis quelques jours je ne sors plus de la plaine de Troie... Pardonnez-moi si je garde le silence sur mon travail, jusqu'à ce que j'aie quelque chose à vous montrer. Portez-vous bien, et achevez heureusement votre œuvre.
GŒTHE.

SCHILLER A GŒTHE.

Iéna, le 12 mars 1799.

Je suis tout joyeux du bon accueil que vous avez fait à mes deux actes. Lors même que je ne pourrais pas aussi complétement finir les trois derniers, j'espère que pour l'effet dramatique ils ne resteront pas au-dessous de ceux que vous venez de lire. Si je puis continuer à utiliser chaque journée ainsi que je le fais depuis quelque temps, je pourrai vous envoyer tout le reste de

Wallenstein lundi prochain; et si vous n'y trouvez pas trop de corrections à faire, j'expédierai immédiatement la tragédie entière à Iffland. Ne vous attendez donc pas à de longues lettres de moi pendant cette semaine.

J'ai appris avec un grand plaisir que les champs troyens commencent à se déployer devant votre pensée; persistez dans cette heureuse disposition... Schiller.

GŒTHE A SCHILLER.

Weimar, le 13 mars 1799.

Je serais bien heureux si, pendant que vous finissez *Wallenstein*, je pouvais avoir le courage de commencer un nouveau travail. Je désire beaucoup que lundi prochain vous puissiez m'envoyer les trois derniers actes. J'ai beaucoup réfléchi sur les deux premiers, dont le souvenir vit et agit en moi, et je les trouve toujours très-bien. Si dans les *Piccolomini* on contemple et l'on s'intéresse, on se sent irrésistiblement entraîné dans *Wallenstein*...

Si je vous en disais davantage aujourd'hui, je serais entraîné malgré moi à vous parler de mes dieux et de mes héros, et je ne veux pas anticiper sur l'avenir.

Saluez de ma part votre chère femme, et écrivez-moi samedi, ne fût-ce qu'un mot, pour me dire où en est votre travail. Gœthe.

SCHILLER A GŒTHE.

Iéna, le 15 mars 1799.

Je ne vous écris que pour confirmer ce que je vous ai promis dernièrement, c'est-à-dire que vous aurez

Wallenstein lundi prochain. Mon héros est déjà mort, et il ne reste plus qu'à limer certains passages.

Ne manquez pas de venir vendredi prochain, votre présence me dédommagera bien agréablement des fatigues d'une semaine surchargée de travail.

Ma femme vous salue. Adieu. SCHILLER.

GŒTHE A SCHILLER.

Weimar, le 16 mars 1799.

Je vous fais mon sincère compliment de la mort de votre héros. Que ne puis-je également éteindre le souffle de la vie chez mon héros épique ! J'attends l'envoi de lundi avec impatience, et je m'arrangerai de manière à venir vous voir le jeudi saint; si nous pouvons passer seulement une semaine ensemble, cela avancera considérablement nos travaux. Pour ce qui est du mois d'avril, il faudra le consacrer tout entier à la représentation de *Wallenstein* et à l'installation de madame Unzelmann. Il serait bon d'activer le plus tôt possible votre *Wallenstein*; la tragédie et cette gracieuse actrice nous procureront une suite de représentations intéressantes, au moyen desquelles nous retiendrons les étrangers qui, alors, pourraient se trouver à Weimar.

J'ai déjà disposé les motifs de cinq chants de l'*Achilléide*, et cent quatre-vingts hexamètres du premier chant sont entièrement terminés. Ayant si bien réussi au début, je ne crains plus rien pour la suite. Si vous nous venez en aide pour les *Propylées*, cette année sera fertile en bonnes choses. GŒTHE.

SCHILLER A GŒTHE.

Iéna, le 17 mars 1799.

Voici enfin mon œuvre telle que les circonstances actuelles ont voulu qu'elle fût. Beaucoup de détails demanderaient une exécution plus ample; mais je crois que pour la scène ils ne laissent plus rien à désirer. Si vous trouvez que *Wallenstein* est maintenant une véritable tragédie, qu'il répond aux exigences principales du sentiment, de la raison et de la curiosité, que les destinées des personnages se sont convenablement accomplies, et que l'unité de sentiment y est maintenue, je serai on ne peut plus heureux.

Vous déciderez si le quatrième acte doit finir avec le monologue de Thécla, ce qui me paraît préférable, ou s'il faut complétement terminer cet épisode en laissant subsister les deux scènes que, dans le doute, je fais succéder au monologue.

Je vous félicite des progrès de l'*Achilléide*, dont je suis doublement satisfait, puisqu'ils vous fournissent la preuve de la toute-puissance de votre volonté sur les dispositions de votre esprit.

Ma femme se rappelle à votre souvenir; nous vous attendons toujours vendredi.   SCHILLER.

SCHILLER A GŒTHE.

Iéna, le 15 mars 1799.

Il y a longtemps déjà que je désire et crains peut-être davantage encore le jour où j'aurai terminé *Wallenstein*. En tout cas, il est certain que je me trouvé beaucoup plus mal de ma liberté actuelle que de mon esclavage récent. La masse qui, depuis si longtemps, m'attirait et me retenait a disparu tout à coup, et je me sens comme suspendu au milieu d'un espace vide, et où il n'y a pas d'occupation déterminée pour moi. Il me semble, en même temps, qu'il me sera absolument impossible de composer un nouvel ouvrage. Cet état inquiétant ne cessera, sans doute, que lorsque ma pensée aura trouvé un autre sujet sur lequel elle pourra se fixer avec amour et espoir.

Quand je vous verrai, je vous soumettrai plusieurs sujets tragiques, tous d'imagination. J'ai le désir et presque le besoin de traiter maintenant un sujet purement humain et passionné, car j'en ai assez de l'histoire, des soldats, des héros et des souverains.

Je vous envie votre nouvelle activité. Vous voici sur le sol poétique le plus pur et le plus élevé, et dans le monde le plus beau, où tout est à refaire, quoique tout ait été déjà fait. Je viens de relire Homère, et la visite de Thétis à Vulcain m'a causé un plaisir sans bornes. Dans cette agréable peinture d'une visite familière et telle qu'on peut en recevoir tous les jours chez soi, dans cette description d'un travail d'artisans, il y a tout un infini pour le fond et pour la forme, et la naïveté de ces peintures y a vraiment toute l'importance du divin. Je n'en trouve pas moins inconcevable, non-seulement l'espoir que vous avez de terminer l'*Achilléide* pour l'automne prochain, mais encore l'idée qu'une aussi prompte exécution soit possible. Pour ma part, je n'ose m'en flatter, malgré ma confiance en votre extrême facilité dont j'ai été témoin plus d'une fois. Je regrette surtout que les soins du théâtre doivent vous enlever tout le mois d'avril ; je ferai mon possible pour vous alléger ce fardeau, du moins en ce qui concerne la représentation de *Wallenstein*...

         SCHILLER.

GŒTHE A SCHILLER.
         Weimar, le 20 mars 1799.

Nous ne nous sommes guère occupés, ces jours-ci, que de *Wallenstein* ; Meyer aussi l'a lu, il en a été ravi.

Si, pour votre nouvelle tragédie, vous préférez un sujet de votre invention, ce n'est pas moi qui chercherai à vous en détourner ; l'expérience a prouvé qu'avec un pareil sujet vous vous sentirez infiniment plus à votre aise...

Demain je serai à Iéna vers midi, et je rassemblerai toutes mes forces pour produire quelque chose. Si, de votre côté, vous pouvez trouver un sujet qui convienne à vos penchants et à votre talent, nous n'aurons plus à nous inquiéter de rien pour tout notre été. Mes amitiés à votre chère femme. Je suis heureux de penser que nous allons revoir ensemble le ruisseau qui coule devant votre jardin.   GŒTHE.

GŒTHE A SCHILLER.
         Iéna, le 26 mars 1799.

Je suis arrivé aujourd'hui dans mon *Achilléide* jusqu'au discours de Minerve, et j'ai le plus grand désir de vous lire mon travail. Je serai donc chez vous vers midi ; je lirai avant de nous mettre à table, et après le dîner je m'en retournerai chez moi pour expédier mon courrier. Dites-moi si ces arrangements vous conviennent.

Au revoir sur les bords de l'Hellespont.   GŒTHE.

On a vu par ces lettres avec quel soin, quelle patience, quel mélange d'inspirations ardentes et de méditations obstinées a été accomplie cette grande œuvre qui rouvrait non-seulement la scène restaurée de Weimar, mais la poésie dramatique de l'Allemagne, interrompue depuis quinze années. Résumons ici ce que nous avons exposé en détail, et tâchons de montrer comment le *Wallenstein* de Schiller a été tout un événement dans l'histoire intellectuelle et morale de nos voisins.

Lorsque le *Camp de Wallenstein* fut représenté le 12 octobre 1798, Schiller s'adressait ainsi à la brillante assemblée qui remplissait la salle : « L'ère nouvelle qui s'ouvre aujourd'hui sur cette scène pour l'art de Thalie enhardit aussi le poëte à quitter la route battue, à vous transporter, du cercle étroit de la vie bourgeoise, sur un théâtre plus élevé qui ne soit pas indigne de cette heure sublime où s'agitent nos efforts. Car un grand sujet peut seul remuer les entrailles profondes de l'humanité ; dans un cercle étroit, l'esprit se rétrécit ; l'homme grandit quand son but s'élève. Et maintenant, au terme sérieux de ce siècle, où la réalité même devient poésie, où nous voyons de puissantes natures lutter sous nos yeux pour un prix important, où l'on combat pour les grands intérêts de l'humanité, la domination et la liberté, maintenant, l'art aussi, sur le théâtre où il évoque des ombres, peut tenter un vol plus hardi; il le peut, il le doit même, s'il ne veut s'effacer, couvert de honte, devant le théâtre de la vie. Nous voyons crouler de nos jours cette forme antique et solide que jadis, il y a cent cinquante ans, une paix désirée assura aux royaumes de l'Europe, une paix chèrement achetée par trente années de guerres lamentables. Laissez encore une fois l'imagination du poëte faire passer devant vous cette sombre époque, puis contemplez avec plus de joie le présent, et devant vous, à l'horizon, l'avenir si riche d'espérances.

« C'est au milieu de cette guerre que vous place aujourd'hui le poëte. Seize années de ravage, de pillage, de misère, se sont écoulées; le monde fermente encore dans un sombre chaos, et nul espoir de paix ne rayonne dans le lointain. L'empire est l'arène des armes, les villes sont désertes, Magdebourg est en ruine, le commerce et l'industrie sont abattus; le bourgeois n'est plus rien, le guerrier est tout. L'impudence impunie brave les mœurs, et des hordes barbares, qu'une longue guerre a rendues sauvages, campent sur le sol dévasté.

« Sur ce fond obscur de l'époque éclate l'entreprise d'un téméraire courage et un caractère audacieux. Vous le connaissez, — ce créateur d'armées intrépides, l'idole du camp et le fléau des provinces, l'appui et l'effroi de son empereur, l'enfant aventureux de la fortune, qui, élevé par la faveur des temps, monta rapidement aux plus hauts degrés des honneurs, et, insatiable, aspirant toujours plus haut, tomba victime de son ambition indomptée. Obscurcie par la haine et la faveur des partis, l'image de son caractère nous apparaît incertaine dans l'histoire; mais l'art aujourd'hui, avec une sympathie humaine, doit le mettre plus près de vos yeux, plus près aussi de vos cœurs. Car, limitant et enchaînant toute chose, l'art ramène à la nature tout ce qui est extrême; il voit l'homme emporté par le mouvement impétueux de la vie et impute aux astres funestes la plus grande part de sa faute.

« Ce n'est pas lui qui paraîtra aujourd'hui sur cette scène. Mais, dans ces bandes hardies que dirigent ses ordres puissants, que son esprit anime, vous apercevrez l'ombre de ses traits en attendant que la muse timide se hasarde à le placer devant vous sous sa forme vivante; car c'est sa puissance qui séduit son cœur, son camp seul explique son attentat.

« Pardonnez donc au poëte s'il ne vous entraîne pas tout d'une fois, d'un pas rapide, au dénoûment de l'action, s'il se borne à dérouler ce grand sujet à vos yeux dans une suite de tableaux. Que le spectacle d'aujourd'hui gagne vos oreilles et vos cœurs à des accents inaccoutumés; qu'il vous ramène en arrière à cette époque, sur ce théâtre de guerre si éloigné de nous, et que notre héros remplira bientôt de ses actions.

« Et si aujourd'hui la muse, la libre déesse de la danse et du chant, réclame encore une fois d'une voix modeste son vieux privilége allemand, le jeu de la rime, — ne l'en blâmez pas ! remerciez-la bien plutôt de transporter en se jouant la sombre image de la réalité dans le serein domaine de l'art, de détruire elle-même de bonne foi l'illusion qu'elle produit, et de ne pas substituer ses trompeuses apparences à la vérité : la vie est sérieuse, l'art est serein. »

Schiller, dans les trois parties de son poëme dramatique, ne fut pas infidèle à ces promesses si magnifiquement exprimées. Le grand art renaissait. A cette heure solennelle du siècle finissant, au moment où s'écroulait l'ordre antique fondé par le traité de Westphalie, les crises violentes d'où cet ordre était né apparaissaient aux hommes dans les poétiques interprétations de la scène. Ainsi, des commotions qui remplissent la fin du dix-huitième siècle, de l'ébranlement et des incertitudes de l'Europe, ainsi jaillirait encore, semblait dire le poëte, un ordre nouveau, une société meilleure. La poésie s'attribuait les fonctions du chœur antique : elle expliquait le drame et apaisait les passions. Grâce à elle, les faits terribles de la réalité étaient transportés dans le domaine de l'idéal, et l'espérance souriait au monde. Tel était le rôle de l'Allemagne dans cette crise formidable. Ne croyez pas cependant que le poëte, en ouvrant aux âmes les régions sereines de l'art, cherchât à les désintéresser des œuvres sérieuses de la vie. Les reproches que nous avons dû faire à Schiller, à propos de certaines lettres datées de 1796, n'atteignent pas l'auteur de *Wallenstein*. L'esprit qui règne d'un bout du poëme à l'autre est un esprit viril, l'amour du devoir et de l'honneur. L'exemple d'un Max Piccolomini ne fera jamais de lâches. Schiller était manifestement préoccupé du désir de relever les âmes de ses compatriotes. Il s'excuse même quelque part de ces préoccupations morales, contraires, selon lui, à l'indépendance de la poésie ; s'il renonce ici à ses principes, c'est que les nécessités du temps doivent imposer silence aux scrupules de l'artiste. Le 26 juillet 1800, il écrivait à son ami Suvern : Je partage votre admiration sans réserve pour la tragédie de Sophocle, mais cette tragédie est l'expression d'un temps qui ne reviendra plus... La tragédie allemande de nos jours est obligée de lutter contre l'inertie, la torpeur, l'absence de caractère, la vulgarité intellectuelle de l'esprit de l'époque ; elle doit donc montrer du caractère et de la force, elle doit chercher à ébranler le cœur et à l'élever... La beauté pure est réservée aux nations heureuses ; quand on s'adresse à des générations malades, il faut les secouer par des émotions sublimes. »

Schiller réussit ; l'Allemagne fut profondément émue. Dix ans après, en 1809, au moment où le baron de Stein préparait dans l'ombre une grande insurrection nationale, à la veille de la prise d'armes de l'Autriche, Rachel Levin, la brillante inspirée qui fut depuis madame de Varnhagen, Rachel Levin, enthousiaste de Gœthe, mais peu favorable à Schiller, s'écriait tout à coup dans une lettre datée du 9 mai : « Je viens de relire *Wallenstein* ; comme chaque mot porte ! L'inspiration du poëte m'avait échappé ; je la comprends aujourd'hui. » Ce que Rachel Levin exprimait ainsi, des milliers de cœurs le sentirent ; les accents de *Wallenstein* disposèrent les âmes aux grandes luttes de 1813, et un éloquent biographe de Schiller, M. Émile Palleske, a eu le droit de résumer ainsi l'influence du poëte : « Dans la Germanie primitive, quand on commençait la bataille, les bardes avaient la place d'honneur et marchaient devant l'armée. »

Si l'influence de *Wallenstein* se prolongea ainsi, on devine quelle fut l'émotion de tous au moment où les trois parties du cycle parurent pour la première fois. Le 30 janvier 1799, jour de la représentation des *Piccolomini*, est une date mémorable. Un mouvement inaccoutumé avait transfiguré Weimar. Illustrée déjà par le séjour de Gœthe, la cité du grand-duc Charles-Auguste fut ce jour-là, on peut le dire, la vraie capitale de l'Allemagne. On se disputait les places pour entendre le *Wallenstein* de Schiller, comme on se les disputait à Paris, en 1788, pour le *Mariage de Figaro*. Les récits qu'on nous a conservés de l'empressement public, en des contrées et pour des circonstances si différentes, offrent de curieuses analogies, et en même temps, on le pense bien, des contrastes singulièrement expressifs. Le Danois Steffens, collègue de Schiller à Iéna, et qui, comme beaucoup de ses confrères, était venu à Weimar pour assister à cette grande soirée, nous a donné dans ses *Mémoires* une vive peinture de l'émotion de la cour et de la ville. Il avait trouvé place dans la loge même de Schiller ; il nous montre le poëte tout heureux de l'exécution de son œuvre ; Gœthe qui va et vient de la scène à la salle ; le public attentif, surpris, captivé au dernier point, malgré la longueur des discours ; les acteurs assez médiocres, mais électrisés cependant par le sentiment de la grandeur de cette œuvre et par l'attention universelle.

Ce fut bien mieux encore le 20 avril 1799, lorsque la *Mort de Wallenstein* fut représentée et qu'on put embrasser enfin dans son ensemble la vaste composition du poëte. Le succès fut immense et se répéta de ville en ville.

Quelques semaines après la représentation de Weimar, le 17 mai, la tragédie fut jouée à Berlin par des acteurs d'élite. Fleck, le Talma de l'Allemagne, surpassa tous ses rivaux dans le rôle de Wallenstein ; madame Fleck, chargée de la suave et noble figure de Thécla, y déploya aussi un talent supérieur. Ces soirées de Berlin ont laissé d'ineffaçables souvenirs ; bien des années plus tard, Louis Tieck écrivait ces mots : « Quand on songe à *Wallenstein* et aux splendeurs de cette œuvre, il faut se souvenir aussi de l'excellent Fleck, à Berlin, qui illustra son âge mûr par l'interprétation de ce rôle. Certes, qui l'a vu représenter Wallenstein, lorsque le poëme parut, a vu quelque chose de grand. Pour ma part, j'ai vu jouer la *Mort de Wallenstein* à diverses époques sur presque tous les théâtres d'Allemagne ; nulle part je n'ai rien rencontré qui rappelât même de loin ce jeu véritablement héroïque. Iffland remplissait le rôle de Piccolomini. Heureux temps, s'écrie Louis Tieck, heureuses années où des génies se rencontrent et se prêtent un mutuel secours ! »

Ainsi, grâce à Iffland et à Fleck, rien n'avait manqué au triomphe du grand poëme dramatique de Schiller. La critique toutefois ne resta pas silencieuse. Le soir même de la représentation des *Piccolomini*, dans le salon de madame Schlegel, Steffens, qui sortait de la loge de Schiller, indiquait très-finement les défauts de la pièce, et surtout une certaine disposition déclamatoire funeste à l'originalité des caractères. Trois jours après, Jean-Paul Richter, si peu sympathique au grand art que poursuivaient Gœthe et Schiller, gâté d'ailleurs par les éloges de Herder qui l'opposait un peu perfidement aux deux poëtes, Jean-Paul jugeait ainsi les *Piccolomini* dans une lettre à son ami Otto : « Le *Wallenstein* a été représenté avec beaucoup de magnificence. C'est excellent, passablement ennuyeux et faux. La langue la plus belle, des parties pleines de poésie et de vigueur, quelques bonnes scènes, point de caractères, point de mouvement dans l'action, l'intérêt divisé entre trois sujets différents, et finalement nulle conclusion, telle est cette œuvre. Herder doit y aller aujourd'hui, et je suis sûr qu'il partagera mon opinion comme toujours. » Herder, en effet, exprima les mêmes sentiments que Jean-Paul. Herder, Jean-Paul, Steffens, certainement voilà des juges qui comptent; plus d'un censeur se joignit à eux, les auteurs des *Xénies* avaient trop cruellement agité le monde littéraire pour pouvoir espérer de leurs contemporains une impartiale justice. Ce n'étaient là pourtant que des protestations impuissantes; tous ces murmures allaient se perdre dans les acclamations du pays, et Tieck exprime fidèlement les publiques émotions de l'année 1799 dans sa célèbre critique de *Wallenstein* : « Lorsque Schiller, après un long repos, reprit possession de la scène avec son

Wallenstein, tout le monde sentit que l'apparition de ce grand et merveilleux drame commençait une nouvelle époque dans notre littérature dramatique... Les Allemands comprirent ce que pouvait produire leur magnifique idiome en voyant quels accents, quelles émotions, quelles figures puissantes avait évoqués un vrai poëte. Cette œuvre riche et profonde est debout pour l'avenir comme un monument dont l'Allemagne peut être fière; c'est un pur miroir de nous-mêmes; nous y retrouvons dans une éclatante lumière notre sentiment national, nos plus intimes inspirations; le poëte nous y rappelle avec autorité ce que nous sommes et ce que nous pouvons accomplir. » Tel était, en 1799, le véritable sentiment de l'Allemagne, et Gœthe, vingt-huit ans plus tard, montrait bien que ce n'était pas une émotion fugitive, quand il le consacrait de nouveau par ces paroles : « Le *Wallenstein* de Schiller est si grand, qu'on ne reverra pas deux fois un pareil événement littéraire. »

VI

MARIE STUART

— 1799 —

Les deux années de correspondance qui vont suivre nous feront assister à la fin du dix-huitième siècle et au début du dix-neuvième. Schiller ressentait en poëte les émotions de cette heure solennelle. Déjà, on l'a vu, dans le *Prologue* du *Camp de Wallenstein*, il signalait les grands événements qui marquaient le terme du siècle, et, par un rapprochement expressif, il mettait en face l'une de l'autre l'époque tumultueuse d'où était sorti l'ordre européen, et l'époque plus tumultueuse encore où cet édifice s'écroulait. Au moment où s'ouvrit le siècle nouveau, Schiller le salua de strophes éloquentes où brillent à la fois le génie du poëte et le génie du penseur. Un fait unique dominait à ses yeux toutes les agitations de l'Europe, c'était la lutte de la France et de l'Angleterre. Avant que cette lutte eût pris des proportions gigantesques et bouleversé l'ancien monde, il en indiquait d'avance le caractère avec une précision magistrale. Or, pendant cette période même, au moment où, dessinant en quelques mots le grand drame de son temps, il en signalait ainsi les deux acteurs, l'Angleterre et la France, c'est aux annales de l'Angleterre et de la France qu'il empruntait le sujet de ses deux tragédies nouvelles, *Marie Stuart* et *la Pucelle d'Orléans*.

N'est-ce là qu'un rapprochement fortuit, ou bien faut-il y voir le résultat, volontaire ou spontané, peu importe, de sa philosophie de l'histoire? Remarquez-le bien : voilà un poëte protestant qui nous intéresse au sort de Marie Stuart et qui flétrit Élisabeth, la *royale cafarde*, comme il l'appelle dans ses lettres à Gœthe; voilà un poëte allemand qui nous emprunte une page sainte de notre vieille histoire, un poëte allemand qui glorifie la plus pure, la plus française de nos grandes figures nationales, au moment où la France inquiète l'indépendance de l'Europe. Certes, la coïncidence est curieuse. Le peintre d'Élisabeth, de Jeanne d'Arc, obéit-il ici à des sympathies instinctives pour la France? S'est-il rappelé que l'Assemblée législative lui avait décerné le titre de citoyen? Les principes d'égalité sociale qui remplissent ses premiers drames, depuis *les Brigands* jusqu'à *Don Carlos*, se sont-ils réveillés tout à coup au fond de son âme? Enfin, dans ce duel de l'Angleterre et de la France, le marquis de Posa, fidèle aux rêves de sa jeunesse, prend-il parti pour le peuple qui a proclamé les droits de l'homme? Toutes ces questions sont permises, et, au premier abord, quand on n'a pas encore examiné les faits, il semble qu'on doive y répondre affirmativement. Relisez cependant les strophes dont je parlais tout à l'heure, et vous verrez que ni l'un ni l'autre des combattants en ce duel formidable n'inspire les sympathies du poëte. L'Angleterre se bat pour ses intérêts, la France pour son ambition ; toutes les deux veulent dominer le monde. Le premier cri que pousse Schiller au lever de l'âge nouveau, c'est un cri d'alarme, un cri de douleur au nom de la liberté : ce siècle sera-t-il le siècle du despotisme? En est-ce fait de la liberté, de la dignité des peuples, de la jeunesse du genre humain? Il le croit, hélas! il croit que ceux qui aiment encore ce sublime idéal n'ont plus d'autre consolation désormais que les rêves de la poésie :

« Ah! c'est en vain que sur toutes les cartes du monde tu chercheras la région bienheureuse où fleurit le jardin toujours vert de la liberté, où s'épanouit la belle jeunesse du genre humain.

« Le monde s'étend sans fin devant tes regards, la navigation même le mesure à peine ; mais sur son dos immense il n'y a point place pour dix heureux.

« C'est dans le domaine saintement paisible du cœur qu'il faut fuir, loin du tumulte de la vie. La liberté n'existe que dans l'empire des songes, et le beau ne fleurit que dans les chants du poëte. »

Ces strophes de Schiller expriment fidèlement la

pensée qui l'animait quand il composa *Marie Stuart*
et *la Pucelle d'Orléans*. Ne cherchez dans ces deux
drames aucune allusion aux événements de l'époque,
aucun témoignage de sympathie ou d'aversion pour
les peuples engagés dans les luttes qui tiennent
le monde en suspens. Schiller ne songe qu'à la
dignité humaine; partout où il la verra se déployer
en traits touchants ou héroïques, son cœur tressail-
lera. Peu importe ici le pays, la religion, la race.
La critique historique de nos jours a prouvé que
Marie Stuart ne méritait pas tant d'intérêt, qu'elle
représentait une mauvaise cause, que derrière cette
fée prestigieuse, puisqu'on l'a nommée ainsi, il y
avait Philippe II et l'inquisition; du temps de Schiller, on jugeait les choses autrement. Ces questions
de religion et de race, étudiées aujourd'hui avec
finesse, ne jouaient alors qu'un rôle médiocre dans
l'appréciation des choses humaines. L'histoire était
un drame où l'on voyait des gens de bien et des
scélérats, des bourreaux et des victimes. Schiller
pouvait-il mettre sur la scène la Marie Stuart que la
critique du dix-neuvième siècle nous a si ingénieusement expliquée? Non, certes; pas plus que son don
Carlos ne pouvait être le don Carlos de William Pres-
cott. Pour l'historien américain, initié à tous les
documents du procès, le fils de Philippe II n'est
qu'un maniaque et un fou; aux yeux du poëte, c'est
une victime. Marie Stuart aussi est une victime, et

comme il y a une rivalité de femmes dans la lutte où elle succombe, Schiller n'a-t-il pas le droit de s'attacher à cet élément tragique et d'en faire le sujet exclusif de son œuvre? Au point de vue de la pure moralité, en laissant de côté toute philosophie de l'histoire, Élisabeth n'est pas plus excusable que Philippe II. M. Mignet, dans son *Histoire de Marie Stuart*, a dit avec une impartialité supérieure : « Comme la politique de Philippe II, la politique d'Élisabeth fut entachée de fourberie et souillée de cruauté ; seulement, de Philippe II data la décadence de l'Espagne, et sous Élisabeth commença la grandeur de l'Angleterre. » Schiller, qui ne fait pas œuvre d'historien sur la scène, Schiller, occupé seulement du conflit des passions, néglige volontairement cette décadence de l'Espagne, cette grandeur de l'Angleterre ; il ne voit que l'aspect individuel du drame, la lutte des passions particulières, et il s'intéresse à la victime d'Élisabeth comme il s'est intéressé à la victime de Philippe II.

Des critiques de nos jours, soit au nom de la philosophie de l'histoire, soit au nom du protestantisme, ont reproché à Schiller le choix de ces deux sujets, *Marie Stuart* et *la Pucelle d'Orléans*. M. Gervinus, sans formuler cette accusation avec netteté, nous montre le poëte des *Brigands* et de *Don Carlos* obéissant ici à l'influence des romantiques, c'est-à-dire à l'influence de Tieck, de Novalis, des deux

Schlegel, de ces esprits distingués, mais prétentieux, qui ne voyaient de poésie que dans le moyen âge, et d'inspiration véritable que dans le catholicisme des illuminés. Schiller assurément ne partageait pas de telles idées, on sait que les deux Schlegel lui inspiraient une antipathie profonde ; seulement, si l'on en croyait M. Gervinus, il faudrait reconnaître qu'il a subi à son insu l'influence de l'opinion régnante, sauf à la modifier ensuite dans le détail de son œuvre. M. Adolphe Stahr va plus loin : il accuse expressément Schiller d'avoir abandonné le terrain de la moderne tragédie protestante pour ce théâtre romantique que les Schlegel admiraient dans Caldéron [1]. M. Julien Schmidt a répété à peu près les mêmes reproches, tout en faisant remarquer avec quel bonheur le génie du poëte avait réparé sa faute; bien que Schiller ait fait de Marie Stuart l'héroïne de sa tragédie, le grand rôle, selon M. Julien Schmidt, appartient à Élisabeth. Ces opinions et toutes celles qu'on a émises encore sur ce sujet donnent une importance nouvelle aux lettres de Schiller pendant cette curieuse période. C'est là sans doute que nous trouverons la véritable pensée du poëte. S'il a eu quelque intention particulière en choisissant de tels sujets, il dira son secret à Gœthe. S'il n'a point d'énigme à nous révéler, c'est qu'il a

---

[1] *Oldenburgische Theaterschau, von Adolf Stahr*, 2 vol. Oldenbourg, 1845, t. I, p. 101-103.

obéi simplement à son inspiration généreuse, qu'il a songé à la nature humaine sans se préoccuper des partis, et qu'après avoir peint dans Marie Stuart l'image des plus touchantes infortunes, il a glorifié dans Jeanne d'Arc le plus poétique exemple de l'héroïsme.

Mais ne nous occupons que de *Marie Stuart*, c'est de ce drame seulement qu'il est question dans les lettres qui vont composer ce chapitre. A peine délivré de son *Wallenstein*, Schiller s'était mis en quête d'un nouveau sujet, et son esprit avait flotté quelque temps irrésolu. Cette indécision de plusieurs semaines était un véritable supplice pour ce mâle génie impatient de produire. Enfin, le 8 mai 1799, il pousse un cri de joie : « Grâce à Dieu, écrit-il à Kœrner, je me suis décidé pour un nouveau sujet de tragédie, après être resté six semaines sans pouvoir prendre une résolution. Cette fois, tu ne sauras le sujet qu'au moment où l'œuvre sera terminée. J'espère être prêt, au plus tard, à la fin de l'année : d'abord, le sujet n'est pas aussi rebelle que *Wallenstein*, et puis, en composant *Wallenstein*, j'ai appris mon métier. » Malgré ces progrès dont il parle si modestement, il mit encore une certaine lenteur à débrouiller son sujet. « Mon pensum est toujours là, et toujours très-informe, — écrit-il à Gœthe le 31 mai suivant. — Ah ! si les jugeurs superficiels et les dilettanti frivoles savaient tout ce qu'il en coûte pour mettre au monde une œuvre convenable ! » Je traduis littéralement : *erzeugen*, enfanter, mettre au monde. Pour cette inspiration, aussi ardente qu'aux premiers jours, mais arrêtée par les scrupules sans nombre de l'esthétique, une production nouvelle est un laborieux accouchement.

Afin de distraire et de fortifier son esprit, il s'associe aux travaux de Gœthe. C'est le moment où Gœthe publie ses *Propylées*, où il traite maintes questions d'art sous une forme légère et charmante ; or la jolie nouvelle intitulée *le Collectionneur* est l'œuvre de Schiller presque autant que celle de Gœthe. « Vous savez, lui dit Gœthe, quelle part vous avez, pour le fond et pour la forme, à mon *Collectionneur*. » Il s'occupe aussi, comme toujours, de ces problèmes de physique et d'optique qui étaient devenus plus que jamais une passion impérieuse pour l'esprit de son ami. Puis il revient à *Marie Stuart*, et, pour fixer avec plus de précision l'idéal qu'il se fait de l'art tragique, il lit Corneille et Racine, il relit Eschyle, il médite la *Dramaturgie* de Lessing. Il faut bien le dire, cette pièce de *Marie Stuart* est composée lentement, péniblement, sans enthousiasme soutenu, et Gœthe lui-même, ordinairement si dévoué aux œuvres de Schiller, si impatient et si heureux de voir s'épanouir son inspiration, Gœthe, distrait par mille affaires, ne prend pas une part aussi active que de coutume à la vie intellectuelle de Schiller. Des diverses périodes de cette correspondance, celle que forme l'année 1799 est sans nul doute la moins intéressante ; elle contient pourtant, soit sur le caractère des deux poëtes, soit à propos de l'art en général, des indications que l'histoire littéraire doit recueillir. Il n'est pas indifférent, par exemple, de voir *le Paradis perdu* jugé par l'auteur de *Faust*; le scandale littéraire et moral produit par la *Lucinde* de Frédéric Schlegel se reproduit aussi d'une manière curieuse dans les lettres de Schiller. Mais il y a une lacune dans cette partie de la correspondance ; on y cherche en vain des détails sur le poëme de *la Cloche*. Ce beau poëme auquel Schiller songeait déjà en 1788, qu'il avait si longtemps couvé dans son imagination, qu'il avait tant de fois recommencé, dont il perfectionnait sans cesse et le plan et les épisodes, c'est en 1799 qu'il le termine enfin tout en composant *Marie Stuart*. Pourquoi faut-il que Schiller n'en dise rien dans ses lettres ? Mais il est temps de laisser la parole aux deux poëtes ; nous savons ce qui les occupe au mois d'avril 1799 : Schiller combine le plan de *Marie Stuart*, et Gœthe écrit pour *les Propylées* une petite nouvelle satirique intitulée *le Collectionneur*.

GŒTHE A SCHILLER.

Weimar, le 27 avril 1799.

Je ne m'occupe en ce moment qu'à m'assurer ma liberté, afin de pouvoir partir mercredi prochain.

On commence déjà à imprimer la nouvelle livraison des *Propylées*, et je fais mettre la première moitié du *Collectionneur* sous presse, quoique la seconde ne soit encore qu'ébauchée ; j'espère pourtant la terminer promptement dès que nous serons réunis. Je me réjouis fort de la confiance que vous inspire *Marie Stuart*. Envisagé dans son ensemble, ce sujet me paraît contenir beaucoup d'effets tragiques ; je suis curieux de vous entendre développer vos motifs.

Je me fais une fête de vous revoir à une époque de l'année où il faudra bien enfin que le printemps nous arrive. GŒTHE.

SCHILLER A GŒTHE.

Iéna, le 9 mai 1799.

Je vous fais mon compliment sur les progrès de vos travaux ; quant à moi, l'inspiration n'a pas voulu se montrer, quoique je l'aie cherchée dans toutes les allées de mon jardin.

Ma femme va assez bien aujourd'hui, et vous fait ses compliments. Nous n'avons aucun projet pour ce soir et nous comptons sur vous. SCHILLER.

GŒTHE A SCHILLER.

Weimar, le 11 mai 1799.

La sixième lettre du *Collectionneur*, que je vous envoie ci-jointe, est venue comme elle a pu ; ce n'est guère qu'une esquisse ; je ne me sens pas capable en ce moment de la terminer comme elle devrait l'être. Puisqu'elle ne peut atteindre le but, dites-moi du moins si elle ne contient rien qui s'en éloigne.

GŒTHE.

SCHILLER A GŒTHE.

Iéna, le 29 mai 1799.

Depuis les deux jours que vous nous avez quittés, j'ai repris mon travail, et j'espère l'avancer promptement si le temps continue à être aussi beau. En cherchant à me rendre compte de votre dernier séjour ici, j'ai reconnu que, sans avoir rien produit, nous nous sommes pourtant occupés d'une manière fort utile. La nécessité de tenir la nature et l'art éloignés l'une de l'autre me paraît toujours plus urgente chaque fois que nous revenons sur ce sujet, et je vous conseille de vous en expliquer largement dans votre essai sur le dilettantisme.

J'attends avec impatience votre esquisse de cet essai, et j'espère que le voisinage d'*Aurore* et d'*Hespérus* [1] vous a fourni de grandes lumières à cette occasion.

---

[1] Allusion à Herder et Jean-Paul. Herder venait de lancer le prospectus d'un journal qui devait paraître sous le nom d'*Aurora*;

Le hasard m'a fait lire hier la vie de Christian Thomasius, qui m'a fort intéressé[1]. On y voit les nobles efforts d'un homme de cœur et d'esprit pour se détacher du pédantisme de son époque, et, quoique la façon dont il s'y prend soit elle-même fort pédantesque, on peut, si on le met en regard de ses contemporains, l'appeler un esprit philosophique, je dirai même un bel esprit. Choisissant le moyen que vous aussi vous regardez comme le meilleur pour terrasser ses adversaires, et qui consiste à leur porter des coups non interrompus, il écrivit un journal sous ce titre : *Conversations mensuelles*. Chacune de ces conversations était ornée d'une gravure satirique, et elle était rédigée avec une telle verve, qu'elle faisait trembler les théologiens et les péripatéticiens. Il est le premier qui ait osé écrire en langue allemande des ouvrages académiques. Un de ses écrits traite du savoir-vivre, et indique à ce propos ce que les Allemands feraient bien d'emprunter aux Français[2]. Je serais curieux de le lire ; j'essayerai de me le procurer...

Ma femme vous salue de cœur ; vous nous manquez de toute manière, et je m'accoutume difficilement à me passer de nos douces causeries du soir.

SCHILLER.

Hesperus est le titre du roman qui avait commencé en 1795 la réputation de Jean-Paul Richter.

[1] Cette vie de Thomasius est celle qui se trouve dans le cinquième volume de la *Biographie générale* de Schroeck.

[2] C'est le premier ouvrage écrit en allemand par Thomasius ; voici le titre : *Discours, welcher Gestalt man denen Franzosen im gemeinen Leben und Wandel nachahmen soll*. 1687.

GŒTHE A SCHILLER.

Weimar, le 29 mai 1799.

Chaque fois que nous nous séparons, et vous savez que cette séparation m'est aussi pénible qu'à vous, je ne puis m'empêcher d'envier votre sort. Vous, du moins, vous restez dans votre sphère, sur votre chemin, et vous êtes sûr de pouvoir marcher en avant, tandis que pour moi, dès que j'ai quitté Iéna, l'avancement de mon travail est toujours un problème. Chaque soir, il est vrai, je vois qu'il s'est fait quelque chose, mais ce qui s'est fait aurait pu l'être sans moi et peut-être tout autrement que par moi.

N'importe ; je vais essayer de remplir pour le mieux les devoirs généraux dont je suis chargé ici, sans que mon séjour à Weimar nuise aux desseins particuliers que nous poursuivons ensemble.

Je ne sais pas encore si je pourrai avancer mon essai sur le dilettantisme. — Ce que je connais de Christian Thomasius m'a toujours beaucoup intéressé ; cette vive et spirituelle nature est tout à fait sympathique. Je m'informerai du discours dont vous m'avez parlé.

GŒTHE.

Oserons-nous bien citer ici la lettre que Schiller adresse à Gœthe le 31 mai ? L'auteur de *Wallenstein* y blasphème nos dieux domestiques, il y méconnaît la poésie française au point de déclarer Corneille froid, sec, maigre, sans invention et sans art ! voilà le jugement que lui inspire la lecture de *Polyeucte !*

Ah ! certes, pour l'écrivain français qui s'efforce de faire apprécier l'Allemagne à son pays, il y a bien souvent des heures cruelles ; que de différences entre l'esprit germanique et notre race latine ! que de préjugés à combattre, que d'instincts à rectifier, si l'on désire que ces deux grandes familles se prêtent un mutuel secours et se complètent l'une par l'autre ! Plus d'une fois j'ai senti défaillir mon courage ; plus d'une fois j'aurais laissé là cette tâche ingrate si le sentiment du devoir n'eût parlé. Ma conscience me disait qu'aujourd'hui plus qu'en nulle autre époque la France a besoin d'ajouter à son immortel génie quelques-unes des vertus germaniques, et il ne fallait pas moins que cette pensée pour dissiper les tristesses de mon cœur. Eh bien ! pendant ces heures de doute et d'amertume, jamais je n'ai rien éprouvé de plus amer, jamais je n'ai ressenti un découragement plus triste qu'en lisant ces lignes de Schiller ; il vient de parler d'un poëme médiocre, *les Sœurs de Lesbos*, récemment publié à Weimar par mademoiselle Amélie Imhof, une des muses du dilettantisme allemand, et, après avoir signalé la faiblesse de cette œuvre, il ajoute : « Ces jours derniers, les œuvres toutes différentes d'un maître de l'art ne m'ont guère fait plus de plaisir ; mais comme je n'ai pas à en répondre, ma déception me laisse parfaitement en repos. J'ai lu *Rodogune*, *Pompée* et *Polyeucte* de Corneille, et j'ai été stupéfait des imperfections réellement énormes de ces ouvrages que j'entends louer depuis vingt ans. L'action, l'arrangement dramatique, les caractères, les mœurs, la langue, tout enfin, les vers même, offrent les défauts les plus graves, et la barbarie d'un art qui commence à peine à se former ne suffit pas, il s'en faut, à les excuser. Car ce n'est pas seulement le mauvais goût (défaut si fréquent dans les œuvres où il y a le plus de génie, quand ces œuvres appartiennent à des époques encore incultes), ce n'est pas, dis-je, le mauvais goût seulement qui nous choque ici, c'est la pauvreté dans l'invention, la maigreur et la sécheresse dans le développement des caractères, la froideur dans les passions, la lenteur et la gaucherie de l'action, et enfin l'absence presque totale d'intérêt. Les femmes y sont de misérables caricatures; je n'ai trouvé que l'héroïsme qui fût traité heureusement, et encore cet élément, assez peu fécond par lui-même, est-il mis en œuvre avec beaucoup d'uniformité. Racine est incomparablement plus près de la perfection, bien qu'on trouve chez lui tous les inconvénients de la manière française et qu'il soit un peu faible dans l'ensemble... » Voilà d'étranges paroles. Quoi! c'est Schiller qui méconnaît ainsi Corneille! C'est l'auteur de *Wallenstein* qui comprend si peu l'auteur de *Polyeucte!* Et c'est au moment où nous glorifions le poëte allemand, où nous tâchons d'initier la France aux secrets de son génie, où nous déployons, pour ainsi dire, tous les trésors de sa généreuse nature, c'est à ce moment-là que Schiller nous apparaît tout à coup si sec, si froid, si inintelligent! On croit entendre ici la voix de ce Schlegel que Schiller détestait. Encore les invectives de Guillaume Schlegel contre la poésie française ont-elles une excuse qui manque à l'ami de Gœthe. N'oublions pas que c'est en 1815, au lendemain de Waterloo, que Guillaume Schlegel apprécie comme on sait les maîtres immortels de notre théâtre. Ces dissertations si doctes, si ingénieuses sur la poésie dramatique des anciens et des modernes, sont pleines des rancunes du patriotisme; le romantisme des beaux esprits vient en aide aux fureurs nationales, et, dans cette confusion de toutes les idées, les arts et les principes de la France sont maudits, comme la domination étrangère. Il n'y a nulle excuse pareille au mois de mai 1799. Schiller est libre de toute passion particulière, pourquoi n'a-t-il su s'affranchir des préjugés de sa race? On voudrait que Gœthe, dans sa réponse, eût rectifié les erreurs de son ami. Celui qui, vingt-cinq ans plus tard, défendra si vivement Molière contre Guillaume Schlegel, n'est-il donc pas encore, en 1799, assez assuré de ses principes, assez maître de sa grande critique cosmopolite, pour défendre Corneille contre Schiller? — Revenons à *Marie Stuart*

SCHILLER A GŒTHE.

Iéna, le 4 juin 1799.

Vous trouverez ci-joint un travail de Kœrner sur *Wallenstein*; mais nous ne pourrons pas nous en servir, car il a trouvé plus commode de laisser parler le poëte que de raisonner sur son œuvre. Après l'avoir impitoyablement morcelé, il en met des lambeaux sous les yeux du public. Si *Wallenstein* était déjà imprimé, je pourrais laisser passer un pareil compte rendu; mais, en ce moment, il me serait plus nuisible qu'utile...

En voyant mon plan de *Marie Stuart* presque achevé, je n'ai pu m'empêcher de passer à l'exécution. C'est aujourd'hui, 4 juin, que j'ai commencé ce travail avec autant de plaisir que de courage.

A mes heures de récréation, aux moments de la journée où nous avions coutume de nous réunir pendant que vous étiez à Iéna, je lis la *Dramaturgie* de Lessing; il est hors de doute qu'aucun Allemand de son époque ne s'est exprimé sur l'art dramatique avec autant de clarté, de précision, un esprit aussi libéral et n'en a démêlé d'un regard aussi sûr les conditions essentielles. En le lisant, on est tenté de croire que le bon temps du goût allemand est déjà passé, car on entend bien peu de jugements artistiques dignes d'être comparés aux siens.

Est-il vrai que la reine de Prusse n'ait pas voulu voir représenter *Wallenstein* à Berlin, et que ce soit à Weimar seulement qu'elle veut faire connaissance avec ma tragédie ?

SCHILLER.

GŒTHE A SCHILLER.

Weimar, le 5 juin 1799.

Je vous félicite du parti que vous avez pris de passer à l'exécution de votre nouvelle pièce. Il est indispensable de réfléchir mûrement sur le plan de l'ensemble, mais il est très-avantageux de faire marcher du même pas l'exécution et l'invention.

Kœrner s'est en effet rendu sa tâche très-facile; car, au lieu d'un compte rendu, il nous a envoyé un extrait de *Wallenstein*. Revoyez ce travail, et je crois qu'après la quatrième représentation on pourra le faire imprimer sans inconvénient.

Il est très-vrai que le roi et la reine de Prusse n'ont pas voulu voir représenter *Wallenstein* à Berlin. C'était par galanterie pour le duc qui avait eu la politesse de leur demander s'ils trouveraient bon que l'on jouât cette tragédie pour leur arrivée à Weimar.

Vous ne verrez pas sans surprise et sans déplaisir avec quel incroyable aveuglement le vieux Wieland, dans le dernier numéro du *Mercure*, s'associer au triomphe prématuré de l'ouvrage de Herder contre la philosophie de Kant. Les chrétiens soutiennent que, pendant la nuit où naquit le Christ, tous les oracles devinrent muets. C'est ainsi que les apôtres du nouvel Évangile philosophique soutiennent que, pendant l'heure de la naissance de cet évangile, le *vieux de Kœnigsberg*, assis sur son trépied, ne fut pas seulement frappé de paralysie, mais qu'à l'exemple de Dagon il tomba le nez par terre. Selon ces apôtres, pas une des idoles élévées en son honneur ne se tient plus sur ses jambes, et peu s'en faut, en vérité, qu'ils ne déclarent naturel et même nécessaire d'immoler tous les kantistes, comme jadis on immola les opiniâtres prêtres de Baal. C'est, au reste, un très-mauvais signe pour la cause que défend le livre de Herder, que d'être soutenu par des moyens aussi violents et aussi déraisonnables.

Je désirerais que vous pussiez assister ce soir à nos aventures dramatiques. Elles se passeront bien, j'en suis sûr, car il s'agit d'une répétition générale pour se mettre en état de jouer devant le roi et la reine de Prusse. Depuis quelques jours je suis les répétitions avec beaucoup d'intérêt, et je me suis aperçu, à cette occasion, que pour jouir des productions d'un art, et surtout pour les juger, il faut rester en rapport continuel, en rapport intime avec cet art. C'est ainsi qu'après une longue pause je ne puis prendre plaisir à la musique ou aux arts plastiques, sans m'être de nouveau familiarisé avec eux.

Adieu, portez-vous bien, et, par votre verve créatrice, préparez-moi un bon accueil.   GŒTHE.

SCHILLER A GŒTHE.

Iéna, le 7 juin 1799.

Rien que deux mots pour aujourd'hui, car j'espère vous voir demain. A moins d'empêchement imprévu, j'ai promis à Loder de faire partie de la société qu'il réunit au belvédère.

Mon travail n'a point avancé d'un pas depuis deux jours; hier j'ai reçu des visites du matin au soir, et aujourd'hui j'ai eu toute une série de lettres à expédier.

Les clameurs de Wieland, à l'égard du livre de Herder, n'obtiendront pas le résultat qu'il en attend; aussi pouvons-nous, en notre qualité de spectateurs paisibles, prendre nos places et attendre avec calme le dénoûment de cette comédie tumultueuse. Quels que soient, au reste, les propos de Wieland, je désirerais les voir insérés dans la *Gazette universelle*, car on ne saurait leur donner trop de publicité.

Adieu; je me réjouis de vous voir pendant quelques heures.   SCHILLER.

SCHILLER A GŒTHE.

Iéna, le 11 juin 1799.

Nous sommes revenus chez nous sans accident; mais huit heures passées en voiture, puis l'agitation que cause une société nombreuse, et cela coup sur coup, dans l'espace d'une demi-journée, c'est pour moi un changement d'habitudes trop violent, et il m'a fallu deux jours de calme et d'inaction pour me remettre.

Au reste, depuis quelques jours, et grâce à ce beau temps, je me sens en si bonne veine d'inspiration dans mon petit cabinet du jardin que je voudrais de tout mon cœur la partager avec vous. Mon travail avance très-lentement, car j'en suis encore à poser les fondements de l'ensemble, et il importe au début de ne pas compromettre la suite de l'œuvre; mais je crois être sur la bonne voie.

Si ce n'était pas pour moi une grande perte de temps, j'essayerais d'aller voir la pièce qu'on jouera demain à

Weimar[1]. Au point où j'en suis de mon travail, la vue d'un nouveau drame historique représenté sur la scène, quelle qu'en soit d'ailleurs l'importance, aurait sur moi une influence salutaire. L'idée de ce drame ne me paraît pas mauvaise. Le sujet offre d'abord cet avantage essentiel que l'action y est concentrée dans un moment décisif et doit marcher rapidement au but entre la terreur et l'espérance. On y trouve aussi d'excellents caractères dramatiques fournis par l'histoire. Mais l'œuvre est sans doute insignifiante, puisque vous ne m'en dites rien.

Tâchez de venir le plus tôt possible, ne fût-ce que pour une journée.

Adieu. Je ne puis rien vous apprendre de neuf, car je ne vois, je n'entends plus rien, et je vis tout entier dans mon travail. Ma femme vous fait ses compliments.   SCHILLER.

SCHILLER A GŒTHE.

Iéna, le 14 juin 1799.

Vous avez, me dit-on, passé quelques jours à Rosla ; mais vous êtes déjà de retour à Weimar, et vous n'avez pas dû le regretter par cet horrible temps que nous avons eu hier.

J'ai appris ces jours-ci que Fichte a demandé au prince de Rudolstadt un logement dans son château, et que sa demande a été poliment rejetée. C'est une chose bien singulière que la rapidité avec laquelle les

---

[1] *La Paix sur les rives du Pruth*, drame en cinq actes, par Franz Kratter.

maladresses et les fausses démarches se suivent chez notre incorrigible ami. Oser prétendre que le prince de Rudolstadt, qui se soucie de lui comme de l'an quarante, se compromette vis-à-vis des cours voisines, peu favorables à Fichte, en lui accordant une protection publique par la concession d'un logement dans son château ! Et quel avantage pourrait-il trouver à être logé gratis dans une ville où il ne serait nullement à sa place ?

Je désire que vous ayez été plus heureux que moi dans vos travaux ; j'en suis toujours à mes trois scènes d'exposition, et je cherche à prendre pied pour la suite.

Il paraît que je pourrai tirer parti de mes pièces en Angleterre, car depuis huit jours, deux fois déjà, les manuscrits m'en ont été demandés par des libraires et des traducteurs. Il est vrai qu'on ne m'a pas encore fait d'offres positives d'argent, mais cela ne pourra manquer d'arriver bientôt.

Ayez la bonté de m'envoyer un *Eschyle;* j'ai besoin d'une tragédie grecque pour me récréer l'esprit.

Adieu, bonne santé ; tâchez donc de nous arriver bientôt, ne fût-ce que pour un jour. Ma femme vous salue.   Schiller.

GŒTHE A SCHILLER.

Rosla, le 15 juin 1799.

Je viens de recevoir vos deux bonnes lettres à Rosla, où mes affaires me retiendront encore quelques jours...

Mercredi prochain, j'espère être de retour à Weimar.

J'ai bien des choses à rédiger qui m'ont passé par la tête, et si mon *spiritus*[1] n'était pas occupé à copier un inventaire, je lui dicterais à l'instant plusieurs pages dont je n'ose me charger moi-même, car c'est un travail trop long et qu'il faut prendre de trop loin; il s'y trouve même certains détails qu'on ne peut pas écrire du tout.

Portez-vous bien dans votre solitude, et tâchez d'avancer votre travail. GŒTHE.

J'ai fait du feu dans mon poêle aujourd'hui.

SCHILLER A GŒTHE.

Weimar, le 18 juin 1799.

C'est avec bien du plaisir que j'ai revu enfin votre écriture....

Tout semble se réunir cet été pour retarder mes travaux, car ma sœur et son mari doivent venir passer quelque temps avec nous; je les attends dans huit jours au plus tard.

Sous de pareils auspices, il me sera impossible de terminer mon premier acte pour votre arrivée ici; mon œuvre avance cependant, *nulla dies sine linea*. Je commence à me pénétrer toujours davantage de la qualité tragique de mon sujet. La catastrophe se prépare dès les premières scènes, et pendant que l'action semble s'en éloigner, elle y marche rapidement. Vous voyez que la terreur exigée par Aristote n'y manquera pas. Quant à la pitié, j'espère bien la faire naître.

---

[1] Le secrétaire de Gœthe s'appelait M. Geist. (*Geist*, esprit, *spiritus*.)

Marie Stuart, toutefois, n'inspirera aucun sentiment attendri, du moins n'est-ce pas là mon intention ; je veux, au contraire, la traiter continuellement en être physique, et il faut que le pathétique résulte plutôt d'une émotion générale et profonde que d'une compassion individuelle ; elle n'éprouve et n'inspire jamais aucun tendre sentiment ; sa destinée consiste à ressentir et à allumer des passions violentes ; sa nourrice seule a de la tendresse pour elle.

Mais il vaut mieux exécuter ce que je veux faire que de tant vous en parler.

Tâchez de m'apprendre demain que vous êtes de retour à Weimar. Ma femme se rappelle à votre bon souvenir.
SCHILLER.

GOETHE A SCHILLER.

Weimar, le 19 juin 1799.

Chaque journée que je perds maintenant me donne de véritables inquiétudes, et j'ai conçu de singuliers projets, afin de pouvoir consacrer quelques mois de l'année à la poésie ; mais je crains bien qu'ils ne réussissent pas. Les relations extérieures font notre existence et en même temps nous la ravissent ; il faut néanmoins s'en accommoder, car je ne conseillerais à personne d'imiter l'exemple de Wieland, et de s'isoler complétement.

Je désire fort que vous continuiez à vous occuper du travail que vous avez entrepris ; on avance toujours mieux et plus vite dans les commencements, où l'idée et les matériaux ont encore l'attrait de la nouveauté.

Je ne sais si je pourrai venir vous voir à la fin du mois. Le prince vient de se loger dans ma maison, et autour de nous aussi tout est dans la plus grande agitation ; car la chose à laquelle on est le moins préparé ici, c'est à coup sûr l'honneur de recevoir un roi.

Pour ne pas être tout à fait oisif, j'ai mis ma chambre obscure en état de faire des expériences nouvelles et de répéter les anciennes.

Meyer et moi, nous avons fait une découverte assez curieuse. Vous savez peut-être que l'on prétend qu'en été, et surtout le soir, certaines fleurs lancent momentanément des rayons de lumière. Je n'avais jamais encore vu ce phénomène ; mais hier au soir je l'ai remarqué très-distinctement sur le pavot oriental qui se distingue entre toutes les fleurs par sa couleur d'un jaune rouge. En observant ce phénomène de plus près, j'ai reconnu qu'il est entièrement physiologique, et que les prétendus éclairs de lumière ne sont que l'image de la fleur avec la couleur verte requise. Aucune fleur, lorsqu'on la regarde droit devant soi, ne produit cet effet ; mais lorsqu'on y jette un regard oblique et du coin de l'œil, aussitôt le phénomène a lieu. Il faut que ce soit pendant le crépuscule, car alors l'œil est reposé, et la couleur rouge peut conserver toute son énergie. Je crois qu'il serait facile de faire la même expérience avec des papiers de couleur. Au reste, le phénomène est tel, qu'au premier instant du moins l'illusion est complète.

Je joins ici *le Collectionneur*, et je désire que cette plaisanterie, maintenant qu'elle est complète, vous amuse encore. Rappelez-vous à cette occasion les heureux moments pendant lesquels l'idée de ce travail nous est venue.

Mes compliments à votre chère femme. Je lui recommande ma *Julie*[1].

GŒTHE.

SCHILLER A GŒTHE.

Iéna, le 20 juin 1799.

Une visite qui m'a pris une grande partie de mon temps m'empêche de vous dire tout ce que je pense de votre nouveau morceau des *Propylées*. Je l'ai trouvé, grâce à la forme que vous venez de lui donner, plus animé et plus riche que jamais. C'est le résultat d'une longue expérience et de graves réflexions, et, comme il en découle de la manière la plus naturelle et la plus claire, il ne peut manquer d'agir fortement sur tout esprit capable de sentir le vrai. Quant au contenu, il est impossible de ne pas en être frappé, précisément parce les choses les plus importantes n'y sont indiquées que d'un trait léger, délicat, et pour ainsi dire en passant.

Les représentants de l'art, que vous avez si heureusement mis en scène, plaisent et intéressent d'autant plus, que pas un des visiteurs n'envisage la question sous son véritable point de vue. J'ajouterai que ce petit roman, qui a tant gagné en richesse et en vérité au point de vue poétique, remplit aussi, sous le rapport de la philosophie, le cercle de toutes les idées

[1] Un des principaux personnages de la nouvelle intitulée *le Collectionneur*.

contenues dans ces trois classes : le faux, l'imparfait et le parfait.

Quoi qu'il en soit, je suis persuadé que ce morceau des *Propylées* fera beaucoup de bruit et rappellera les *Xénies*.

Ma femme s'est beaucoup amusée de la verve et de la gaieté qui animent ce tableau; la visite des étrangers, surtout, l'a ravie. SCHILLER.

GŒTHE A SCHILLER.

Weimar, le 22 juin 1799.

Je suis charmé que vous ayez tant de bien à dire du *Collectionneur*. Au reste, vous savez mieux que personne ce qui vous appartient dans cet ouvrage pour le fond comme pour la forme. Malheureusement je n'ai pas eu le temps de l'exécuter aussi bien que je l'eusse voulu, et je crains que l'ensemble ne soit pas assez agréable. Si j'en avais eu le loisir, j'aurais mêlé plus de sirop à mes substances acides. Peut-être aussi cette manière de ne donner que des esquisses sera-t-elle favorable à l'ensemble. En tout cas, nous avons beaucoup gagné à ce travail, car nous nous sommes instruits, nous nous sommes amusés, et nous faisons du bruit; il est certain, en effet, que ce morceau des *Propylées* aura beaucoup plus de lecteurs que n'en ont eu les précédents. En résumé, le fondement est bon, et je vous prie d'y appliquer toute la sévérité de votre critique. Meyer accueille l'idée de ce travail avec une vive sympathie, et, de ce côté-là aussi, il y a d'excellents résultats à attendre. Je vous dis cela en courant...

Le travail sur le dilettantisme prendra une plus grande place encore dans *les Propylées*; le sujet est de la plus haute importance, le hasard et les circonstances décideront de la forme que je lui donnerai. Je voudrais cependant, et de tout mon cœur, que ce fût une forme poétique, afin de le rendre plus agréable à lire et de lui assurer ainsi un effet plus général. Aujourd'hui que nous avons déjà tant médité sur ce sujet et donné un nom à l'enfant, je vois clairement que les artistes, les entrepreneurs, les brocanteurs, les acheteurs et les amateurs de chaque art se sont noyés dans le dilettantisme. Revoyons avec soin nos esquisses, afin de nous rendre maîtres du sujet, puis laissons faire le hasard pour nous trouver une bonne forme. Lorsque nous lèverons nos écluses, il y aura de grands cris de terreur, car nous inonderons toute la vallée où le bousillage s'est si commodément établi. Or, comme le principal caractère du bousilleur est l'*incorrigibilité*, et que ceux de notre temps y joignent une vanité bestiale, ils soutiendront que nous leur avons gâté leurs établissements, puis, semblables aux fourmis, ils remettront tout sur l'ancien pied dès que l'orage sera passé. N'importe, il faut que justice se fasse. Tâchons seulement de remplir nos étangs jusqu'aux bords avant de briser nos digues tout d'un coup; cela fera un terrible déluge.

Nous avons vu hier les nouvelles planches publiées par la *Société chalcographique*; elle aussi se met à bousiller d'une manière incroyable, et la vanité des directeurs ne peut être comparée qu'à leur ignorance.

J'ai reçu dernièrement chez moi un poëte *dilettante*, qui m'aurait réduit au désespoir si je ne m'étais pas empressé de profiter de l'occasion pour étudier cette espèce d'après nature.

Assez pour aujourd'hui. Il ne nous reste qu'à persévérer dans la voie que nous nous sommes tracée, mais il faut absolument y rester fidèles. J'utilise mon temps aussi bien que possible ; faites-en autant de votre côté, jusqu'à ce que nous ayons enfin la joie de nous revoir. Remerciez votre chère femme de l'intérêt qu'elle prend à mon *Collectionneur*. Et maintenant je vous quitte pour aller au-devant de la destinée que me réserve le reste de la journée.
Goethe.

SCHILLER A GOETHE.

Iéna, le 25 juin 1799.

Je crains que vous ne remarquiez, au ton de ma lettre, mes pénibles impressions du moment. Mon beau-frère est ici avec ma sœur. C'est un Philistin fort laborieux et non sans mérite, âgé de soixante ans, citoyen d'une toute petite ville, l'esprit étouffé par les gênes et les difficultés de la vie, plus abattu encore par une disposition hypocondriaque, initié d'ailleurs aux langues modernes, à la philologie allemande, et même à certaines parties de la littérature. Vous devinez combien il y a peu de sujets de conversation entre nous, et, dans ces sujets même, combien je suis mal à l'aise. Le pire, c'est que je vois représentée en lui toute une classe de lecteurs et de *jugeurs*, classe nombreuse et qui n'est pas à dédaigner : à Meiningen, où il est bibliothécaire, il appartient certainement à l'élite du pays. En présence de cette étroitesse de vues absolument irrémédiable, on tomberait dans le désespoir, si l'on comptait sur quelque chose de ce côté-là.

Cette visite, qui se prolongera jusqu'à dimanche, m'enlève une grande partie de mon temps, et détruit pour moi toute inspiration pendant les heures qu'elle me laisse ; voilà une semaine à rayer de mon existence.

Je suis très-curieux de voir l'effet que produira *le Collectionneur*. Puisqu'on ne peut obtenir de beaux résultats en semant et en plantant, c'est déjà quelque chose que d'inonder et de bouleverser. La seule relation avec le public dont on ne se repente jamais, c'est la guerre ; aussi suis-je d'avis d'attaquer le *dilettantisme* avec toutes les armes offensives et défensives. Une forme esthétique comme celle du *Collectionneur* procurerait certainement à votre sortie contre le *dilettantisme* un accueil favorable auprès d'un public spirituel ; mais, puisqu'il faut dire la vérité aux Allemands aussi crûment que possible, je crois qu'elle doit se présenter sous un costume sévère. Vous trouverez peut-être dans les satires de Swift l'idée d'une forme convenable, à moins que vous ne préfériez marcher sur les traces de Herder, en évoquant le fantôme de Pantagruel.

Je reconduirai probablement mes hôtes moi-même jusqu'à Weimar, où je compte rester deux jours. J'espère que, malgré le tumulte qui règne autour de vous en ce moment, je pourrai vous voir au moins quelques heures.

Je me réjouis surtout de me retrouver bientôt ici

avec vous. Bonne santé jusque-là. Ma femme vous fait ses meilleurs compliments. SCHILLER.

GŒTHE A SCHILLER.

Weimar, le 26 juin 1799.

Je n'ai point reçu de lettre de vous, aussi ai-je de la peine à croire que ce soit aujourd'hui mercredi. Puisse ce silence ne pas avoir de motifs fâcheux! Quant à moi, je m'agite puisqu'il m'est impossible de me mouvoir.

Je fais copier toutes mes petites poésies sur un même cahier, ce qui forme un recueil assez bizarre. A cette occasion j'ai relu votre *Plongeur*, qui m'a extraordinairement charmé, plus charmé que jamais, à ce qu'il me semble.

Le beau soleil que nous avons aujourd'hui m'a fait remettre à l'ordre du jour les phénomènes appelés communément *inflexions*.

Il faut tout observer scrupuleusement! Cela est bientôt dit: je n'en trouve pas moins fort naturel qu'on se débarrasse le plus vite possible du phénomène pour le remplacer par une énonciation hypothétique. Je suis pourtant décidé à réunir, pour cette expérimentation, toutes mes forces intellectuelles, et ce ne sera pas de trop. Au reste, je prends courage, car je prévois que ce nœud est le dernier qui m'arrête, et qu'après l'avoir dénoué, il me sera enfin possible d'envisager l'ensemble avec l'indépendance la plus complète.

Adieu, bonne santé et bon courage. GŒTHE.

SCHILLER A GŒTHE.

Iéna, le 26 juin 1799.

Si vous n'avez pas reçu ma lettre hier, n'en accusez que la négligence de la messagère qui l'avait oubliée chez elle ; au moment où je reçois votre lettre, on me rapporte la mienne.

Unger vient de m'écrire, mais sans parler de l'avertissement que je lui avais donné au sujet du recueil de vos poésies ; peut-être veut-il, à cet égard, s'adresser directement à vous-même. Quant à ma proposition de publier un recueil de drames allemands, qui contiendrait chaque année dix de ces drames, avec la critique raisonnée de chacun d'eux, il l'accepte avec empressement, et payera cent carolins d'honoraires, pourvu que les critiques soient revisées par nous deux. C'est là un argent que nous pourrons gagner bien facilement, car il nous suffira d'une douzaine de soirées de causeries, pour qu'il n'y ait plus rien à faire à la critique, sinon de l'écrire, et chacun de nous toucherait trois cents thalers.

Je viens enfin de recevoir de Berlin des nouvelles de mon *Wallenstein*. Il a été représenté pour la première fois le 17 mai, c'est-à-dire un mois plus tard qu'à Weimar. Unger ne peut assez vanter l'accueil que cette pièce a reçu du public, et le talent avec lequel les acteurs l'ont représentée. Déjà un barbouilleur de Berlin a fait paraître dans les *Annales de la monarchie prussienne* un compte rendu de ma tragédie dont il dit beaucoup de bien ; mais il la morcelle impitoyablement à la façon de Boettiger, et entrelarde son article de citations tronquées.

Je vous fais mon compliment sur vos expériences d'optique. Tant que vous pourrez vous occuper de cette matière, le temps que vous serez encore forcé de passer à Weimar ne sera pas tout à fait perdu.   Schiller.

SCHILLER A GŒTHE.

Iéna, le 28 juin 1799.

Pour aujourdh'ui, rien qu'un salut amical; nous recevons ce soir quelques personnes. Dimanche prochain, d'ailleurs, j'espère vous voir à Weimar. Je n'ai pas fait grand'chose cette semaine; en revanche, je compte utiliser sérieusement les trois mois de belle saison qui nous restent. Quant à vous, je suis convaincu que l'inspiration vous viendra dès que vous aurez quitté Weimar, fussiez-vous obligé de vous installer dans le plus épais de la forêt de Thuringe ou même dans un autre Wartbourg. Adieu. Ma femme vous envoie ses meilleurs compliments.   Schiller.

GŒTHE A SCHILLER.

Weimar, le 29 juin 1799.

Puisque j'ai l'espoir de vous voir demain, cette lettre ne vous portera aussi qu'un salut. Si vous pouviez vous décider à rester deux jours avec nous et à braver les agitations causées par la présence d'un roi, un lit serait bientôt dressé. Je désire que le mois de juillet nous soit plus favorable que celui qui vient de s'écouler; j'ai le

plus grand désir de vous entretenir sur bien des choses.
GOETHE.

SCHILLER A GOETHE.

Iéna, le 5 juillet 1799.

A mon retour ici j'ai trouvé une missive de Cotta, où il m'exprime son chagrin au sujet d'une lettre qu'il a dû vous écrire touchant *les Propylées*. J'ai été bien désagréablement surpris en apprenant que cet ouvrage ne se vend point. Cette circonstance nous montre le public artistique de l'Allemagne sous un aspect si pitoyable, que cela dépasse tout ce qu'on aurait pu en redouter. Comme il n'y a aucun motif de mettre en doute la loyauté de Cotta, on ne peut plus songer à continuer *les Propylées*, car il faudrait un débit trois fois plus considérable pour couvrir seulement les frais. *Le Collectionneur* trouvera peut-être un meilleur débit ; mais, devant l'indifférence du public, comment espérer que ce morceau puisse sauver l'ensemble? Quand je pense à cette affaire, mon sang bout de colère et d'indignation, et jamais rien encore ne m'avait donné une si misérable opinion de notre public. On devrait cependant ne s'étonner de rien, car, lorsqu'on réfléchit et que l'on compare avec calme, tout s'explique.

Je ne puis ni ne veux vous parler d'autre chose aujourd'hui. Au reste, la chaleur est insupportable, elle paralyse toutes mes facultés et j'ai passé deux nuits sans dormir. J'espère apprendre demain quel jour vous arriverez définitivement ; j'ai absolument besoin d'une longue, longue entrevue avec vous. Mes amitiés à

Meyer. Ma femme vous salue cordialement. Adieu. Je vous souhaite joie et santé.   SCHILLER.

GOETHE A SCHILLER.

Weimar, le 6 juillet 1799.

Je ne puis encore vous fixer aujourd'hui le jour de mon arrivée ; mais je me suis déjà dégagé de bien des entraves, et j'espère être libre au plus tôt.

Je n'ai pas voulu troubler les courts moments que nous avons passés ensemble, en vous apprenant le triste accueil que le public a fait aux *Propylées*. A tout bien considérer, la chose est si naturelle, qu'on aurait tort de s'en étonner; on devrait toujours juger d'un ensemble que l'on ne connaît pas par les parties intégrantes que l'on connaît. Quand nous nous verrons, nous prendrons une résolution à ce sujet.

J'aurais envie de faire représenter les trois pièces de *Wallenstein* à Lauchstedt, où notre troupe va passer le reste de l'été. Le souffleur répond corps et âme des manuscrits qui ne sortiront pas de ses mains.

Par cette brûlante canicule, votre jardin doit être terriblement exposé aux rayons du soleil et à une atmosphère de flamme; je vous souhaite la pluie et une agréable fraîcheur; mais ce que je souhaite avant tout, c'est de vous revoir au plus tôt. Adieu, portez-vous bien, mes compliments à votre chère femme.

GOETHE.

SCHILLER A GŒTHE.

Iéna, le 9 juillet 1799.

On s'est déjà plaint à vous sans nulle doute des dures conditions que je fais pour laisser jouer mes pièces à Lauchstedt. Elles sont telles que probablement on n'y songera plus. Je ne pouvais cependant être plus traitable, car Lauchstedt est si près de Halle et de Leipzig, que les habitants de ces deux villes pourraient facilement aller voir mes *Wallenstein*, ce qui serait très-contraire à mes intérêts. La curiosité du public est la seule chose sur laquelle on puisse fonder quelques espérances; dès qu'elle est satisfaite, il ne faut plus compter sur lui...

Depuis mon retour ici, je continue à ne pas faire grand'chose, tant la chaleur est accablante; quoique plus d'une fois le temps se soit mis à l'orage, nous n'avons pas eu une goutte d'eau. Le gazon du jardin est comme brûlé.

Je suis curieux de savoir le parti que vous prendrez à l'égard des *Propylées*. Il me semble qu'en considération de l'argent que Cotta a déjà perdu, il faudrait tâcher de remettre cet ouvrage à flot, en donnant au public, dans les morceaux suivants, ce qu'il aime et ce qu'il désire. Pour diminuer les frais, on commencerait à faire des éditions moins nombreuses; vous consentiriez peut-être à des honoraires moins forts, et on chercherait à donner à ce recueil une plus grande publicité en le signalant dans tous les journaux, dans toutes les feuilles périodiques. Au premier abord, je me suis découragé trop vite, maintenant je reconnais que vous auriez tort de quitter ainsi la partie. Il ne faudrait pas que le cinquième morceau parût avant la fin de l'année, alors je pourrais y mettre un fragment de *Marie Stuart*, et si vous pouviez y ajouter une partie de *Faust* le succès serait certain, car la mise en action trouve toujours plus d'amateurs dans le public que le raisonnement. Nous réfléchirons ensemble à cette affaire, et je crois que la persévérance finira par gagner le procès.

Ma femme vous salue cordialement. SCHILLER.

GŒTHE A SCHILLER.

Weimar, le 9 juillet 1799.

Je suis, à mon grand regret, forcé de vous annoncer que je ne puis encore me rendre à Iéna. Son Altesse, notre duc, croit que ma présence, pendant la construction du château, sera utile, et, sans partager cet avis, je dois le respecter. Mon temps sera donc encore une fois perdu pour la poésie; puissent les Muses vous être plus favorables, et me faire trouver votre travail bien avancé quand je pourrai venir vous voir! Donnez-moi souvent de vos nouvelles, afin que je puisse au moins m'entretenir avec vous par écrit; hélas! je n'ai ni le temps ni le courage de le faire aujourd'hui. Adieu. Mes amitiés à votre chère femme. GŒTHE.

GŒTHE A SCHILLER.

Weimar, le 10 juillet 1799.

Vous avez très-bien fait de vous montrer exigeant à l'occasion de la représentation de vos pièces à Lauchstedt ; le directeur de ce théâtre, ainsi que moi, accepte vos conditions avec plaisir. On est tellement accoutumé à regarder les dons des Muses comme une faveur du ciel, qu'on s'imagine que le poëte, dans ses rapports avec le public, doit imiter la libéralité des dieux. J'espère, au reste, qu'à l'occasion de cette affaire, vous recevrez bientôt une seconde bonne nouvelle, qui vous viendra d'un autre côté.

Je suis tout à fait de votre opinion à l'égard des *Propylées*. Il est de l'intérêt de l'auteur et de l'éditeur que ce recueil ne tombe pas. En tirant à un petit nombre d'exemplaires, en diminuant les honoraires et en retardant la publication du prochain numéro, nous obtiendrons sans doute le résultat désiré ; puis, nous réfléchirons ensemble sur ce qu'on pourrait faire encore.

J'appelle de tous mes vœux le bonheur d'être bientôt près de vous, comme j'appelle la pluie sur nos contrées, afin que tout se ranime chez moi, l'esprit ainsi que le corps. GŒTHE.

SCHILLER A GŒTHE.

Iéna, le 12 juillet 1799.

Les avantages pécuniaires que vous venez de m'accorder si amicalement seront aussi bien venus dans mon petit ménage que l'a été la pluie qui est venue hier rafraîchir notre vallée.

Je viens également d'apprendre que Son Altesse notre duchesse vient de commander pour moi un beau présent en argenterie. Les poëtes devraient toujours être récompensés par des présents, et non par des rétributions fixées d'avance, car il y a une grande parenté entre les heureuses inspirations et les dons de la fortune; les uns et les autres tombent du ciel.

J'ai relu avec beaucoup d'attention vos morceaux sur les académies des beaux-arts et les écoles de dessin; j'en ai ressenti le plus vif plaisir, un plaisir si vif, que je n'ai pu quitter ma lecture avant la dernière page. Outre qu'ils sont bien pensés et tout à fait concluants au point de vue pratique, le style est d'un charme infini ; ou bien il faut désespérer de vaincre l'inertie du public, ou bien de telles pages assureront le succès des *Propylées*. Pour l'instant, occupons-nous, avant toute chose, de donner à ce recueil toute la publicité possible. Pour arriver à ce résultat, vous feriez bien de distribuer, à titre de cadeau, quelques douzaines d'exemplaires à toutes les personnes qui pourront nous aider à atteindre ce but. Quand vous serez ici, nous ferons ensemble huit ou dix annonces pour différents journaux; Cotta saura bien les faire insérer.

Mon travail, sans avancer très-vite, marche sans interruption depuis quelque temps. L'exposition du procès, avec ses formules judiciaires, outre que j'ai peu l'habitude de ces choses, contient un terrible élément de sécheresse; j'espère en avoir triomphé; mais que de temps perdu dans cette lutte! combien de tâtonnements inutiles! L'*Histoire d'Angleterre* de Rapin Thoyras, que je lis assidûment, a l'avantage de représenter vivement à mon imagination le lieu de la scène et l'esprit des acteurs. Je me suis familiarisé avec les localités anglaises et les mœurs de la nation, ce qui m'est constamment d'un grand secours.

Que ne pouvez-vous être ici! Mon jardin, où les lis et les roses sont en fleurs, vous charmerait.

Adieu, mes compliments à Meyer. Mille choses aimables de la part de ma femme.   SCHILLER.

GOETHE A SCHILLER.

Weimar, le 13 juillet 1799.

Un mot seulement, car je suis accablé d'affaires. La nécessité de hâter et de surveiller la construction du château ne me laisse pas un moment de répit; j'en ai encore pour quinze jours au moins, en sorte que je ne pourrai vous voir avant le commencement d'août. J'ai à peine le temps de vous envoyer ce rapide bonjour.

GOETHE.

SCHILLER A GOETHE

Iéna, le 15 juillet 1799.

Je crois vraiment qu'un mauvais génie entrave vos résolutions et anéantit nos espérances poétiques pour cet été, qui pourtant s'était annoncé sous des auspices très-favorables. Et il y a encore des gens qui ne peuvent comprendre l'étendue du sacrifice que vous faites en interrompant ainsi vos travaux! Tout n'est pas perdu cependant; si vous venez bien certainement dans quinze jours et que vous restiez quelque temps à Iéna, nous pouvons encore espérer de mener à bonne fin plusieurs de nos projets.

Notre longue séparation me prive de tout encouragement venant de l'extérieur, aussi suis-je réduit à ne vivre que pour mon travail. Avec les philosophes, comme vous savez, on ne peut que jouer aux cartes ; on assure, du moins, que Kotzebue, pendant toute la durée de son dernier séjour ici, n'a goûté d'autre plaisir de société que celui-là.

Envoyez le plus tôt possible un exemplaire des *Propylées* à Berlin, afin qu'il y trouve des contradicteurs, même avant d'arriver dans cette ville par la voie de la librairie. Lorsqu'on lance une publication dans le monde, on devrait préparer d'avance des écrits contre cette œuvre, et les publier soi-même, si les adversaires n'en font point ; car c'est par le plaisir que lui cause le mal d'autrui qu'on parvient plus sûrement à intéresser le public.

Avez-vous réfléchi de nouveau sur le *dilettantisme?* Je payerais volontiers à cet essai le tribut de mes pensées, si j'avais l'ensemble des matériaux sous les yeux ; ne pourriez-vous pas m'envoyer une copie de votre manuscrit ? Profitons des dernières semaines de juillet pour avancer ce travail. SCHILLER.

GOETHE A SCHILLER.

Weimar, le 17 juillet 1799.

J'ai heureusement la conviction que ce qui se fait ici en ce moment se fait mieux et plus vite par ma présence ; si c'est une illusion, elle ne m'en est pas moins très-agréable. Pour ce qui est de la littérature, de la poésie, de l'histoire naturelle et de la philosophie, je n'ai pas un instant à moi pour y songer ; toutes mes espérances à ce sujet se concentrent sur le mois d'août prochain. D'ici là, toutes les affaires relatives à l'acquisition de mon domaine seront complétement terminées, car j'ai encore l'investiture à recevoir et autres choses pareilles.

Rien de neuf, du moins de ce qui pourrait réjouir l'âme. Préparez-moi une bonne réception par l'avancement de votre travail.
GŒTHE.

SCHILLER A GŒTHE.

Iéna, le 19 juillet 1799.

La lecture de la *Lucinde* de Schlegel m'a tellement étourdi la tête que je m'en ressens encore. Il faut que vous lisiez cet ouvrage. Il caractérise son auteur mieux que tout ce qu'il a produit jusqu'ici, avec la différence, cependant, que dans *Lucinde* la ressemblance va jusqu'au grotesque. On y voit cette absence totale de forme, cette manie de traiter tout par fragments, unie au nébuleux et au caractéristique, union que vous ne croirez possible que lorsque vous l'aurez vue. Persuadé qu'il ne saurait se tirer du poétique, il s'est fait un idéal de lui-même avec l'amour et le bel esprit. Il s'imagine réunir en lui *une faculté infinie d'aimer* avec un *détestable esprit d'ironie*, puis, après s'être *constitué* de la sorte, il se permet tout et déclare franchement que l'impudence est sa déesse.

Au reste, il est impossible de lire l'ouvrage en entier, car tout ce bavardage vide de sens fait trop de mal. Après ses rodomontades sur l'art grec et le temps qu'il a consacré à l'étudier, je m'étais attendu à le voir parler un peu de la simplicité et de la naïveté des anciens, mais cet écrit est l'apogée de l'insolence et de la sottise moderne.

J'apprends que les messieurs et les dames de Weimar viennent de vous fournir une matière nouvelle pour votre essai sur le *dilettantisme*; c'est hier, m'a-t-on dit, qu'ils ont ouvert un théâtre d'amateurs.

Vous ne trouverez qu'un seul acte achevé de *Marie Stuart*. Il m'a coûté beaucoup de temps, car la poésie avait à lutter contre l'histoire, et comme il fallait pourtant conserver de l'histoire tout ce qui peut servir à la vérité de mon travail, j'ai eu beaucoup de peine à maintenir l'indépendance de l'imagination. Les autres actes qui, au reste, sont moins longs, iront beaucoup plus vite.
Schiller.

GŒTHE A SCHILLER

Weimar, le 20 juillet 1799.

Je vous remercie de m'avoir donné une idée de la singulière production de Schlegel; j'en ai déjà beaucoup entendu parler. Tout le monde la lit, tout le monde la déchire, et en définitive on ne sait ce que c'est. Si elle me tombe sous la main, je la lirai avec curiosité.

Le dilettantisme vient de se montrer ici dans toute son abomination, et le péril est d'autant plus grand que ces messieurs et ces dames, une fois le bousillage admis, bousillent vraiment d'une façon agréable. S'il y avait encore eu quelque chose à gâter dans les amusements de notre société, cet essai d'un théâtre d'amateurs l'aurait fait, car, dès le premier essai, tout a pris ici une tournure creuse, plate, égoïste, et tout véritable intérêt pour les œuvres d'art a disparu.

Cette expérience, jointe à beaucoup d'autres en différents genres, m'a affermi dans la conviction que, vous et moi, nous n'avons rien de mieux à faire que de nous enfermer en nous-mêmes, afin de produire successivement des œuvres passables; tout le reste n'est que vanité.

Je vous félicite d'avoir presque terminé votre premier acte de *Marie Stuart*. Tout en désirant avec ardeur d'être bientôt près de vous, je nourris l'espoir de pouvoir, moi aussi, produire quelque chose avant la fin de l'été.

Auguste a été très-heureux de revoir Charles et même le petit Ernest, il ne cesse de me parler de tous deux.

GŒTHE.

SCHILLER A GŒTHE.

Iéna, le 24 juillet 1799.

J'apprends que vous êtes à Rosla, et j'en conclus avec la joie la plus vive que vous ne tarderez pas à venir ici. Notre réunion donnera un nouvel essor à mon existence. Vous savez me lancer toutes voiles dehors et me pousser au large; quand je suis seul, au contraire, je m'abîme en moi-même.

Il paraît que Tieck de Berlin est venu vous voir; je serais curieux de savoir si vous êtes content de lui, vous qui avez pu l'entretenir tout à votre aise. Pour moi, il ne m'a pas déplu; sa manière de s'exprimer, sans aunoncer une grande énergie, est fine et sensée, il n'y a rien en lui de coquet ni d'important. Puisqu'il a commencé à s'occuper de Don Quichotte, je lui ai recommandé la littérature espagnole comme une riche mine à exploiter. Son penchant vers le fantastique et le romantique le pousse naturellement vers cette littérature, par laquelle il pourra utiliser son agréable talent, sans sortir de sa sphère.

Le premier acte de *Marie Stuart* sera tout à fait terminé vers la fin de cette semaine; je devrais être plus avancé, mais ce mois-ci ne m'a pas été plus favorable que le précédent. Pourvu que je puisse être au troisième acte quand je retournerai en ville, je serai content.

Adieu, bonne santé. Ma femme vous salue de tout son cœur. SCHILLER.

GŒTHE A SCHILLER.

Weimar, le 24 juillet 1799.

Maintenant je puis espérer d'aller bientôt vous voir; samedi ou dimanche, je partirai. J'ai vu deux fois madame de la Roche, d'abord à Teifurth, puis à Osmannstedt, et je l'ai trouvée telle qu'elle était il y a vingt ans; c'est une nature nivelante. Relevant le vulgaire, et ravalant ce qui est bon et distingué, elle accommode le tout avec une sauce à sa façon, et vous invite à vous en régaler à votre aise. Sa conversation, au reste, n'est pas toujours sans intérêt.

Tieck a dîné chez moi avec Hardenberg[1] et Schlegel,

---

[1] Frédéric de Hardenberg, si connu sous le nom de Novalis.

il m'a paru très-supportable. Il a parlé peu, mais bien, et il a généralement plu ici.

J'espère n'avoir plus besoin de vous écrire, et me fais une vraie fête de vous voir incessamment, vous et votre chère femme.   Gœthe.

GŒTHE A SCHILLER.

Weimar, le 27 juillet 179

Je n'ai pas reçu de lettre de vous aujourd'hui, sans doute parce que vous attendez mon arrivée, malheureusement je suis forcé de vous répéter mon éternelle litanie, et de vous dire que je ne puis encore m'arracher d'ici. Les affaires sont de la nature des polypes; on a beau les couper en mille morceaux, chaque parcelle se remet à vivre. Je me résigne et cherche à utiliser mon temps le mieux possible, car je suis plus décidé que jamais à ne diriger mon esprit que vers la production d'écrits quelconques, et de renoncer entièrement à toute spéculation purement théorique. Mes dernières expériences m'ont convaincu de nouveau que les hommes, au lieu de véritables connaissances théoriques, ne demandent que des phrases et des formules à l'aide desquelles ils puissent réaliser quelque chose à leur façon. Plusieurs étrangers qui sont venus voir nos collections artistiques, la présence de madame de la Roche, et surtout le théâtre d'amateurs qui vient de se constituer chez nous, sont d'effroyables exemples de cette vérité, et je suis bien résolu à hausser de plusieurs pieds

passa l'été de 1799 à Iéna, avec ses brillants amis, Louis Tieck, les deux Schlegel, et le philosophe Schelling.

la muraille que j'ai commencé à construire autour de mon existence.

Mon état intérieur, cependant, n'est pas mauvais, car j'ai fait des progrès dans toutes les branches de mes études, et vous me trouverez bien disposé pour toute sorte de travail.

Pour que cette lettre ne soit pas tout à fait insignifiante, j'y joins deux singulières productions, dont l'une vous amusera sans doute beaucoup plus que l'autre. Pensez à moi, et donnez-moi des nouvelles de votre santé et de votre travail. GŒTHE.

SCHILLER A GŒTHE.

Iéna, le 30 juillet 1799.

J'avais tellement compté, samedi dernier, sur votre arrivée, que je n'ai pas été au club des philosophes, afin de pouvoir passer toute la soirée avec vous. Aussi, est-ce avec bien du chagrin que j'ai vu, par votre lettre, toutes mes espérances s'évanouir dans l'indéfini.

Il ne me reste donc plus qu'à me jeter dans la production, puisque l'échange des idées m'est interdit. Le second acte de ma *Royale Cafarde*[1] s'avance; le premier est mis au net et vous attend.

Vous avez bien raison de dire qu'avec le public, mieux vaut produire que faire des théories. La théorie, supposant la pratique, est par cela même un anneau supérieur de la chaîne. Il me semble même que, pour la

---

[1] Voltaire, parlant de son *Mahomet* dans ses lettres, l'appelait *mon coquin de prophète, mon scélérat de prophète, mon illustre fripon*. Il disait encore : « *Mahomet*, c'est Tartufe le grand. »

comprendre, il faut une imagination plus substantielle
que pour apprécier la présence réelle d'une œuvre
d'art, car alors le poëte ou l'artiste sont venus au secours de l'imagination faible ou paresseuse, en rendant
leur production accessible aux sens.

On ne peut nier, d'ailleurs, que les impressions de la
plupart des hommes ne soient plus justes que leurs raisonnements. C'est par la réflexion que commence l'erreur. Je connais beaucoup de nos amis dont je suis
loin de dédaigner le suffrage, et je me garderais bien
cependant de leur demander compte de ce suffrage.

J'oubliais de vous parler des deux livres que vous
m'avez récemment envoyés. Je n'ai pas encore lu l'ouvrage de Jacobi avec toute l'attention nécessaire; quant
au poëme, il est assez drôle et contient de charmantes
saillies. Schiller.

L'ouvrage de Jacobi, dont il est question ici, est
une lettre adressée à Fichte sur les problèmes que
l'audacieux métaphysicien venait de mettre à l'ordre
du jour. Le poëme, faut-il l'avouer? c'est l'œuvre
déplorable de Parny, *La guerre des Dieux*, qui venait
de paraître, en effet, à la date qui lui convient, dans
la triste France du Directoire. M. Sainte-Beuve a dit :
« Un tel poëme, qui n'aurait pas eu d'inconvénient,
lu entre incrédules, aux derniers soupers du grand
Frédéric, et qui aurait fait sourire de spirituels mécréants, prit un tout autre caractère en tombant
dans le public : il fit du mal.... » Doit-on placer

Schiller et Gœthe parmi ces spirituels mécréants? Je ne le pense pas. Ils sourient, je le vois bien, et ils ont grand tort de sourire ; remarquez cependant qu'ils n'ont vu ici que le badinage et non l'impiété licencieuse. A Dieu ne plaise que je veuille les justifier! Historien littéraire, je tiens seulement à marquer les nuances des idées et à distinguer les époques. « J'étais bien sûr, écrit Gœthe à Schiller le 31 juillet, que Parny vous ferait plaisir. Il a tiré du sujet une foule de charmants et spirituels motifs, et il les met en œuvre d'une manière très-vive, très-jolie. Seulement, il n'est pas heureux, ce me semble, dans la disposition et la gradation de ces motifs, d'où il résulte que l'ouvrage manque d'unité. Il me semble aussi que le but final, le but extérieur, je veux dire l'intention de traîner dans la boue la religion catholique-chrétienne, est plus visible qu'il ne convient à un poëte. On dirait que cette œuvre lui a été expressément commandée par les théophilanthropes. » Malgré l'insuffisance de ce blâme, on voit que nous sommes loin ici des soupers du grand Frédéric. Au scepticisme agressif a succédé le scepticisme insouciant, mais cette insouciance religieuse ne va pas jusqu'à autoriser la poésie (ou ce qui porte son nom) à se charger d'une besogne infâme. Quand la muse s'avilit au point d'outrager les plus pures croyances de l'humanité, on peut la soupçonner d'avoir vendu son âme et son corps ; à la fange qui la souille, on devine une courtisane. Gœthe, avec toute son indifférence, laisse entrevoir quelque chose de cela : « On dirait que cette œuvre lui a été expressement commandée par les théophilanthropes. » Heureuse pudeur du sentiment poétique ! C'est par ce sentiment que l'humanité va échapper aux basses influences du XVIII° siècle, et n'en gardera que les inspirations généreuses. Gœthe et Schiller représentent ici les transformations insensibles de la pensée publique. Ces *mécréants* vivent au sein du grand art, qui est une des lumineuses avenues du christianisme éternel. Le mauvais sourire que nous venons de surprendre sur les lèvres de Schiller ne l'empêchait pas de célébrer, cette année-là même, la poétique bénédiction de la cloche, et, au moment où Gœthe faisait lire à son ami ce triste poëme qui profane les choses les plus saintes, religion, amour, humanité, c'étaient précisément ces inspirations divines, c'était l'humanité, l'amour, la religion même qu'il unissait avec une si parfaite harmonie dans les scènes familières d'*Hermann et Dorothée*. Cependant, avouons-le, ils avaient encore bien des progrès à faire avant d'atteindre la haute impartialité, ou plutôt la sympathie profondément humaine qui est l'honneur de la critique de nos jours. Comparez au jugement de Gœthe sur la *Guerre des Dieux*, ces paroles d'un de ses admirateurs, d'un de ses disciples, M. Sainte-Beuve : « Ah ! que Parny n'est-il mort comme son ami Bertin au sortir de la jeunesse, à la veille des tempêtes sociales qui allaient soulever tant de limon! On se prend pour lui à le regretter. Quel glorieux souvenir sans tache il eût laissé alors, et quel libre champ ouvert au rêve! Cet aimable éclat s'est à jamais terni...» le ton, le sentiment, tout est changé ici ; M. Sainte-Beuve, en développant la pensée de Gœthe, la complète et la rectifie au nom d'une culture morale supérieure. De 1799 à 1844, le niveau de la moralité humaine s'était singulièrement élevé. L'éminent critique ajoute : « Je ne crois faire dans tout ceci aucun puritanisme exagéré, aucune concession à des doctrines et à des croyances qu'il n'est pas nécessaire d'ailleurs de partager soi-même pour avoir l'obligation de les respecter dans la conscience de ses semblables, et surtout pour devoir ne pas les y aller blesser mortellement, lascivement, et par tous les moyens empoisonnés.» Il dit encore plus loin : « N'avoir lu la bible, comme le fit Parny, que pour en tirer des parodies plus ou moins indécentes, c'était se juger soi-même, et (religion à part), donner comme poëte, la mesure de son élévation, la limite de son essor. » Ainsi, au point de vue poétique comme au point de vue moral, M. Sainte-Beuve, dans cette fine étude[1], condamnait

[1] Cette fine et belle étude est celle qui a paru en 1844 dans la *Revue des Deux-Mondes*, et qui a été reproduite dans le troisième volume des *Portraits contemporains et divers*. Il y en a une autre, très-fine

la *Guerre des Dieux*; Gœthe n'avait fait de réserve qu'au nom de la dignité de la muse. Ce qui est triste surtout, c'est que l'auteur d'*Hermann et Dorothée*, après avoir jugé la débauche de Parny d'une façon encore si indulgente, passait tout à coup au poëme de Milton, et cela, sans transition, de l'air le plus naturel, comme si de la *Guerre des Dieux* au *Paradis perdu* on ne sortait pas du même ordre d'idées ! Il donne même l'avantage au poëme de Parny, car, dit-il, « Des sujets comme celui-là conviennent mieux à l'épopée comique qu'à l'épopée sérieuse. » Mais en voilà bien assez sur ce fâcheux épisode de la correspondance des deux poëtes ; quel que soit le singulier enchaînement d'idées qui les conduit de Parny à Milton, c'est de Milton qu'ils parlent, écoutons-les ; leurs erreurs mêmes sont curieuses.

GŒTHE A SCHILLER.

Weimar, le 31 juillet 1799.

Le *Paradis perdu*, qui m'est tombé sous la main ces jours-ci, a fait naître en moi de singulières réflexions. Dans ce poëme, comme dans toutes les œuvres de l'art moderne, ce qui excite l'intérêt, c'est l'individu qui s'y manifeste. Le sujet est horrible ; avec une grande apparence extérieure, au fond il est rongé des vers, il est creux. Excepté un petit nombre de motifs naturels et

---

aussi, mais d'un ton moins pur, moins élevé, dans les *Causeries du lundi*, tome XV.

énergiques, tous les autres sont tellement faux, tellement dépourvus de vie, qu'ils soulèvent le cœur. Mais du moins c'est un homme intéressant qui parle; on ne peut lui refuser du caractère, du sentiment, de l'esprit, des connaissances, des dispositions poétiques et oratoires, et une foule d'autres bonnes choses encore. Comme il avait, à titre de révolutionnaire échoué, beaucoup plus d'aptitude pour le rôle du diable que pour celui d'ange, cette circonstance singulière et unique a exercé une grande influence sur le dessin et l'ordonnance du poëme, de même que la cécité de l'auteur a déterminé l'attitude et le coloris des personnages. L'œuvre restera donc unique dans son genre, et, je le répète, si l'art y manque souvent, la nature y triomphe...

SCHILLER A GŒTHE.

Iéna, 2 août 1799.

Je vous félicite de la résolution que vous avez prise de vous réfugier dans votre jardin, et j'en attends d'excellents résultats pour votre activité créatrice. Après cette longue interruption de vos travaux, la solitude et le recueillement seuls pourront dénouer les liens qui retiennent votre génie.

Pendant que vous lisiez le poëme de Milton, moi j'étudiais l'époque qui l'a vu naître. Elle a été bien terrible, cette époque, et cependant elle a dû contenir des éléments favorables au génie poétique, car plus d'un personnage, agissant dans ce grand drame historique, a su s'acquérir en même temps un nom dans la poésie anglaise. Sous ce rapport, cette révolution a été plus fertile que celle de la France, qu'elle rappelle si souvent, car les puritains jouent à peu près le même rôle que les jacobins, et les résultats de la lutte se ressemblent sous beaucoup de rapports. De pareilles époques semblent faites exprès pour corrompre la poésie et les arts, car elles surexcitent et enflamment l'esprit sans lui offrir des sujets dignes de lui ; aussi les reçoit-il intérieurement, et l'on voit naître les compositions allégoriques, mystiques et autres avortons du même genre.

Donnez-moi bientôt l'heureuse nouvelle que l'heure des inspirations poétiques a sonné de nouveau pour vous. SCHILLER.

GŒTHE A SCHILLER.

Weimar, le 3 août 1799.

J'utilise avant tout la tranquillité dont je jouis dans mon jardin à revoir et à faire recopier mes petites poésies, dont Unger a besoin pour publier le septième volume de mes œuvres. Un semblable travail demande du recueillement, la possession de soi-même et une inspiration presque générale. Si je pouvais ajouter quelques douzaines de poésies nouvelles pour remplir certaines lacunes, et enrichir quelques parties un peu maigres, le tout formerait un ouvrage intéressant. Si je n'ai pas le temps de le faire en ce moment, je veux du moins être assez loyal envers moi-même pour me convaincre de ce que je devrais faire, bien que le temps me manque pour l'accomplir en ce moment. Ce seront d'utiles indications pour l'avenir.

Le *Paradis perdu* de Milton, ma lecture de l'après-midi, continue à me suggérer des observations que je désire vous communiquer bientôt. La grande faute de l'auteur, après le choix du sujet, c'est d'avoir introduit tous ses personnages à la fois, dieux, anges, diables, hommes, sans avoir déterminé d'abord leurs caractères, si bien que plus tard, voulant les faire agir, il est obligé de combler cette lacune en des cas isolés, et selon que l'occasion se présente. Voilà sa faute capitale ; il le sent bien, et il cherche à s'en excuser, d'une manière adroite, il est vrai, mais qui révèle l'homme d'esprit plutôt que le poëte. Je persiste toutefois dans la conviction que le poëte était un homme excellent, intéressant sous tous les rapports, et dont le génie pouvait s'élever au sublime. On peut remarquer en outre que l'absurdité du sujet l'a plutôt stimulé qu'entravé, qu'elle lui a été même favorable auprès des lecteurs assez croyants pour avaler sans répugnance de semblables matières. GŒTHE.

SCHILLER A GŒTHE.

Iéna, le 6 août 1799.

Je me suis attardé ce soir dans mon travail et je n'ai que le temps de vous envoyer un salut amical. J'apprends avec plaisir que vous vous occupez de vos poésies, et qu'on en imprime le recueil en ce moment. Les *Épitres* et les *Ballades* sont la seule partie, à ce qu'il me semble, qui ne forme pas encore une masse considérable, à moins que vous ne vouliez aussi augmenter le chapitre des *Idylles* ; mais quelle abondance d'*élégies*, d'*épigrammes*, de *lieds*! J'espère que vous resterez fidèle à votre résolution d'insérer dans ce recueil toutes les poésies qui se trouvent dans vos autres ouvrages. Cela fera un fort beau volume que vous compléterez plus tard si, en effet, il y manque encore quelque chose; car c'est là un de ces ouvrages qui sont infailliblement épuisés dans l'espace de trois ou quatre ans. J'aurais voulu ajouter plusieurs morceaux au nouvel *Almanach des Muses*, mais ma tragédie m'occupe au point que je ne puis penser qu'à elle; aussi ai-je bon espoir de terminer le second acte avant la fin du mois.

Tâchez d'utiliser pour le mieux votre solitude. Ma femme se rappelle à votre souvenir. Je vous renvoie Parny en vous remerciant.   Schiller.

GŒTHE A SCHILLER.

Weimar, le 7 août 1799.

Dans la solitude de mon jardin, je travaille avec ardeur à rassembler mes poésies, et la nécessité de tout recopier avec soin est aussi un stimulant très-actif. Je ne sais pas encore ce que deviendra ce recueil, car chaque pièce en fait surgir une nouvelle. Mon séjour ici éveille en moi le souvenir de temps plus simples et plus sombres. Mes poésies mêmes me rappellent les circonstances et les dispositions d'esprit les plus variées ; je voudrais, sans trop appuyer, faire sentir le lien qui unit une pièce à l'autre.

Les épigrammes sont ce qu'il y a de plus défectueux, du moins par rapport au rhythme. Heureusement que cela est facile à corriger, et le sens et l'expression y gagnent. Dans les *Élégies romaines*, il y avait beaucoup de fautes contre la prosodie, j'espère les avoir fait disparaître. A l'égard des poëmes passionnés, tels qu'*Alexis et Dora*, les corrections sont plus difficiles; je n'en fais pas moins ce que je puis, et je compte sur vous, cher ami, pour me dire finalement ce que je devrais faire encore. Lors même que ces améliorations ne s'opèrent que partiellement, elles n'en sont pas moins une preuve de perfectibilité, et je veux montrer mon respect pour les progrès incontestables que Voss et son école ont fait faire à notre poésie.

Adieu, travaillez avec ardeur, si votre santé le permet, faites en paix votre petit voyage à Rudolstadt, et souffrez que mon Auguste soit souvent le bienvenu chez vous. Puisque je ne puis aller à Iéna, il faut que les miens s'y réfugient, car c'est une affaire décidée, je ne puis travailler que dans une solitude absolue. Mes compliments à votre chère femme.

GOETHE.

Schiller, depuis quelques semaines, travaillait avec plus de bonheur que jamais à sa *Marie Stuart*. Au commencement, il avait eu bien des accès de langueur; son imagination sommeillait, et plus d'une fois il s'était vu obligé de laisser là son drame pour s'occuper des *Propylées* de Gœthe. Maintenant le voilà en pleine mer, et le navire, sous un vent favorable, s'avance voiles déployées. Le 9 août, il écrivait à Kœrner : « Mon long silence t'aura fait supposer, sans nul doute, que je suis enfoncé jusqu'aux oreilles dans mon travail ; c'est bien la vérité. Pendant ces deux derniers mois, j'ai renoncé à toutes les affaires pour pénétrer aussi promptement que possible au cœur de mon œuvre, et j'y suis arrivé. J'ai terminé déjà le tiers de ma tragédie, et le tiers le plus difficile. Je suis sûr maintenant de ne pas m'être trompé dans le choix du sujet, bien qu'on pût croire qu'un sujet si généralement connu et si profondément tragique doit renfermer quelque vice secret, puisque aucun grand poëte ne l'a mis encore à profit. Ma santé est excellente, et je me trouve parfaitement de mon séjour au jardin, ainsi que de la sollitude où je vis depuis quelque temps. Gœthe lui-même n'est pas venu ici de tout l'été, car la construction du château de Weimar lui laisse bien peu de loisirs, mais je l'attends dans quelques semaines. »

Schiller avait joui pourtant de la même solitude au mois de mai ; d'où vient que ces dernières semaines, celles de juillet surtout, lui ont été si favorables ? D'où lui vient cette verve généreuse ? Quel est le secret de cette inspiration féconde ? Il nous l'indique lui-même dans ses confidences à Kœrner. Continuons de lire sa lettre du 9 août : « J'ai été à Weimar, à l'occasion du séjour que le roi de Prusse y a fait, et il a fallu être présenté au royal couple. La reine est très-gracieuse, ses manières sont les plus obligeantes du monde. On a joué pour eux *Wallenstein*, et la représentation a obtenu un grand succès. Ce qui m'a étonné et réjoui chaque fois que j'ai vu jouer cette pièce, c'est que les parties spécialement poétiques, celles-là même où l'inspiration passe du genre dramatique au genre lyrique, ont toujours produit sur la foule la plus sûre et la plus profonde impression. Décidé que je suis à me livrer exclusivement au théâtre pendant les six prochaines années, il faut absolument que je passe l'hiver à Weimar, et que j'assiste aux représentations du théâtre. Mon travail en deviendra bien plus facile; mon imagination recevra du dehors une excitation appropriée au but que je poursuis, tandis que jusqu'ici, dans mon existence isolée, tout ce que j'ai eu à produire sur le théâtre de la réalité et de la vie n'est arrivé à bien que par une extrême tension intérieure, et non sans des *faux frais* considérables[1]. »

Ce qui a réveillé l'ardeur un peu languissante de Schiller, c'est son voyage à Weimar, c'est la représentation de *Wallenstein* en présence du roi de Prusse Frédéric-Guillaume III et de la belle reine Louise, c'est le succès de son œuvre sous les yeux de cette société d'élite, ce sont les acclamations de

[1] *Faux-frais;* ce mot est en français dans le texte de Schiller; trois jours après, le 12 août, comme on le verra plus loin, il se sert de la même expression dans une lettre à Gœthe.

la foule, et aussi, hâtons-nous de le dire, l'étude des impressions du public, car Schiller s'aperçoit enfin que le poëte dramatique a besoin de quitter sa solitude, d'interroger les hommes à qui il s'adresse, d'interroger la scène et la salle, les comédiens et les spectateurs. Quand il méditait si longuement son *Wallenstein*, quand il le remaniait sous tant de formes, s'élevant de la prose à la poésie, substituant une trilogie à une composition unique, il arrivait, nous l'avons vu, des profondeurs les plus lointaines d'une esthétique abstraite, et Dieu sait que de temps il lui eût fallu pour s'installer dans le domaine de l'art vivant, si Gœthe ne l'eût soutenu de sa main douce et puissante! Aujourd'hui qu'*il connaît son métier*, comme il l'écrit à Kœrner, c'est-à-dire aujourd'hui qu'il connaît les conditions et les difficultés du grand art, il comprend que le secours même de Gœthe ne lui suffirait plus; il veut faire une ou deux tragédies chaque année; il faut qu'il les compose au milieu des enseignements du théâtre et sous l'œil même du peuple. Il y avait trop d'erreurs possibles, trop d'efforts perdus, trop de tâtonnements, trop de *faux frais* dans ses longues méditations solitaires; l'heure est venue pour lui de quitter son jardin d'Iéna. Le jour où il écrivait à Kœrner: « Je suis résolu à me consacrer exclusivement au théâtre, » ce jour-là même, le 9 août 1799, il écrivait à Gœthe: « Je veux aller m'établir à Weimar. »

SCHILLER A GŒTHE.

Iéna, le 9 août 1799.

Je vous félicite des corrections prosodiques que vous faites subir à vos poésies ; la perfection, but suprême de nos efforts, serait impossible sans cette vertu.... La pureté du rhythme a des rapports intimes, nécessaires, avec la représentation exacte de la pensée, et toute licence à cet égard accuse dans cette pensée quelque chose d'arbitraire. Considérée à ce point de vue, elle a une grande importance et tient aux lois les plus intimes de l'art.

La situation actuelle de notre littérature donne un intérêt plus grand encore à ce travail : tous les amis du bon goût se réjouiront de voir des poésies, dont la valeur artistique est incontestable, se soumettre à cette épreuve. C'est le meilleur moyen de combattre la médiocrité ; vous réduisez ainsi au silence et les versificateurs corrects qui ne travaillent que pour l'oreille, et les écrivains qui se croient un génie trop original pour avoir besoin de respecter le rhythme.

Il est vrai que les lois prosodiques ne sont pas encore parfaitement déterminées, aussi y aura-t-il toujours dans les meilleures compositions des points discutables. Vous avez tant médité sur ce sujet, que vous feriez bien d'exposer vos opinions dans une préface, ou de toute autre manière convenable, afin qu'on sache bien que les déviations qu'on pourrait appeler des licences sont les conséquences raisonnées de vos principes.....

J'ai le plus grand désir de vous lire la partie achevée de mon travail, sur laquelle je n'ai pas encore d'opinion bien arrêtée. Cette incertitude me fait sentir chaque jour davantage la nécessité de voir le théâtre de plus près. Il faudra donc que je me décide à passer les mois d'hiver à Weimar, et je commence déjà à m'occuper des moyens pécuniaires indispensables à la réalisation de ce projet.

Je ne sais pas encore quand j'entreprendrai mon petit voyage à Rudolstadt. Schiller.

GŒTHE A SCHILLER.

Weimar, le 10 août 1799.

Il est hors de doute que vous gagneriez infiniment à vivre quelque temps dans le voisinage d'un théâtre; du fond de la solitude le poëte place le but dramatique à une distance trop éloignée. Je ferai tout ce qui est en mon pouvoir pour faciliter l'exécution de votre projet. La grande affaire, c'est de vous trouver un logement convenable. Thouret ne devant arriver ici qu'à la fin de septembre, on le retiendra sans doute tout l'hiver; il ne faut donc pas songer au local qu'il occupe au château. La maison du comte Werther, si décriée à cause des revenants qui y font leur sabbat, est toujours vacante. Elle est commodément située pour qui veut suivre assidûment le théâtre, et vraiment elle vaut la peine d'être *désenchantée*. Réfléchissez-y. En attendant, bonne santé; mes compliments à votre chère femme. Gœthe.

SCHILLER A GŒTHE.

Iéna, le 12 août 1799.

Je suis toujours résolu à passer l'hiver prochain à Weimar. En assistant souvent au spectacle, je m'épargnerai une foule de faux frais, inévitables pour moi en ce moment, parce que je n'ai pas sous les yeux la représentation de la vie, et chaque sujet me prodiguera ses richesses. Cet hiver, malheureusement, je ne pourrai exécuter ce projet qu'un peu tard, au mois de janvier, pas plus tôt, à cause de ma femme et du nouvel enfant que nous attendons. En attendant, Charlotte et moi, nous nous arrangerons pour nous procurer un logement provisoire, ce qui ne m'empêchera pas de faire prendre des informations sur la maison du comte Werther, puisqu'elle est commodément située pour le théâtre. Ce que je préférerais encore, ce serait une habitation sur la place du marché; je serais près de vous et de mon beau-frère.

Ce printemps, le duc m'avait manifesté le désir de me voir venir plus souvent à Weimar et y séjourner plus longtemps; je crois donc pouvoir m'adresser avec confiance à lui, pour le prier d'augmenter ma pension, afin de me dédommager des frais qu'occasionnera mon déplacement. Cette augmentation, au reste, m'est promise depuis cinq ans; et comme il s'est toujours montré très-bienveillant pour moi, je crois pouvoir compter sur sa promesse. Peut-être même pourrai-je me rendre utile dans l'administration du théâtre, ce dont je me chargerais avec plaisir, et alors l'affaire s'arrangerait d'elle-même.....

Ma femme se rappelle à votre souvenir et attend votre arrivée avec autant d'ardeur que moi.

SCHILLER.

GŒTHE A SCHILLER.

Weimar, le 14 août 1799.

Puisque les circonstances rendent votre installation à Weimar assez douteuse, du moins pour le commencement de l'hiver, nous laisserons dormir l'affaire en ce moment. Si cependant il vous était possible de venir dès le mois d'octobre, les moyens de faciliter votre séjour ici ne vous manqueront sous aucun rapport.

J'utilise ma solitude du jardin autant que possible, et j'ai le plaisir de voir mes travaux avancer très-rapidement. Je serais heureux de pouvoir vous le prouver bientôt, en me rendant près de vous. Ne négligez pas de vous concentrer sur votre travail ; il n'y a rien de plus agréable que d'avoir à organiser une grande masse de matériaux.

On m'appelle au château, et je termine en vous souhaitant à tous deux une bonne santé.

GŒTHE.

SCHILLER A GŒTHE.

Iéna, le 16 août 1799.

J'ai appris aujourd'hui que les Schlegel ont enrichi leur publication périodique d'une foule de coups d'épingle et qu'ils cherchent ainsi à tenir leur nacelle à flot[1]. Le moyen n'est pas mal choisi, les *Xénies* en sont la preuve ; malheureusement leurs saillies sont souvent impertinentes. Celles qui concernent Humboldt sont en outre d'une grande ingratitude, car il a toujours été très-bienveillant pour ces messieurs, et elles prouvent qu'au fond les Schlegel ne valent pas grand'chose.

Quand à l'*élégie* qu'ils vous adressent, elle est fort belle, malgré sa longueur démesurée ; j'y ai même remarqué plus de chaleur qu'on n'en trouve ordinairement dans les productions des Schlegel ; certains passages sont d'un admirable style.

A part cela, je n'ai encore rien lu de cette livraison. Je ne doute pas qu'ils n'aient des lecteurs en suivant cette voie, mais ils ne se feront pas d'amis. Je crains d'ailleurs que les matières ne viennent bientôt à leur manquer, car ils ont l'habitude de dépenser tout leur fonds d'un seul coup, ainsi que cela leur est arrivé dans les *Aphorismes*....

Mon travail va toujours bien, et s'il ne survient pas d'empêchement, j'aurai terminé le second acte avant la fin du mois d'août ; le brouillon est déjà fait. J'espère que dans cette nouvelle tragédie tout sera dramatique, bien que je la resserre un peu trop en vue de la représentation. Le sujet étant fort riche au point de vue de l'histoire, j'y ai fait entrer des motifs historiques dont

---

[1] Ce journal des frères Schlegel s'appelait l'*Athenæum*. La livraison du mois d'août contenait un article intitulé : *Indicateur littéraire de l'empire ou archives du goût de l'époque*. L'élégie dédiée à Gœthe avait pour titre : *l'Art des Grecs*.

les lecteurs réfléchis et instruits seront très-contents, mais qui ne sont nullement nécessaires à la représentation, car ils n'ont rien qui puisse intéresser la foule. Au surplus, j'ai soin de séparer tout ce qui ne doit pas servir pour le théâtre ; cela nous épargnera le travail pénible auquel nous avons été obligés de nous livrer pour que les *Wallenstein* pussent être représentés.

Adieu, donnez-nous bientôt l'espoir de vous revoir ici. Ma femme, qui vous salue de cœur, espère que notre transplantation à Weimar pourra s'opérer avant le mois de janvier ; en tout cas, je compte la précéder de quelques semaines au moins. Mes compliments à Meyer. Schiller.

SCHILLER A GŒTHE.

Iéna, le 20 août 1799.

Je suis depuis quelques jours sur la trace d'une tragédie nouvelle, tragédie qu'il faudra sans doute inventer tout entière, mais dont le sujet, à ce qu'il me semble, est propice à l'invention.

Sous le règne d'Henri VII, on vit se lever en Angleterre un imposteur nommé Warbeck qui se donna pour un des enfants d'Édouard, assassinés dans la tour de Londres par ordre de Richard III. Ayant su raconter d'une manière vraisemblable l'histoire de son évasion, il trouva un parti qui le reconnut et voulut le placer sur le trône. Une princesse de cette même maison d'Yorck à laquelle appartenait Édouard, voulant susciter des embarras à Henri VII, prêta son appui à l'imposteur, quoiqu'elle fût dans le secret. C'est elle surtout qui poussa Warbeck sur la scène. Warbeck, après avoir vécu quelque temps à la cour de cette princesse, en Bourgogne, et y avoir joué son rôle de prince, échoua dans son entreprise, fut vaincu, démasqué, exécuté.

Il n'y a presque rien ici à tirer des événements particuliers, mais la situation générale est très-féconde, et les deux figures de l'imposteur et de la duchesse d'Yorck peuvent devenir le fondement d'une action tragique, où l'imagination sera libre de se donner pleine carrière. Je crois d'ailleurs qu'on ferait bien de ne prendre jamais dans l'histoire que des situations générales avec certains personnages, afin d'imaginer librement et poétiquement tout le reste; il en résulterait un genre intermédiaire, où les avantages du drame historique et ceux du drame d'invention se trouveraient réunis.

Quant à la manière de traiter ce sujet, il faudrait, ce me semble, faire précisément le contraire de ce que ferait un poëte comique. Celui-ci produirait le ridicule par le contraste de l'imposteur avec le grand rôle qu'il joue et l'incompétence qu'il y manifeste. L'imposteur, dans la tragédie, devrait paraître né pour ce grand rôle; il devrait se l'approprier si complétement, que des luttes vraiment dramatiques éclateraient entre lui et les personnes qui, l'ayant choisi pour être l'instrument de leurs desseins, voudraient le traiter comme leur créature. Il faudrait que l'imposture parût lui donner la place à laquelle l'avait destiné la nature elle-même. Ce ne seraient pas ses ennemis, ce seraient ses partisans, ses protecteurs, qui amèneraient la catastrophe; ce serait aussi l'amour, la jalousie, et autres moyens semblables.

Si vous trouvez quelque mérite dans ce sujet et que vous le jugiez propre à fournir une action tragique, je m'en occuperai de temps en temps, car lorsque je suis arrivé au milieu de la pièce que je compose, j'ai besoin à de certaines heures d'en imaginer une nouvelle...

Adieu, ma femme vous fait ses plus affectueux compliments.
SCHILLER.

GŒTHE A SCHILLER.

Weimar, 11 août 1799.

Ma paisible existence au fond de mon jardin continue à porter des fruits, peu abondants il est vrai, mais savoureux.

Je viens d'étudier avec soin la vie et les œuvres de Winckelmann. Il faut absolument que je me rende un compte exact, détaillé, des services qu'a rendus ce vaillant homme et de l'influence qu'il a exercée.

Je continue à classer et à corriger mes poésies. C'est une nouvelle occasion pour moi de vérifier que tout dépend du principe dont on s'inspire. Maintenant que j'admets les lois du rhythme dans toute leur rigueur, j'y trouve un stimulant plutôt qu'une entrave. Il reste encore sans doute bien des points à éclaircir. Voss nous aurait rendu un grand service, il y a dix ans, si dans son introduction aux *Géorgiques* il avait écrit à ce sujet quelque chose de moins alambiqué.

Cette semaine, contre mon habitude, je suis resté presque tous les jours sur pied jusqu'à minuit, attendant le lever de la lune que j'ai contemplée avec beaucoup d'intérêt à l'aide du télescope. C'est une bien vive jouissance que de pouvoir se familiariser ainsi d'une manière intime et précise avec un sujet d'une importance si haute, et qui, il y a si peu de temps encore, on peut le dire, était entièrement inconnu. Le bel ouvrage de Schroeter, la *Sélénotopographie*, est un guide qui abrège singulièrement la route. Et puis, ce profond silence de la nuit, loin de la ville, dans la solitude de mon jardin, a vraiment un charme infini, surtout quand on est sûr de ne pas être réveillé le lendemain matin par des bruits importuns. Peu à peu, l'habitude s'en mêlant, je crois que je mériterais d'être admis dans la société des dignes *Lucifuges*.

On m'apporte votre lettre. Le nouveau sujet tragique dont vous me parlez me paraît excellent à première vue, j'y réfléchirai plus sérieusement. Il est hors de doute que si l'histoire fournit seulement le simple fait, le sujet tout nu, le poëte, créant à la fois le fond et la forme, sera plus à l'aise, plus heureusement inspiré, qu'en empruntant au passé des détails plus circonstanciés, des développements plus complets; dans ce dernier cas, en effet, on est bien obligé d'accepter les circonstances particulières composées par la tradition, et comme on s'éloigne alors de la vérité générale, de l'humanité pure, la poésie ne peut déployer ses ailes...   Gœthe.

GŒTHE A SCHILLER.

Weimar, le 24 août 1799.

Puisque nos projets d'été ont si mal réussi, il faut nous arranger le mieux possible pour l'hiver prochain; aussi, dès que vous aurez terminé les négociations relatives à votre logement, je m'occuperai de votre provision de bois de chauffage. C'est un article auquel on ne saurait songer trop tôt.

Il ne se passe pas de journée sans que j'en tire quelque avantage, bien minime, il est vrai, mais cela finit par faire masse...

Je ne vous en dirai pas davantage aujourd'hui, car une visite que j'ai été obligé de faire ce matin au château m'a tellement distrait, qu'il m'est impossible de concentrer ma pensée sur un seul point.   GŒTHE.

SCHILLER A GŒTHE.

Iéna, le 24 août 1799.

Je commence à craindre de ne pas vous voir ici avant le commencement de l'automne. Voilà donc un été qui va s'écouler sous d'autres auspices que ceux dont je m'étais flatté. Et quoique j'aie lieu d'être satisfait de mon travail, la privation de votre société m'est tellement pénible, qu'elle m'affermit dans la résolution d'aller passer l'hiver à Weimar. Je ne me dissimule point que l'influence de la société de cette ville n'aura rien de favorable pour moi, mais des relations plus suivies avec vous, le contact de Meyer et la fréquentation du théâtre, me donneront une activité dont mes travaux se ressentiront efficacement. Mon existence ici est une solitude absolue, et en vérité c'est trop.

Si vous ne pouvez pas bientôt venir, au moins pour une journée, j'irai vous trouver, car j'ai le plus grand besoin de vous faire la lecture de mes deux actes; votre jugement seul pourra me donner la conviction que je suis sur la bonne voie. SCHILLER.

GŒTHE A SCHILLER.

Weimar, le 27 août 1799.

Tout bien pesé et calculé, il m'est absolument impossible de me rendre à Iéna; je vous engage donc très-sérieusement à venir ici sans retard; il se présente pour votre logement de nouvelles difficultés, que je ne pourrai vaincre sans votre présence... J'habite toujours mon jardin; descendez immédiatement chez moi; Meyer se chargera de vous recevoir. Toutes les mesures sont prises pour que le nécessaire ne vous manque pas. Le reste se trouvera bien aussi. GŒTHE.

SCHILLER A GŒTHE.

Iéna, le 27 août 1799.

A peine étais-je levé ce matin, que j'ai reçu, de la part du directeur du théâtre de Lauchstedt, un gros rouleau d'argent, dont j'ai été fort agréablement surpris, et je vous remercie bien sincèrement d'avoir dirigé vers moi ce pactole. L'esprit du vieux général se conduit en digne fantôme, il me fait découvrir des trésors. On m'assure qu'à Rudolstadt aussi on fait foule pour voir *Wallenstein*. Je désirerais savoir comment madame Vohs, la gentille actrice, s'est acquittée de son rôle.

Après avoir vainement appelé les inspirations poétiques convenables à l'*Almanach des Muses*, j'ai commencé hier mon troisième acte. Je vois bien maintenant que je ne pourrai m'arracher à *Marie Stuart*, pour composer quelques poésies lyriques, qu'au moyen d'une forte distraction. Le voyage projeté à Rudolstadt produira cet effet, et je l'entreprendrai dès que je saurai définitivement que vous ne pouvez pas venir.

A force de méditer sur une nouvelle forme de poésie pour mon *Almanach des Muses*, il m'est venu l'idée d'un autre genre de *Xénies*, adressées aux amis et contemporains qu'on estime. Le changement de siècle fournirait une bonne occasion pour célébrer toutes les personnes dont on a à se louer, soit par un commerce personnel, soit par l'effet que la lecture de leurs ouvrages a produit sur nous. Il est vrai que le blâme est un sujet plus facile et plus agréable à traiter que la louange. Le *Paradis reconquis* ne vaut pas le *Paradis perdu*, et le *Ciel* du Dante est beaucoup plus ennuyeux que son *Enfer*. En tout cas, je crois qu'il ne nous reste pas assez de temps pour réaliser un si louable projet.

Adieu pour aujourd'hui. Ma femme vous envoie ses meilleurs compliments.

Tout le monde chez moi vous attend avec impatience, même les enfants.   Schiller.

GŒTHE A SCHILLER.

Weimar, le 28 août 1799.

J'espère que ma lettre d'hier vous a décidé à venir passer quelques jours ici, et si je dicte ici quelques mots pour vous, c'est seulement pour vous affermir dans cette résolution. Nous nous dirons de vive voix tout ce que nous avons à nous communiquer. GŒTHE.

Les travaux littéraires auxquels se rapportent les lettres suivantes nous présentent un épisode très-curieux dans l'histoire de la poésie allemande. On sait comment Gœthe, à vingt-deux ans, avait protesté contre l'imitation de la poésie française, et donné à Shakspeare le sceptre de la scène germanique ; le voici maintenant qui s'adresse au théâtre de la France pour réformer le théâtre allemand. Il traduit *Mahomet*, il traduira bientôt *Tancrède*, et que veut-i emprunter à ces tragédies de Voltaire? Le sentiment de la mesure, l'habitude du dessin, l'art de resserrer son sujet dans les justes limites. Les poëtes allemands ne dessinent pas ; Schiller lui-même, dans l'abondance de son imagination, écrit des tragédies interminables ; ses drames sont animés d'un souffle épique, et il est obligé de les remanier sans cesse pour les adapter à la scène ; lisons les Français, dit Gœthe, chacun de nous en profitera. Et ce ne seront pas seulement les poëtes qui gagneront à cette étude, les acteurs y apprendront maintes choses dont ils ne se doutent guère. A force de chercher la réalité, on est tombé dans la familiarité la plus triviale. Nul souci de ce monde idéal où l'art dramatique doit transporter le spectateur. Les comédiens de Leipzig, pour citer un exemple, sont les modèles du genre nouveau qui s'établit partout. *Le naturalisme et le sans-gêne*, c'est Gœthe qui parle, *ne sauraient aller plus loin. D'art et de convenance pas une trace. Ils se conduisent exactement comme s'il n'y avait personne dans la salle.* Tout cela, c'est le naturel à la mode, et quand ils ont obéi longtemps à cette prétendue imitation de la nature, tout à coup, en de certains passages, ils changent de ton, d'allure, de gestes, *et se livrent à toutes les exagérations de la manière.* Voilà pourquoi Gœthe veut introduire en Allemagne quelques pièces du théâtre français ; il espère accoutumer les poëtes au sentiment de la mesure et les acteurs au sentiment des convenances.

Une telle entreprise devait soulever bien des colères. Quoi ! la tragédie française, la tragédie du dix-huitième siècle allait reparaître en Allemagne après la révolution qui l'avait chassée pour jamais ! Il fallait donc oublier la *dramaturgie* de Lessing, il fallait oublier toutes les tentatives accomplies depuis cinquante ans, et condamner les efforts des plus généreux esprits. D'un côté, les romantiques, avec leur goût du moyen âge allemand, de l'autre Herder, avec son culte pour les littératures primitives, Jean Paul, avec sa sensibilité enthousiaste, tant d'autres encore qui déjà reprochaient à Schiller et à Gœthe des prétentions classiques peu conformes au génie national; tous enfin, on le prévoyait sans peine, allaient jeter une même clameur et accuser les deux poëtes de trahir la patrie allemande. C'est alors que Schiller écrivit les belles stances qui portent ce titre : *A Gœthe, quand il mit sur la scène le* Mahomet *de Voltaire.* Il commence, on devait s'y attendre, par des paroles fort injurieuses pour nous ; avant d'expliquer les motifs qui ont inspiré à Gœthe cette étude de notre théâtre, il fallait donner satisfaction aux passions du pays. La France de Louis XIV et la France de Voltaire, c'est *le lieu où des esclaves sont à genoux, où commandent les despotes, où s'enfle la vaine et fausse grandeur, où l'art ne peut produire la beauté dans sa pure noblesse.* Si Gœthe revient à la France, ce n'est pas, certes, pour enchaîner le génie de l'Allemagne ; mais la scène germanique, affranchie de l'ancienne routine, court de nouveaux dangers, et la muse française, qui ne saurait plus lui nuire comme autrefois, lui apprendra la mesure du langage et la convenance des attitudes. Nous pouvons citer les dernières stances ; les éloges que nous accorde le poëte effaceront sans doute ses injurieux dédains. N'oublions pas d'ailleurs qu'il s'agit ici seulement de l'art du dix-huitième siècle ; la France, depuis cinquante années, a relevé le défi de Schiller. En voyant ce qu'on pensait de nous à Weimar en 1800, nous apprécierons mieux les maîtres qui ont fait *parler un esprit vivant* dans notre poésie lyrique. Voici les dernières stances de Schiller au glorieux traducteur de *Mahomet*:

« L'art menace de disparaître du théâtre : l'imagination réclame son empire sauvage ; elle veut embrasser la scène comme le monde ; elle mêle le trivial et le sublime. Chez le Franc seul l'art pouvait se trouver encore, bien qu'il n'en ait jamais atteint la pure et idéale beauté. Il le tient étroitement enfermé dans d'immuables limites, où nul écart n'est possible.

« Pour lui, la scène est une enceinte sacrée ; les accents négligés et rudes de la nature sont bannis de son domaine solennel ; là, chez lui, la parole même s'élève jusqu'au chant ; c'est l'empire de l'harmonie et de la beauté. Les membres de l'édifice se combinent entre eux dans une noble ordonnance ; l'ensemble se développe sous la forme d'un temple imposant, où le mouvement même emprunte son charme de la danse.

« Certes, le Franc ne saurait nous servir de modèle ; on n'entend point parler dans son art un esprit vivant ; ce sens droit, qui n'apprécie que le vrai, dédaigne les gestes pompeux de la fausse dignité. I doit seulement nous être un guide vers le mieux : qu'il vienne, comme un esprit qui a quitté ce monde, purifier la scène souvent profanée, pour en faire le digne séjour de l'antique Melpomène. »

On sait maintenant dans quel esprit Schiller et Gœthe vont s'occuper de la littérature dramatique de la France. Nous pouvons reprendre la lecture de leurs lettres. Remarquons bien que dans cet épisode ce n'est plus de Corneille qu'il s'agit, mais de Voltaire. S'il y a dans les critiques de Schiller un certain accent qui nous froisse, que ce nous soit une occasion de faire notre examen de conscience. Le pire malheur qui puisse arriver à un peuple, c'est d'ignorer ce que le monde pense de lui.

SCHILLER A GŒTHE.

Iéna, le 15 octobre 1799.

Notre petite Caroline a été baptisée ce matin, et je commence à retrouver un peu de calme et de tranquillité d'esprit. Ma femme se porte aussi bien qu'on peut le souhaiter en pareille circonstance ; l'enfant a passé ces deux jours à merveille.

J'ai commencé à lire *Mahomet*, et j'ai fait des remarques que je vous enverrai vendredi prochain. Il est certain que, si la traduction d'une pièce française, et surtout de Voltaire, devait être tentée, il serait impossible de choisir quelque chose de plus favorable que ce *Mahomet*. Le sujet par lui-même exclut l'indifférence, et la manière dont Voltaire l'a traité tient beaucoup moins du genre purement français que toutes ses autres pièces. Au reste, vous l'avez déjà beaucoup amélioré, et vous n'en resterez pas là. Je suis donc persuadé que le succès prouvera que l'expérience en valait la peine. Je ne crois pas cependant qu'une tentative du même genre pût réussir avec toute autre pièce ; il n'en est pas une seconde qui puisse se prêter à ce travail. Si la traduction fait disparaître la manière française, il reste trop peu de poésie, trop peu de vérité humaine ; si, au contraire, on voulait conserver cette manière et en faire valoir les avantages dans le texte allemand, ce serait chasser le public de notre théâtre.

La propriété des alexandrins de se partager en deux parties égales par la césure, et la nature de la rime qui fait de deux alexandrins un couplet, ne déterminent pas seulement le langage, mais encore l'âme de toutes les tragédies françaises. Les caractères, les sentiments, la manière d'être des personnages, tout est soumis à la règle de l'antithèse ; et, semblables au violon qui règle les mouvements des danseurs, les deux jambes de l'alexandrin règlent les mouvements du sentiment et de la pensée. L'esprit est constamment mis en jeu, et chaque pensée, chaque sentiment est contraint d'entrer dans cette forme comme dans le lit de Procuste.

Puisque la traduction, en supprimant le vers alexandrin, supprime la base de la tragédie française, il ne peut rester que des ruines. On ne comprend plus les effets, la cause ayant cessé d'exister. Je crois donc qu'à cette source nous puiserons peu de chose pour le théâtre allemand, à moins que ce ne soit tout simplement des sujets à traiter.

Voici déjà deux jours que vous nous avez quittés,

et je n'ai encore rien fait ; mais j'espère reprendre mon travail demain. SCHILLER.

GŒTHE A SCHILLER.

Weimar, le 16 octobre 1799.

J'ai appris avec plaisir que l'accouchée et la petite fille se portent aussi bien que possible; espérons que cela ira de mieux en mieux.

Me voilà retombé en plein dans la vie dissipée de Weimar, aussi ne me reste-t-il pas un seul iambe dans la tête. J'ai voulu corriger hier les premières scènes de *Mahomet*; je n'ai pas même eu le courage de les lire. Ayez la bonté de me parler souvent de cette traduction, afin d'y ramener ma pensée; mais je vois bien que, pour la terminer, il me faudra un nouveau séjour à Iéna.

Vous trouverez ci-joint pour votre chère accouchée un flacon d'eau de Cologne. Je désire qu'il lui soit salutaire. Espérons que tout s'arrangera au mieux pour l'hiver prochain. GŒTHE.

SCHILLER A GŒTHE.

Iéna, le 18 octobre 1799.

Ma femme commence à se remettre de son extrême faiblesse. Je vous remercie de l'agréable fortifiant que vous lui avez envoyé. La petite se porte à merveille.

Je vous renvoie *Mahomet* avec mes remarques ; elles concernent presque toutes l'original, et non la traduction, mais je crois nécessaire ici de corriger l'original.

Pour ce qui est de l'ensemble de cette pièce, il me paraît indispensable de faire participer Ammon à l'action, afin de tenir l'attente du spectateur toujours en haleine, par la crainte qu'il ne révèle à Zopire le secret concernant les enfants. Il faut qu'il cherche plusieurs fois à l'entretenir, lui fasse des demi-confidences, etc. Par là, le spectateur ne pourra oublier ce secret, et sera entretenu dans une crainte perpétuelle, ce qui, dans toute tragédie, est le point capital. Il faut qu'on éprouve le désir d'attirer cet Ammon par les cheveux, afin qu'il fasse cette révélation, sur laquelle se fondent toutes les espérances.

La scène dans laquelle Séide découvre à Ammon le meurtre projeté, et que Voltaire a placée en récit, doit avoir lieu sur le théâtre; elle est d'une haute importance pour toute l'action, et susceptible de produire un grand effet dramatique. Il ne faut cependant pas qu'à cette occasion Ammon révèle son secret : il a d'autres moyens d'empêcher le meurtre, sans s'exposer à aucun danger. Mahomet apprendrait seulement par Omar que celui-ci a surpris Séide engagé dans un entretien très-animé avec Ammon, et qu'Ammon paraissait consterné; il apprendrait aussi qu'Ammon a cherché à voir Zopire en secret. Ces circonstances suffiraient à Mahomet pour se débarrasser d'Ammon, celui-ci en mourant découvrirait tout à Phanor, puis l'action se déroulerait comme dans la pièce française.

Voici quelle serait à peu près mon idée : Lorsque Mahomet découvre à Omar son amour pour Palmire (acte II, scène IV), Ammon paraîtrait, on éloignerait

Omar, et Ammon trouverait l'occasion de dire à Mahomet qu'il est temps de rendre les enfants à leur père, et de faire ainsi la paix avec Zopire et la Mecque. L'amour qui existe entre les deux enfants, et qui lui fait craindre un inceste, serait un stimulant nouveau pour qu'Ammon insistât plus vivement auprès de Mahomet; celui-ci le renverrait sans lui opposer un refus et se bornerait à lui recommander le silence.

Au commencement du troisième acte, Ammon paraîtrait de nouveau entre les deux enfants; ceux-ci lui déclareraient leur mutuel amour, et cette révélation lui causerait un certain frisson d'épouvante. Séide aussi pourrait laisser deviner à Ammon que Mahomet veut lui faire commettre un meurtre. L'entrée de Mahomet terminerait cette scène et ferait fuir Ammon.

Pour la troisième fois, Ammon se trouverait avec le père et le fils; mais, avant qu'il eût tout révélé, Omar arriverait et ferait sortir Séide. Ammon resterait avec Zopire, et une partie de la découverte accomplie chez Voltaire par la lettre de l'Arabe se ferait ici par son entremise. Zopire apprendrait que ses enfants vivent encore, mais il ne saurait pas ce qu'ils sont devenus, Ammon n'ayant pu achever ses confidences. Ce dernier n'aurait eu que le temps de lui donner rendez-vous pour la nuit.

Pendant ce temps, Mahomet soupçonne la fidélité d'Ammon, et la suite de l'action se développe comme dans la tragédie de Voltaire.

Il faut que j'en finisse, on vient m'interrompre. Adieu, portez-vous bien. Je désire que pendant ces

huit jours vous puissiez fixer les changements à introduire dans *Mahomet*, afin que vous veniez sans retard les exécuter à Iéna.
SCHILLER.

GŒTHE A SCHILLER.

Weimar, le 19 octobre 1799.

Mille remercîments pour vos remarques sur ma traduction de *Mahomet*; je ne les perdrai pas de vue dans l'étude que je fais de cette pièce. L'idée de faire paraître Ammon est très-bonne, et je chercherai le moyen de la réaliser.

Cette semaine se passera encore au milieu de distractions de tout genre; puis il faudra bien que je me décide à vous faire encore une visite. Rappelez-moi au souvenir de votre chère femme. Bientôt, et je me réjouis de cette espérance, nous ne tarderons pas à nous revoir d'une façon ou d'une autre.

GŒTHE.

SCHILLER A GŒTHE.

Iéna, le 22 octobre 1799.

Quoiqu'il ne soit survenu dans l'état de ma femme aucun accident fâcheux, elle se remet difficilement. Quant à la petite, on la voit profiter de jour en jour, et elle se conduit sous tous les rapports en membre paisible et silencieux de la famille. L'état de ma femme, qui a très-souvent besoin de moi, ne m'a pas permis de reprendre mon travail. Tout ce que je puis faire, c'est de songer au plan des *Chevaliers de Malte*, afin de pouvoir offrir quelque chose d'important à notre duc, à l'époque de mon arrivée à Weimar. Le sujet est heureux, le *punctum saliens* est trouvé, et le tout forme une action grande et touchante avec simplicité. S'il ne sort pas de là une bonne tragédie, comme vous les aimez, ce ne sera pas la faute du sujet. Il est vrai que je ne pourrai l'exécuter avec le peu de personnages auxquels vous m'avez conseillé de me restreindre; mais j'espère bien que la variété du tableau ne distraira pas l'attention du spectateur et n'enlèvera rien à la simplicité du sujet.

Dès que vous aurez obtenu quelques résultats satisfaisants à l'égard de *Mahomet*, veuillez me les faire savoir.

L'*Almanach* de Voss est une preuve nouvelle de la décadence de sa nature poétique. Ses compagnons et lui se sont tous placés sur le même degré de platitude, où, à défaut de poésie, ils étalent la crainte de Dieu.

Il paraît que Herder a été très-grossièrement critiqué dans la gazette d'Erlangen.

Je viens de feuilleter le nouveau volume de la traduction de Shakspeare par Schlegel. La forme y est beaucoup plus contrainte et plus rude, à mon avis, que dans les précédents; si vous en jugez de même, il serait bon de recommander à Schlegel de mettre plus d'application à son travail.

Adieu, mille compliments affectueux de la part de ma femme.   Schiller.

GŒTHE A SCHILLER.

Weimar, le 25 octobre 1799.

Recevez mes félicitations; j'apprends avec joie que l'état de l'accouchée est satisfaisant. Dites-lui que probablement j'irai la voir bientôt. Ma manière de vivre ici est tout aussi prosaïque que l'*Almanach* de Voss, et il me paraît tout à fait impossible, dans les conditions où je me trouve, de produire une œuvre qui demande autre chose que de la raison; or la raison n'a rien à démêler avec ce qui me reste à faire à *Mahomet*.

Depuis que les lettres de Humboldt et la tragédie de *Mahomet* m'ont fait envisager le théâtre français sous un point de vue nouveau, j'aime à lire le répertoire de ce théâtre. Je viens de m'occuper de Crébillon. C'est vraiment un homme remarquable, mais d'une façon tout à fait singulière. Il traite les passions comme des cartes à jouer, que l'on bat, jette, bat et jette de nouveau, et qui cependant restent toujours les mêmes. Pas une trace de ces affinités délicates par lesquelles les passions s'attirent, se repoussent, s'unissent, se neutralisent, et se décomposent encore pour se reformer comme devant. Il est vrai que, sur la route qu'il a choisie, il trouve des situations qui seraient impossibles partout ailleurs. Je sais que ce genre serait insupportable aux Allemands, je me suis demandé cependant si on ne pourrait pas l'imiter avec succès dans les compositions subalternes, telles que les opéras et les drames de chevalerie ou de féerie. Mes idées à ce sujet défrayeront notre premier entretien.

9.

Soignez votre santé, et faisons le meilleur usage possible des jours qui nous restent.   GŒTHE.

SCHILLER A GŒTHE.

Iéna, le 25 octobre 1799.

Depuis le jour où je vous ai écrit la dernière fois, ma situation est devenue bien cruelle. Cette nuit-là même, ma femme a été atteinte d'une fièvre nerveuse qui nous cause les plus grandes inquiétudes. Il lui reste encore des forces, après un si terrible épuisement, mais depuis trois jours elle a le délire, elle n'a pas eu un instant de sommeil pendant tout ce temps-là, et la fièvre est souvent très-intense. Quoique Starke[1] me donne beaucoup d'espérance, je suis dans une inquiétude mortelle, car, lors même qu'elle ne serait pas en danger, il est certain qu'elle restera longtemps faible et souffrante.

Vous comprendrez sans peine tout ce que je souffre; malgré tant de chagrin, d'inquiétude et l'impossibilité de me reposer, je me porte assez bien, jusqu'à présent du moins. Ma pauvre femme ne peut rester seule, et elle ne veut souffrir autour d'elle que moi ou sa mère. Les paroles qu'elle prononce dans son délire me percent le cœur et entretiennent chez moi une perpétuelle inquiétude. La petite fille va bien. Sans ma belle-mère, qui est si calme, si maîtresse d'elle-même au milieu de notre douleur, je ne saurais que devenir.

Adieu. Ce serait pour moi une grande consolation de

---

[1] Célèbre médecin et professeur de l'université d'Iéna.

vous voir bientôt, mais comment vous inviter à venir dans des circonstances si douloureuses? SCHILLER.

GŒTHE A SCHILLER.

Weimar, le 26 octobre 1799.

Votre dernière lettre, cher ami, m'a causé une bien cruelle surprise. Nous sommes unis par des liens si étroits, qu'un malheur ne peut vous frapper sans que je le ressente aussi vivement que vous-même. Puisse la maladie de votre chère femme faire bientôt place à la convalescence! Quant aux suites inévitables de cet accident, nous chercherons à les supporter pour le mieux.

J'aurais été vous voir immédiatement si je n'étais pas enchaîné ici par des liens de toute espèce. Au reste, je ne pourrais vous être d'aucun secours, et je n'aurais à Iéna que des sujets d'inquiétude, laissant ici tant d'affaires qui exigent ma présence.

Je n'ai pas de plus grand désir en ce moment que de recevoir bientôt des nouvelles plus favorables de votre femme. Pourvu que votre santé ne souffre pas de tout cela! N'attendez pas le jour de la messagère pour m'écrire, vous trouverez bien une autre occasion.

GŒTHE.

SCHILLER A GŒTHE.

Iéna, lundi soir, 28 octobre 1799.

Je profite d'un moment de liberté pour vous dire en hâte qu'il y a du mieux. La nuit a été passable, et le délire est moins violent, quoique ma pauvre chère femme déraisonne toujours. Le pourpre est sorti, les forces reviennent; Starke pense que jeudi prochain la décroissance de la maladie sera sensible.

Ma santé se soutient toujours, quoique j'aie passé trois nuits et six jours sans dormir.

Adieu, je vous écrirai après-demain. SCHILLER.

SCHILLER A GŒTHE.

Iéna, le 30 octobre 1799.

Une occasion se présente pour Weimar; je la saisis avec empressement afin de vous donner plus tôt de meilleures nouvelles. Starke vient de me dire que tout danger est passé; la fièvre a presque entièrement disparu; mais la connaissance n'est pas encore revenue, il y a même de fréquents accès de délire qui feraient croire à un dérangement du cerveau. Il est vrai que, sur ce point aussi, le docteur me rassure; je ne puis cependant bannir toute inquiétude. Jusqu'à présent, j'ai résisté à tant de fatigues et de chagrin; mais cette dernière nuit, la quatrième sur sept que je passe sans une minute de sommeil, m'a terriblement abattu.

Adieu. Donnez-moi bientôt de vos nouvelles.

SCHILLER.

GŒTHE A SCHILLER.

Nieder-Rossla, le 31 octobre 1799.

En m'apprenant que nous n'avons plus rien à craindre pour la vie de votre chère femme, vous avez jeté assez de tranquillité dans mon esprit pour qu'il m'ait été possible d'assister sans trop d'effort à la consécration de l'église de Nieder-Rossla. Aujourd'hui, j'irai à Buttstaedt, pour le marché aux chevaux, et je retournerai ce soir à Weimar, où j'espère trouver une autre lettre par laquelle vous me confirmerez les bonnes nouvelles que vous m'avez données hier.

Dès que les circonstances me le permettront, j'irai vous voir, car j'ai une foule de choses à vous communiquer. Et puis, si l'on veut que je finisse *Mahomet*, il faut qu'on me laisse aller passer quelque temps à Iéna. J'espère que l'état de la malade est tel que vous pourrez me rappeler à son souvenir. Puissent tant d'inquiétudes n'avoir porté aucune atteinte à votre santé!

SCHILLER A GŒTHE

Iéna, le 1er novembre 1799.

Le vingt et unième jour de la maladie vient de s'écouler, la fièvre est presque nulle; tout le mal semble s'être jeté dans la tête; c'est au point que ma pauvre femme a souvent des accès de frénésie! En un mot, nous ne craignons plus rien pour sa vie, mais tout pour sa tête. Starke cependant continue à nous rassurer, et emploie les remèdes les plus efficaces. Les compresses d'eau froide qu'on lui applique maintenant sur le front semblent produire un bon effet, car plusieurs fois déjà, pendant de courts instants, elle m'a reconnu ainsi que sa mère.

Je fais mon possible pour me procurer, soit le jour, soit la nuit, quelques heures de repos au milieu de ces tourments, et jusqu'à présent je n'ai pas à me plaindre de ma santé; mais la maladie menace de traîner en longueur; alors, que devenir?

Adieu, on m'appelle auprès de la malade. SCHILLER.

SCHILLER A GŒTHE.

Iéna, le 4 novembre 1799.

Ma femme est toujours dans le même état : il est impossible d'en prévoir le dénoûment. Depuis avant-hier, elle ne prononce pas une syllabe. Plusieurs circonstances cependant m'autorisent à croire qu'elle nous reconnaît, et qu'elle comprend les preuves d'affection que nous lui donnons, sa mère et moi. Elle dort profondément et presque toujours, mais elle ne prend que fort peu de chose et avec peine. Un abattement opiniâtre, une indifférence complète et une perpétuelle absence d'esprit, tels sont les symptômes qui me désespèrent le plus. Dieu sait où tout cela nous conduira! Je ne connais point de cas analogues d'où je pourrais tirer des conséquences. Starke ne tardera pas à épuiser toutes les ressources de son imagination : l'opium, le musc, l'hyoscyame, le quinquina, le camphre, les vésicatoires, les sinapismes, des compresses d'ammoniaque sur la tête, des frictions d'huiles fortes ont été employés tour à tour, et toujours en vain. Aujourd'hui on fera l'essai de la belladone.

Le spectacle désespérant que j'ai constamment sous les yeux m'a tellement abattu, que, pour retremper mon courage, j'irai peut-être passer quelques heures à Weimar. Ma belle-mère aussi a besoin de cette distraction. Pendant notre courte absence, nous confierons ma femme à une amie qui nous à déjà rendu de grands services dans cette circonstance.

Ayez la bonté de me faire faire le plus vite possible

deux copies du *Camp de Wallenstein*, dont je vous envoie le manuscrit. Il n'y a pas de place en ce moment dans ma maison pour y faire travailler mes copistes ordinaires, et je ne veux pas leur confier mon manuscrit pour le copier chez eux. Vous me rendrez un grand service en me procurant ces copies au plus tôt. Au reste, tous mes travaux dorment et dormiront peut-être longtemps encore. Schiller.

Les douloureuses préoccupations que retracent ces lettres avaient empêché le poëte d'accomplir un projet depuis longtemps arrêté. Enfin, au mois de décembre, quand sa femme fut tout à fait hors de danger, Schiller put quitter Iéna et s'installer à Weimar. Gœthe lui avait écrit plus d'une fois que sa vie trop solitaire était nuisible à son inspiration dramatique, que la pratique du théâtre, l'étude du jeu des acteurs et des impressions du public, lui révéleraient sans doute bien des choses. Schiller le sentait lui-même; attiré d'ailleurs par la présence de Gœthe, s'il avait tardé à changer de résidence, c'est que d'impérieuses nécessités mettaient obstacle à ses désirs. La bienveillance du grand-duc lui aplanit toutes les voies. Le 3 décembre 1799, Schiller quittait Iéna, avec sa femme et ses enfants, et devenait citoyen de la nouvelle Athènes, où son illustre ami l'attendait depuis des années.

Une période nouvelle va commencer dans l'existence de Schiller, les deux amis se verront chaque jour, et leur communauté d'études sera plus active que jamais. Ce sera grand dommage, il est vrai, pour notre correspondance : plus de ces effusions où les grands artistes nous exposaient naïvement les secrets de leur génie. Désormais, s'ils s'écrivent, c'est un mot, un salut, un cri de joie, une invitation familière ; mais quelle grâce encore dans ces billets rapides ! comme on y sent bien les joies de l'esprit et du cœur ! Quelle félicité contenue ! Quelle tendresse virile ! Dès les premières heures de la nouvelle année, au lever du jour, ils s'envoient l'un à l'autre un salut amical, se félicitant de commencer le siècle dans la même ville et presque sous le même toit... Le siècle ! tous deux se sont trompés ; le 1ᵉʳ janvier 1800 n'ouvre pas la première année du dix-neuvième siècle, mais la dernière année du dix-huitième ; qu'importe ? en publiant ces lettres vingt-neuf ans plus tard, Goethe aurait pu rectifier l'erreur ; il se garde bien d'y rien changer, tant il est persuadé que ce jour-là, en effet, commençait pour lui l'âge nouveau. Goethe et Schiller réunis ensemble, ensemble dirigeant le théâtre de Weimar, associés aux mêmes travaux, mettant toutes leurs pensées en commun, c'est une date mémorable pour l'histoire littéraire, c'est un nouveau siècle pour les deux amis.

VII

MARIE STUART ET LA PUCELLE D'ORLÉANS

— 1800-1801 —

Schiller s'est établi à Weimar le 3 décembre 1799. Le voilà enfin attaché au séjour que lui assignait sa mission ; l'auteur de *Wallenstein* a pris place dans la cité de Gœthe et de Charles-Auguste. Nous devons nous attendre à voir disparaître une grande part de l'intérêt que présentaient les lettres des deux poëtes. « Comme le Rhin se perd dans les sables, dira Gœthe plus tard, ma correspondance avec Schiller est allée se perdre dans les insignifiants détails de la vie quotidienne[1]. » Oui, cela n'est que trop vrai : les poétiques entretiens auront lieu désormais dans la chambre de Gœthe, dans le cabinet de Schiller, ou bien dans les allées du parc, sous les ombrages deux fois consacrés. Nous n'assisterons plus aux péripéties de ce travail intérieur, nous ne recueillerons plus les confidences où se déployait devant nous une vivante esthétique. Quelquefois cependant, pour s'arracher aux distractions de la cour et terminer en

[1] Lettre de Gœthe à Zelter, 27 mars 1830.

paix ses travaux interrompus, Gœthe va s'enfermer dans quelque retraite aux environs de Weimar, ou bien, poussant jusqu'à Iéna où l'attirent, même en l'absence de Schiller, les réunions des naturalistes, il y demeure quelques semaines plongé dans la méditation et l'étude. Aussitôt la conversation écrite recommence de plus belle, car Gœthe n'est pas homme à s'absorber tout entier dans un problème de physique, dans une question d'anatomie comparée, alors même qu'il espère soulever les voiles de la divine nature; aux plus graves recherches de la science s'entremêlent maintes occupations poétiques, une scène de *Faust* à combiner, un acte de *Tancrède* à finir, une élégie ou une ballade dont il faut retoucher les vers et perfectionner le rhythme incomplet. C'est alors que Gœthe écrit à Schiller, comme au temps où ces confidences mutuelles étaient pour eux le plus doux emploi de la journée. Souvent aussi, c'est Schiller qui est absent de Weimar; impatient de terminer un acte de *Marie Stuart*, il est allé se cacher dans un château du grand-duc, à Ettersbourg, où il a son petit logement réservé, et là, seul, tout entier à son œuvre, il ne la quitte un instant que pour communiquer à son ami les inspirations qui lui viennent, ou pour lui demander ses encouragements et ses conseils.

Sans parler de *Marie Stuart*, qui occupe encore Schiller pendant la première moitié de l'année 1800, le principal objet de l'activité des deux poëtes est la régénération du théâtre. Nous avons déjà vu Gœthe, au mois d'octobre 1799, demander quelques modèles à la scène française pour faire l'éducation des acteurs et développer chez eux le sentiment de la mesure. Le premier modèle qu'il choisit est le *Mahomet* de Voltaire ; nous avons cité les strophes éloquentes où Schiller expose et justifie devant le public allemand les intentions de son ami. Ces vers où le fougueux poëte, tout en condamnant le génie de la France qu'il comprend si peu, est obligé pourtant de glorifier quelques-unes de ses qualités essentielles, il les achève le 9 janvier 1800. Trois semaines après, *Mahomet*, traduit par Gœthe, paraît sur la scène de Weimar, et, malgré la plaidoirie de Schiller, cette tentative attire à Gœthe les plus amères critiques. Pour accomplir l'éducation des acteurs et du public, les deux poëtes chercheront des maîtres mieux appropriés à l'esprit de l'Allemagne. Le *Macbeth* de Shakspeare et l'*Iphigénie* de Gœthe obtiendront peut-être les résultats que le *Mahomet* de Voltaire n'a pu produire. Schiller se charge de traduire *Macbeth*, et Gœthe arrange son *Iphigénie* pour la scène. Schiller venait de faire cette traduction en quelques semaines quand une maladie grave arrêta ses travaux ; il resta au lit plus d'un mois pendant que *Marie Stuart*, si souvent interrompue, attendait encore les dernières inspirations du poëte : « Il faut que la maladie ait été bien grave, écrit-il à Kœrner le 24 mars 1800, car aujourd'hui encore, six semaines après les premières atteintes du mal, j'en ressens les suites funestes; mes forces sont tellement abattues, que je ne monte mon escalier qu'à grand'peine et ne puis écrire que d'une main tremblante. Je tousse toujours beaucoup... » Il allait pourtant se remettre à l'œuvre ; trois mois ne devaient pas s'écouler avant que la tragédie de *Marie Stuart* fût achevée, apprise, et représentée enfin avec un éclatant succès sur le théâtre de Weimar.

Tandis que Schiller travaille à *Marie Stuart*, Gœthe conçoit l'idée d'un drame où toutes ses réflexions sur la période révolutionnaire qui vient de finir puissent être symboliquement formulées. Nous sommes dans les premiers mois de l'année 1800. Le coup d'État de brumaire a mis fin aux mouvements désordonnés d'une grande crise sociale. Héritier de 1789, le consulat commence son œuvre de réparation ; la France se lève et ramasse toutes ses forces. Au moment où les regards de l'Europe entière se tournent vers le pays où s'accomplissent ces prodigieux événements, comment se fait-il que la correspondance de Gœthe et de Schiller n'en conserve aucune trace ! En 89 comme en 92, Schiller est en proie à des émotions très-diverses et il les communique fidèlement à Kœrner. A la chute du trône, à la veille du procès du roi, au milieu de la lutte des Girondins et des Montagnards, il sait bien dire à son confident de ce temps-là les impressions qui l'agitent ; aujourd'hui qu'il a un confident plus intime encore, d'où vient qu'il n'échange pas une réflexion avec lui sur le renversement du Directoire et l'établissement du consulat ? Schiller se tait parce que le monde idéal absorbe de plus en plus ses sublimes pensées ; il se tait aussi parce que Gœthe ne serait pas aussi empressé que l'excellent Kœrner à lui donner la réplique sur de pareils sujets. Gœthe n'aime pas à juger de trop près les grands événements de l'histoire, car il en voit surtout les détails, les traits particuliers, et il faut que ces détails soient nombreux, que ces traits soient étudiés longtemps pour composer enfin une physionomie expressive. C'est ainsi que, pendant la période révolutionnaire, de 1789 à 1799, sans avoir jamais pu prononcer un jugement élevé sur les grandes crises de notre histoire, il en a noté les particularités, les anecdotes singulières, et qu'il essaye aujourd'hui, cette période étant close, de combiner avec ces détails une espèce de tableau d'ensemble. Il avait lu l'année précédente un livre fort bizarre, intitulé : *Mémoires de la princesse Stéphanie-Louise de Bourbon-Conti*. Ces mémoires, où le vrai et le faux semblent confondus à plaisir, nous montrent une jeune fille, enfant illégitime du prince de Conti et de la duchesse de Mazarin, sacrifiée par cette duchesse et par le fils du prince.

Le jour même où elle allait être reconnue princesse du sang, elle est enlevée, conduite au fond de la province, et là, tandis que son père la croit morte, on la force d'épouser un procureur de Lons-le-Saulnier. Séparée bientôt de son mari, elle cherche un refuge dans un couvent ; puis, dès que la Révolution éclate, elle revient à Paris, prend un déguisement, combat le 10 août parmi les défenseurs de Louis XVI, échappe au massacre, retourne en province, et y gagne sa vie comme écrivain public, jusqu'à ce que le Directoire, en 1797, lui accorde une pension de trois mille francs sur les biens de son frère. Les *Mémoires* s'arrêtent là... Voilà le sujet qui avait frappé l'imagination de Gœthe et dont il voulait faire un tableau de la société française à travers toutes les phases de la Révolution. En peignant l'enfance et la première jeunesse de Stéphanie-Louise de Bourbon-Conti, il espérait peindre l'aristocratie française à la veille du grand cataclysme ; les autres parties de la trilogie (car l'œuvre de Gœthe ne devait pas renfermer moins de trois drames) auraient montré l'influence de la Révolution sur une destinée individuelle, tantôt à Paris même, tantôt au fond de la province. C'eût été une occasion pour le poëte d'exprimer à sa manière toutes les réflexions que lui avait suggérées le spectacle des événements contemporains. Il se met donc à l'œuvre en 1800, au moment même où la période révolutionnaire vient d'être terminée par le coup de main du 18 brumaire, et il commence la première partie de sa trilogie, la seule qu'il ait écrite, je veux dire le singulier drame intitulé la *Fille naturelle*. Malheureusement, nous ne trouvons pas dans les lettres des deux amis une seule allusion à cette entreprise si curieuse. Goethe avait pris la résolution de n'en rien communiquer à personne ; plus tard même, en 1804, lorsqu'il fit connaître à ses amis et au public le drame de la *Fille naturelle*, il regretta si vivement cette confidence prématurée, qu'il se dégoûta de son sujet et que la trilogie projetée fut abandonnée pour toujours.

En revanche, Goethe entretient Schiller d'un nouveau poëme, la *Fiancée de l'enfer*, dont l'idée séduit son imagination ; il l'entretient surtout de questions relatives aux beaux-arts, des articles qu'il médite pour les *Propylées*, des concours de peinture ouverts à Weimar sous sa direction ; mais, au milieu de ces diversions si variées, la principale affaire des deux amis est toujours la composition de *Marie Stuart*. Le 5 mai, Schiller en a terminé les quatre premiers actes et il en a fait la lecture à Goethe. Quant au cinquième acte, il a besoin d'une solitude complète pour l'achever à loisir ; il quitte donc la ville et va s'enfermer dans le vieux château d'Ettersbourg, où le grand-duc lui a fait réserver un logement. C'est dans ces dernières scènes du drame, et surtout dans ses lettres datées d'Ettersbourg, que le poëte laissera éclater sans doute les secrètes pensées que lui ont attribuées certains critiques d'Allemagne. Est-il vrai que Schiller, cédant à l'influence si puissante alors des romantiques de Berlin, se soit passionné pour Marie Stuart comme eût pu le faire l'école de Guillaume et de Frédéric Schlegel ? Au moment où Louis Tieck s'efforçait de remettre en honneur l'inspiration romanesque du théâtre espagnol, l'auteur de *Wallenstein*, trop favorable déjà, selon certains juges, au chef des soldats catholiques de Ferdinand II, a-t-il voulu glorifier la nièce des Guises à la manière de Lope de Vega ? Faut-il croire qu'il y a ici une déviation, non pas raisonnée à coup sûr, mais irréfléchie, non pas expressément blâmable, mais pourtant très-fâcheuse, dans le développement philosophique et poétique de ce vigoureux génie ? De graves censeurs, au nom du protestantisme allemand, ou plutôt au nom de la moderne philosophie de l'histoire, n'ont pas hésité à exprimer ce reproche. Schiller est une âme trop ouverte, une intelligence trop candide et trop expansive pour que ces idées, si elles ont traversé son esprit, ne se révèlent pas dans sa correspondance. Nous avons déjà dit à première vue que dans sa *Marie Stuart*, comme dans sa *Pucelle d'Orléans*, Schiller n'a cherché qu'un intérêt général, en dehors de tout esprit de parti. Marie Stuart est pour lui la victime d'Élisabeth ; il ne la glorifie pas avec la sensibilité romantique des partisans du moyen âge, il la venge au nom de l'humanité. Si nous nous sommes trompé dans cette appréciation, les confidences de Schiller lui-même, rectifiant notre pensée, donneront gain de cause à M. Gervinus, à M. Adolphe Stahr et à M. Julien Schmidt. Tel est, pour l'histoire littéraire, l'intérêt principal de ces lettres.

SCHILLER A GŒTHE.

Weimar, le 4 décembre 1799.

Notre voyage s'est fort bien passé, et ma femme, qui demeure chez madame de Stein, a parfaitement dormi sur les fatigues de la journée, sans ressentir aucune atteinte de ses accidents. Ce début est heureux, et j'en augure au mieux pour l'avenir.

Au reste, excepté mes parents et madame de Stein, je n'ai encore eu le temps de voir personne.

Adieu, portez-vous bien et revenez au plus tôt.

SCHILLER.

GŒTHE A SCHILLER.

Iéna, le 6 décembre 1799.

J'ai passé les deux jours qui ont suivi votre départ dans ma chère solitude, au sein d'un isolement presque absolu. Une visite chez Mellisch, une soirée chez Loders, une lecture de la *Geneviève* de Tieck que l'auteur est venu faire chez moi, ont été mes seules distractions[1].

[1] On lit dans les *Annales* de Gœthe : « Tieck m'a lu sa *Geneviève*, dont la forme véritablement poétique m'a causé un grand plaisir et a obtenu le plus sympathique succès. » Cette lecture occupa deux soirées. « Gœthe, dit un témoin, la suivit avec atten-

J'ai appris bien des choses que j'ignorais sur le vieux théâtre anglais. Le traité de Malone sur l'enchaînement probable dans lequel Shakspeare doit avoir composé ses pièces, une tragédie et une comédie de Ben-Johnson, deux pièces apocryphes de Shakspeare, ont été pour moi de véritables traits de lumière...

Vous voyez que je jouis encore de la tranquillité de Iéna, tandis que les flots du monde de Weimar viennent déjà sans doute se jouer au seuil de votre porte. J'espère vous voir dimanche dans l'après-midi.

Mes compliments à tous les vôtres. GŒTHE.

SCHILLER A GŒTHE.

Weimar, le 7 décembre 1799.

J'ai reçu de vos nouvelles avec un vif plaisir. Nos pôles ont changé leurs positions magnétiques, et ce qui était d'abord le sud est devenu le nord. Je ne me suis pas encore aperçu de mon changement de domicile, car des occupations de tout genre m'ont à peine donné le temps de me reconnaître. Je n'ai encore été voir que le duc, auprès duquel j'ai passé près d'une heure. Je vous dirai de vive voix le sujet de notre entretien.

-tion et sympathie. Il félicita l'auteur en termes bienveillants; puis, se tournant vers son fils, âgé de neuf ans, qui assistait à la lecture de la seconde soirée, et lui passant la main dans les cheveux : — Eh bien! enfant, lui dit-il, que penses-tu de ces couleurs, de ces fleurs, de ces reflets, de ces magiques enchantements dont notre ami vient de nous entretenir? n'est-ce pas tout à fait merveilleux? » Ces paroles sont d'un écrivain peu connu dont le nom est Kœpke. Nous les empruntons aux notes de M. Henri Duntzer sur la correspondance de Gœthe et Schiller. (*Uebersichten und Erlæuterungen zum Briefwechsel zwischen Schiller und Gœthe*, von *Heinrich Düntzer*. 1 vol. Stuttgart, 1858.)

Ma femme s'est constamment bien portée, et rien ne paraît faire craindre une rechute. Dieu veuille qu'elle se maintienne ainsi !

Le sonnet en question a produit ici un mauvais effet, et notre ami Meyer lui-même l'a fait prendre en horreur à toute la société féminine. J'ai été obligé, il y a quelques jours, de soutenir de très-vives discussions à ce sujet. Je ne serais point étonné si, à Weimar aussi, je ne faisais d'autre expérience que celle de me trouver sans cesse en opposition avec l'opinion du jour...

Je vous attends demain avec impatience. SCHILLER.

GŒTHE A SCHILLER.

Weimar, le 9 décembre 1799.

Ce matin, je suis sorti de bonne heure et j'espérais aller vous trouver chez vous, mais cela m'a été impossible. A midi, je vais à la cour; dites-moi, je vous prie, ce que vous faites de votre soirée, afin que je m'arrange pour vous voir. GŒTHE.

SCHILLER A GŒTHE.

Weimar, le 10 décembre 1799.

Voici la pièce que vous m'avez donnée à examiner[1]. Ce qu'il y a de mieux à en dire, je vous l'ai dit hier. Plus on avance dans l'action, plus l'ouvrage paraît médiocre. Les motifs sont faibles, quelquefois même vulgaires et grossiers. Antoine est par trop naïf; on

---

[1] Il s'agit d'une tragédie de *Cléopâtre*, présentée en manuscrit au théâtre de Weimar.

voit par la préface que l'auteur a prévu ce reproche, et, chose assez singulière, il croit se justifier en invoquant le témoignage de l'histoire. Cléopâtre n'est que repoussante, elle manque de grandeur. Octavie elle-même est incompréhensible. Le motif des enfants revient toujours et sous toutes les formes, pour remplacer ce qu'il y a de pauvre dans les autres moyens.

Je m'en tiens à nos conclusions d'hier; la partie oratoire est bonne, la partie poétique et surtout dramatique est insignifiante. SCHILLER.

GŒTHE A SCHILLER.

Weimar, 11 décembre 1799.

Je vous remercie de votre jugement sur la pièce. Je suis tout à fait d'accord avec vous. Plus on avance, moins elle plaît.

Je dîne aujourd'hui chez la duchesse mère; après le dîner, j'irai voir si vous êtes chez vous. GŒTHE.

GŒTHE A SCHILLER.

Weimar, le 17 décembre 1799.

Le duc et la duchesse prendront aujourd'hui le thé chez moi, et prêteront, je l'espère, une oreille favorable à la lecture de *Mahomet*. Si vous vouliez assister à cette séance, vous seriez le très-bien venu[1]. GŒTHE.

---

[1] Herder assista aussi chez Gœthe à une lecture de *Mahomet*. Madame Herder en parle dans une lettre datée du 3 janvier 1800, et mentionne ainsi l'opinion de l'illustre critique sur l'œuvre de Voltaire : « Excellents, excellents vers ! disait mon mari, — mais le fond est un crime de lèse-humanité une offense à tout l'univers moral. »

GŒTHE A SCHILLER.

Weimar, le 20 décembre 1799.

Si vous pouvez venir me voir aujourd'hui à six heures et rester à dîner avec moi, vous me ferez grand plaisir.
GŒTHE.

GŒTHE A SCHILLER.

Weimar, le 23 décembre 1799.

Décidez-vous donc à venir chez moi ce soir à neuf heures; vous trouverez des chambres bien chauffées et bien éclairées, quelques amis, des viandes froides et un verre de punch, toutes choses qui ne sont point à dédaigner pendant ces longues soirées d'hiver. GŒTHE.

GŒTHE A SCHILLER.

Weimar, le 27 décembre 1798.

Ainsi voilà qui est convenu; à deux heures, vous vous faites porter en chaise à la cour; nous nous trouverons dans la chambre du duc. Quant à la soirée, vous la passerez chez moi. GŒTHE.

GŒTHE A SCHILLER.

Weimar, le 29 décembre 1797.

Ne pourrez-vous venir me voir aujourd'hui? Pour souffrir moins du froid, vous pourrez vous faire porter jusqu'à l'entrée de mon grand escalier. Un verre de punch complétera l'effet salutaire d'une chambre bien chauffée; un souper frugal terminera la soirée.
GŒTHE.

GŒTHE A SCHILLER.

Weimar, le 31 décembre 1799.

Voici un exemplaire des *Propylées*, avec prière de vouloir bien passer la soirée chez moi. Je me sens indisposé depuis hier, et je crains bien que, selon sa mauvaise habitude, la journée la plus courte de l'année ne me joue quelque mauvais tour. GŒTHE.

SCHILLER A GŒTHE.

Weimar, le 31 décembre 1799.

Je suis désolé de votre indisposition, et j'espère bien que vous vous en débarrasserez avant l'année nouvelle. Je serai chez vous ce soir, vers six heures; d'ici là je tâcherai d'enterrer un de mes héros, que la mort serre déjà de bien près. SCHILLER.

SCHILLER A GŒTHE.

Weimar, le 1er janvier 1800.

Salut pour le nouvel an et pour le nouveau siècle. Faites-moi donc savoir si ce grand jour vous a trouvé en bonne santé. Irez-vous ce soir à l'Opéra? En ce cas je vous y verrai, car j'ai à me procurer aujourd'hui cette distraction. Vohs et Heide, qui sortent de chez moi, ne disent pas beaucoup de bien de *Gustave Wasa*[1]; s'il faut en juger par certains détails, cette pièce doit contenir des motifs affreux.

[1] Drame de Kotzebue

Adieu, bonne santé. Ma femme vous envoie ses meilleurs compliments pour la nouvelle année.   Schiller.

GOETHE A SCHILLER.

Weimar, le 1ᵉʳ janvier 1800.

J'ai été bien heureux hier au soir d'avoir pu finir l'année avec vous et le siècle aussi, puisque c'est l'année 1799 qui vient de finir. Que le commencement du nouveau siècle soit comme la fin du dernier, et que l'avenir ressemble au passé.

Je dîne en ville, mais nous nous verrons à l'Opéra. Adieu. Transmettez à votre chère femme, pour cette nouvelle année, mes saluts les plus affectueux et mes vœux les plus sincères.   Goethe.

GOETHE A SCHILLER.

Weimar, le 2 janvier 1800.

Le dîner a duré si longtemps, que je n'ai pu aller à l'Opéra. Aujourd'hui je viens vous demander comment vous vous portez et ce que vous ferez ce soir. Je ne suis pas chez moi tout à fait comme je voudrais, mais je m'y trouve toujours bien lorsque vous pouvez me rendre visite.   Goethe.

SCHILLER A GOETHE.

Weimar, le 3 janvier 1800.

Je suis invité ce soir chez la duchesse douairière à une lecture de la pièce de Kotzebue; je n'ai pu refuser, n'ayant pas encore fait une seule visite à la duchesse, mais je ne resterai pas au souper. Si je puis aller vous trouver à huit heures, je me ferai porter du palais chez vous. Hier je suis allé au bal, mais je me suis également retiré avant le souper, et, si je n'avais pas craint qu'il fût trop tard, je serais venu vous voir.

Schiller.

GŒTHE A SCHILLER.

Weimar, le 3 janvier 1800.

C'est une bien pénible corvée, lors même qu'il s'agirait d'un Shakspeare, que d'entendre lire une pièce qui doit être représentée le lendemain. Faites provision de patience pour cette douloureuse épreuve. Je vous attendrai ce soir aussi longtemps que vous le voudrez, car, quelle que soit l'heure de votre visite, elle est toujours une grande joie pour moi. Gœthe.

SCHILLER A GŒTHE.

Weimar, le 11 janvier 1800.

Je viens de relire votre *Iphigénie*, et je ne doute point du succès de la représentation. Il ne faudra que quelques changements dans le dialogue, surtout dans la partie mythologique, que le public trouverait trop froide. Il faudra aussi sacrifier à l'intérêt dramatique un certain nombre de sentences, bien qu'elles tiennent parfaitement leur place dans votre œuvre. Nous en reparlerons plus en détail. Schiller.

GŒTHE A SCHILLER.

Weimar, le 11 janvier 1800.

Avez-vous été content de la répétition d'hier? Je n'ai pu quitter le thé de la duchesse que vers huit heures et demie du soir, et j'ai craint de vous gêner en me présentant chez vous si tard. Que faites-vous aujourd'hui? J'avais l'intention d'aller à l'Opéra. Peut-être vous y verrai-je...   GŒTHE.

GŒTHE A SCHILLER.

Weimar, 13 janvier 1800.

Je viens vous demander des nouvelles de votre santé et vous faire toutes sortes de propositions.

Ne vous plairait-il pas de m'accompagner au château? Il ne fait pas froid aujourd'hui; je viendrai vous prendre avec mon traîneau, et je vous montrerai toutes sortes de choses qui vous intéresseront, puis nous prendrons nos arrangements pour le reste de la journée.

J'ai éprouvé une bien singulière impression en relisant mon *Iphigénie*, mais je ne veux pas commencer à en parler, j'aurais trop de choses à dire; nous agiterons cette question de vive voix. Je viendrai vous chercher dès que j'aurai reçu votre réponse.   GŒTHE.

SCHILLER A GŒTHE.

Weimar, 13 janvier 1800.

J'espérais vous voir aujourd'hui à la table du duc, où j'étais invité, et où je n'ai trouvé personne. Après le dîner, je suis allé chez mon beau-frère, et en rentrant chez moi j'ai appris à mon grand regret que vous étiez venu me voir. N'est-ce pas un cas vraiment unique dans son genre que vous soyez venu chez moi sans me rencontrer? je ne vous dis aujourd'hui qu'un simple bonsoir; le reste à demain. J'ai peu travaillé aujourd'hui, car je me suis levé fort tard; j'ai pourtant recommencé à m'occuper de *Macbeth*. Schiller.

SCHILLER A GŒTHE.

Weimar, 19 janvier 1800.

Rien qu'un bonjour ce matin; je veux rester enfermé toute la journée, pour avancer mon travail, qui a singulièrement langui ces jours derniers. Demain, dans la soirée, j'irai voir si vous êtes chez vous. J'ai invité les acteurs de *Mahomet* à venir souper avec moi mardi prochain, après la répétition. Adieu. Schiller.

GŒTHE A SCHILLER

Weimar, 20 janvier 1800.

C'est bien aimable à vous de traiter nos acteurs après la répétition de demain. Comme ils ne sont pas très-nombreux, leur conversation avec vous pourra être sérieuse et profitable.

Si vous pouvez venir me voir aujourd'hui, j'en serai charmé, car je ne me trouve pas très-bien. J'espère que l'abaissement de la température est salutaire à votre santé. Gœthe.

SCHILLER A GOETHE.

Depuis que je me suis fait donner par madame de Stein le texte original de *Macbeth*, je m'aperçois que j'aurais mieux fait de commencer par là tout d'abord, bien que je ne sois pas très-familiarisé avec la langue anglaise, car l'esprit du poëte exerce une action bien plus directe, tandis qu'en me servant de l'intermédiaire équivoque de mes deux prédécesseurs je me donnais souvent une peine inutile pour pénétrer le véritable sens de son œuvre. Adieu. SCHILLER.

GOETHE A SCHILLER.

Weimar, 3 février 1800.

Je dois vous avertir qu'on ne donnera pas ce soir l'*École de la Médisance*, mais la *Dame voilée*[1]. Quoique cette pièce ne soit pas mauvaise, elle n'aura pas le pouvoir de m'attirer au théâtre. Je serai donc chez moi ce soir ; si vous vouliez venir me voir, j'aurai d'excellent sanglier à vous offrir. GOETHE.

GOETHE A SCHILLER.

Weimar, le 11 février 1800.

Si malgré le grand froid vous pouviez vous décider à venir me voir ce soir, je voudrais que ce fût à six heures, afin que nous pussions avoir terminé la lecture

---

[1] *The school for scandal*, de Shéridan, traduite en allemand sous ce titre : *die Læsterschule*, et représentée à Weimar le 10 mars 1800. *La Dame voilée* est une comédie en quatre actes, déjà représentée en 1798, et dont l'auteur s'appelait Vogel.

de *Macbeth* avant sept heures; à ce moment la lune se lève, et vous êtes invité à assister à une représentation astronomique, c'est-à-dire à regarder la lune et Saturne, car il y a aujourd'hui trois télescopes dans ma maison.
GŒTHE.

GŒTHE A SCHILLER.

Ober-Rosla, le 6 mars 1800.

Mon séjour ici me fait beaucoup de bien, d'abord parce que je vais et viens toute la journée au grand air, et puis parce que les objets et les affaires de la vie vulgaire me font oublier la vie de cour, ce qui me donne une tranquillité et un bien-être matériel que je n'ai pas éprouvés depuis longtemps.

Quant à la question que nous avons traitée dernièrement, je suis tout à fait de votre avis, je vais même plus loin encore. Oui, je suis persuadé que tout ce que le génie fait, en sa qualité de génie, il le fait sans en avoir conscience et sans aucune espèce de réflexion. L'homme de génie, cependant, peut quelquefois agir sensément après avoir réfléchi, mais ce ne sont là que les accessoires de la manière d'être du génie. Aucune œuvre de génie ne peut être corrigée et débarrassée de ses défauts par la réflexion; seulement à l'aide de la réflexion et de l'action, le génie peut s'élever, degrés par degrés, à cette hauteur où il produit des chefs-d'œuvre. Plus il y a d'hommes de génie dans un siècle, plus il y a de chances de perfectionnement pour chacun d'eux.

Quant aux choses qu'on exige aujourd'hui de la poésie, je doute qu'une telle exagération fasse naître de grands poëtes. La poésie demande aux sujets qu'elle doit traiter quelque chose de limité, de modeste, d'amoureusement réel, voile aimable derrière lequel l'absolu puisse se cacher. Des exigences trop hautes détruisent cette innocence de la faculté créatrice, et, en aspirant à je ne sais quelle poésie pure, on arrive à supprimer toute poésie, comme nous le voyons si souvent autour de nous. Il en est de même de tous les arts qui ont des biens de parenté avec la poésie ; bien plus, il en est de même de l'art, dans le sens le plus large du mot.

Telle est ma profession de foi, que je formule ici d'ailleurs sans prétention aucune.

Je fonde les plus belles espérances sur votre nouvel ouvrage. Il est très-bien conçu et se coordonnera de lui-même si vous lui en donnez le temps. De mon côté j'ai repris *Faust*; j'espère que les lacunes se rempliront peu à peu, sauf toutefois l'*acte de disputation*, que l'on peut regarder comme une œuvre à part et que je n'improviserai pas.

Je n'oublie pas non plus la question proposée pour le prix. Pour donner à mes observations un fond d'empirisme, je cherche à me former une juste idée de toutes les nations européennes. J'ai déjà lu beaucoup de choses sur le Portugal; maintenant je vais passer à l'Espagne. En déduisant ainsi mes remarques du fond des choses, je m'aperçois que tout se resserre, s'enchaîne et devient plus clair.....

Ne pourriez-vous pas venir me voir jeudi avec Meyer ? Entendez-vous ensemble pour ce petit voyage. Gœthe.

GŒTHE A SCHILLER.

Weimar, le 22 mars 1800.

Pour obéir à votre conseil, je me suis mis à terminer l'*Automne*, et je vous envoie les quatre saisons au complet afin que vous m'en disiez votre avis. Peut-être vous viendra-t-il quelque idée dont profitera l'ensemble de cette œuvre; quant à moi, je ne me sens pas du tout dans une saison poétique.

Malheureusement je vais être obligé de garder la maison pendant plusieurs jours, car le docteur insiste pour me faire suivre un traitement au sujet duquel depuis longtemps je faisais la sourde oreille. Je serai bien heureux si vous étiez vous-même assez complétement rétabli pour me venir voir.

Recevez donc tous mes vœux de bonne santé.

GŒTHE.

SCHILLER A GŒTHE.

Weimar, le 23 mars 1800.

Je déplore de tout mon cœur votre indisposition et j'espère qu'elle ne sera pas de longue durée. Dès que j'aurai la force de quitter la chambre, j'irai certainement vous trouver. Nous verrons demain; peut-être le temps sera-t-il plus doux, peut-être fera-t-il un peu de soleil; alors, je me hasarderai à sortir.

J'ai vu avec plaisir que vos quatre saisons sont enfin au complet; le tout est fort bien réussi, et si vous pouviez ajouter à l'*Automne* quelques distiques pour caractériser plus clairement cette saison, votre œuvre ne laisserait plus rien à désirer.

Ma femme vous souhaite un prompt rétablissement.
SCHILLER.

GŒTHE A SCHILLER.

Weimar, le 24 mars 1800.

Votre visite d'hier m'a été aussi agréable qu'inattendue; si vous ne vous êtes pas mal trouvé de cette sortie, tâchez de venir me voir encore aujourd'hui.

Mes compliments à votre chère femme; priez-la d'aller au spectacle ce soir; je serais bien aise d'entendre un avis impartial sur la représentation.
GŒTHE.

SCHILLER A GŒTHE.

Weimar, le 24 mars 1800.

L'effet violent que le grand air a produit hier sur moi m'a un peu effrayé, et les escaliers qu'il m'a fallu monter pour revenir chez moi m'ont causé une grande fatigue. J'irai cependant vous voir dès que j'aurai repris un peu de courage.

Ma femme vous dit mille choses amicales; elle ne manquera pas d'aller au spectacle ce soir. Bien des amitiés à Meyer.
SCHILLER.

GŒTHE A SCHILLER.

Leipzig, fin d'avril 1800.

Après ma longue solitude, le mouvement qui règne ici m'est très-agréable. Je compte rester encore toute la semaine prochaine au milieu du bruit de la foire. Cette foire de Leipzig, c'est vraiment le monde entier dans une coque de noix. On y voit à nu le trafic du genre humain, qui repose tout entier sur une certaine habileté mécanique. Il n'y a rien là de ce qu'on peut appeler l'esprit, tout y ressemble plutôt à l'instinct d'un art bestial. Et dans tout ce que l'instant actuel produit ici, on chercherait vainement la moindre trace d'un sentiment artistique.

J'ai vu des tableaux, des gravures et autres choses semblables qui sont dignes d'éloges, mais tout cela appartient au passé.

Le portrait d'un peintre fait par lui-même, et qui est allé se fixer à Hambourg, m'a frappé à cause du merveilleux effet qu'il produit. C'est pour ainsi dire la dernière vapeur que l'art qui s'en va jette sur les objets d'art, une véritable nuée de Junon.

Quant au théâtre, je voudrais que vous y puissiez venir avec moi, ne fut-ce qu'à une seule représentation. Le naturalisme et le sans-gêne ne saurait être poussé plus loin ; pas une trace d'art ni même de convenance. J'ai entendu dire à une dame de Vienne que les acteurs se conduisaient tout juste comme s'il n'y avait pas de spectateurs dans la salle, et certes elle avait raison. Ils récitent et déclament sans se soucier le moins du monde d'être compris, tournent le dos aux spectateurs, parlent sans cesse à la cantonade, etc., etc. et ce prétendu naturel va toujours en croissant, jusqu'à ce qu'ils arrivent à certains passages où ils tombent tout à coup dans le maniéré le plus exagéré.

Il faut cependant rendre justice au public : il est très-attentif, mais sans manifester aucune préférence pour tel ou tel acteur, ce qui, au reste, serait fort difficile. On applaudit souvent l'auteur ou plutôt le sujet qu'il a traité; quant aux acteurs, ils n'enlèvent d'ordinaire les bravos qu'aux endroits où le jeu est le plus exagéré. Ce sont là, comme vous voyez, les symptômes d'un public, non pas gâté il est vrai, mais en revanche complétement inculte, tel qu'une foire peut en fournir.

Portez-vous bien et pensez à moi.

GŒTHE.

GŒTHE A SCHILLER.

Weimar, le 12 juin 1800.

Votre pensée hardie de mettre dans *Marie Stuart* une communion sur le théâtre circule déjà dans le public et y excite tant de murmures, que je vous conseille d'y renoncer; moi-même, je puis l'avouer à présent, j'en ressentais un certain malaise, et puisque ce projet a provoqué d'avance une protestation si vive, j'ai deux raisons au lieu d'une pour vous en dissuader. J'avoue que, moi-même, j'ai trouvé cette pensée trop téméraire, et maintenant qu'elle a déjà soulevé tant d'opposition, il serait dangereux d'y persister.

Ne pourriez-vous pas me communiquer votre cinquième acte et venir me voir ce matin, après dix heures? Nous nous entendrions ensemble sur les changements à y faire. Peut-être aussi vous serait-il agréable de visiter le nouveau palais. Le temps est si beau aujourd'hui !

GŒTHE.

GŒTHE A SCHILLER.

On a eu toutes les raisons du monde d'être satisfait de la représentation de *Marie Stuart* ; pour moi, j'ai été vraiment enchanté de la pièce. Si vous pouvez venir me voir vers six heures, vous me ferez un grand plaisir. Je dîne aujourd'hui à la cour et il me sera difficile d'être chez moi plus tôt.

GŒTHE.

On a vu par ces lettres que Schiller n'avait aucune intention particulière en choisissant le sujet de Marie Stuart, et qu'il obéissait simplement à sa généreuse inspiration de poëte tragique. Tous les reproches que nous avons signalés plus haut ne résistent pas à l'examen des faits. Ne confondons pas le poëte avec le critique : Schiller n'est pas le chantre des systèmes raffinés de nos jours, il est le chantre de cette vérité plus simple et plus générale que poursuivait son temps. Je remarque même qu'il est d'accord, en définitive, avec les maîtres de l'histoire impartiale. « L'échafaud, dit M. Mignet, tel fut donc le terme de cette vie ouverte par l'expatriation, semée de traverses, remplie de fautes, presque toujours douloureuse et un moment coupable, mais ornée de tant de charmes, touchante par tant d'infortunes, épurée par d'aussi longues expiations, finie avec tant de grandeur. » Ces paroles où l'illustre historien résume les destinées de la reine d'Écosse ne pourraient-elles pas servir d'épigraphe à la tragédie de Schiller?

C'est le 14 juin 1800 que *Marie Stuart* avait été représentée sur le théâtre de Weimar. Grande soirée, succès d'émotion et de poésie; le drame et les acteurs, tout avait enlevé les suffrages. Deux jours après, Schiller écrivait à Kœrner : « Je commence enfin à être maître de l'organe dramatique et à savoir mon métier... Pendant ces deux derniers mois, je me suis porté à merveille. Je me suis donné beaucoup de mouvement, je vis au grand air, on me voit de nouveau dans les rues, dans les lieux publics, et il me semble à moi-même que je suis devenu un autre homme. C'est le fruit de mon activité, car je ne me porte jamais mieux que lorsque je vis tout entier dans l'œuvre qui m'occupe... » Une fois maître de l'organe dramatique, assuré de savoir enfin son métier, Schiller ne laisse pas sa verve s'engourdir. Il voudrait désormais écrire deux tragédies chaque année. Gœthe et Kœrner lui cherchent des sujets de drames. Lui-même, il voit se dresser devant lui des figures qui l'appellent; il compare, il médite, et quinze jours après la brillante représentation du 14 juin il a déjà choisi sa nouvelle héroïne : à Marie Stuart va succéder Jeanne d'Arc.

Gœthe pouvait-il s'intéresser à Jeanne d'Arc? Un des hommes qui ont le mieux compris le génie de Gœthe,

M. Sainte-Beuve n'a pas hésité à dire : « Gœthe comprenait tout dans l'univers, — tout, excepté deux choses peut-être, le *chrétien* et le *héros*. Il y eut là chez lui un faible qui tenait un peu au cœur. Léonidas et Pascal, surtout le dernier, il n'est pas bien sûr qu'il ne les ait pas considérés comme deux énormités et deux *monstruosités* dans l'ordre de la nature[1]. » Vingt-quatre ans avant que M. Sainte-Beuve écrivît ces paroles, un homme qui avait connu Gœthe intimement, Jean Falk, prononçait à peu près le même jugement sur le grand poète, en lui refusant le goût et l'intelligence du sublime. « Tous les personnages en qui éclate la manifestation de l'infini, dit Jean Falk, tous ceux qu'une grande idée transporte au-dessus des limites de notre être, le héros, le législateur, le poète inspiré enthousiasmaient Herder, et laissaient Gœthe indifférent. La sublimité le touchait si peu que des caractères comme Luther et Coriolan lui causaient un certain malaise; il sentait une contradiction secrète entre leur nature et la sienne[2]. » Ainsi, parmi les types humains antipathiques à Gœthe, Falk cite Coriolan et Luther, M. Sainte-Beuve cite Léonidas et Pascal; les noms sont différents, la pensée est la même. Le critique français, dans sa merveil-

[1] *Causeries du lundi*, tome II. p. 343 (à propos de la *Correspondance de Gœthe et de Bettina*).
[2] *Gœthe aus naehern persoenlichen Umgange dargestellt. Ein nachgelassenes Werk von Johannes Falk*. 1 vol. Leipzig, 1836; p. 147-148.

leuse sagacité, semble deviner l'opinion du critique allemand et se l'approprie sans la connaître. Coriolan ou Luther, Léonidas ou Pascal, c'est toujours le héros et le chrétien que Gœthe ne peut comprendre. Or, dans la nouvelle pièce de Schiller, le héros et le chrétien ne font qu'une seule figure, et quelle figure! quelle apparition inattendue! comme une telle âme échappe aux classifications! Gœthe, le curieux collecteur de toutes les variétés de la nature, de la nature infiniment diverse, mais éternellement une, Gœthe, devant cette physionomie sans pareille, n'éprouvera-t-il pas le malaise dont Falk vient de nous parler? On remarquera, en effet, qu'il parle peu du sujet traité par son ami; mais si Jeanne d'Arc l'intéresse faiblement, ce qui l'intéresse toujours, c'est Schiller, et, dans ses *Annales* comme dans sa correspondance, il appelle son drame une pièce de maître, une maîtresse pièce, *Meisterstück*.

Quant à Schiller, quelle est l'espèce d'intérêt qui l'a porté à choisir pour héroïne

> Jeanne, la bonne Lorraine
> Qu'Anglais brûlèrent à Rouen?

Nous retrouvons ici les objections et les reproches des modernes historiens de la littérature allemande. Faut-il croire avec M. Gervinus, avec M. Adolphe Stahr, avec M. Julien Schmidt, que le poëte de la *Pucelle d'Orléans* se soit rattaché un instant à l'école des romantiques de Berlin? Il est difficile d'admettre une pareille pensée quand on lit ce qu'il écrivait à Kœrner, au mois de septembre 1799, c'est-à-dire au moment même où il aurait, dit-on, subi l'influence des Tieck et des Schlegel : « As-tu lu les *Discours sur la religion*[1] qui viennent de paraître à Berlin et les *Poésies romantiques* de Tieck? J'ai lu récemment ces deux ouvrages parce qu'on m'avait inspiré le désir de les connaître, et je les rassemble ici parce que ce sont des publications de Berlin, et, dans une certaine mesure, les œuvres d'une même coterie. Le premier, malgré ses prétentions à la chaleur et à l'onction, est écrit d'un style fort sec dans l'ensemble et souvent très-maniéré. On n'en retire pas grand profit. Quant à la manière de Tieck, tu la connais déjà par le *Chat botté*; il a un ton romantique assez agréable et quelques bonnes idées, mais il est trop creux et trop mesquin. Ses rapports avec les Schlegel lui ont été funestes. » Et plus tard encore, le 27 avril 1801, au moment où il terminait la *Pucelle d'Orléans* : « Les efforts impuissants de ces messieurs vers le sublime produisent sur moi une impression pénible, et leurs prétentions me répugnent. Sans doute la *Geneviève* de Tieck est estimable comme témoignage d'un esprit qui se forme, mais ce n'est qu'un degré dans ce développement; il n'y a rien là qui soit terminé, et c'est

---

[1] *Les discours sur la religion* sont un des premiers ouvrages de l'illustre théologien Schleiermacher, qui appartenait alors à ce qu'on appelait le mouvement romantique.

plein de bavardage comme tout ce qu'il écrit. Pauvre talent qui aurait encore tant à faire et qui s'imagine avoir tout fait ! Je n'attends plus rien d'achevé de sa plume. A mon avis, ce n'est point par le vide et le creux qu'on marche à la perfection, tandis qu'une inspiration violente, confuse, peut arriver à la clarté, et qu'une force inculte peut atteindre la beauté pure. » Assurément ce n'est pas à Tieck ou aux Schlegel que Schiller doit l'inspiration de *Marie Stuart* et de la *Pucelle d'Orléans*; ce n'est pas pour obtenir leurs suffrages ou pour rivaliser avec eux qu'il a demandé son dernier drame à l'histoire du moyen âge. Feuilletez sa correspondance, vous y trouverez son secret. J'ai déjà dit que son ami Kœrner cherchait pour lui des sujets dramatiques; Kœrner lui écrivait donc le 27 octobre 1799 : « On pourrait, je pense, tirer un bon parti des romances chevaleresques de l'Espagne; il faut songer aussi aux aventures du temps des croisades. Les ordres de chevalerie sont pour le public moderne quelque chose d'analogue à la période héroïque des Grecs. » L'héroïsme, voilà ce que voulait Schiller, et en lui signalant les croisades, l'Espagne du *romancero*, les ordres chevaleresques et religieux, Kœrner n'avait pas plus de sympathie que lui pour le moyen âge mystique et prétentieux du romantisme. Schiller répondait : « La littérature espagnole est le produit d'un autre ciel et d'un autre monde. Je ne crois pas que notre poésie allemande puisse y profiter autant que tu l'espères. Nous préférons la profondeur philosophique et la vérité des sentiments aux jeux de la fantaisie... Les Schlegel s'occupent beaucoup à leur manière de la littérature de l'Espagne; mais avec leur esprit exclusif et arrogant ils vous ôteraient toute envie de les y suivre. » Voilà, je pense, des témoignages assez décisifs; la crainte seule de rencontrer les Schlegel dans le domaine de la poésie espagnole suffirait à en éloigner Schiller. Mais, à part ce qui concerne cette poésie de l'Espagne, reflet d'un autre ciel, produit d'un autre monde, les conseils de Kœrner sont excellents; l'héroïsme du moyen âge, l'héroïsme d'une Jeanne d'Arc ou d'un Guillaume Tell enflammera le génie de Schiller, et il en fera sortir des drames écrits à la gloire de l'humanité.

Je dis à la gloire de l'humanité. C'est là l'inspiration de Schiller. Pour réfuter plus complétement les accusations de quelques-uns de ses confrères, le dernier biographe du poëte, M. Émile Palleske essaye de prouver que la *Pucelle d'Orléans* renferme un sens caché, une intention profondément patriotique. En représentant la France du quinzième siècle déchirée par les Anglais, en glorifiant l'héroïsme de Jeanne, le poëte, dit M. Palleske, a voulu peindre l'Allemagne divisée, affaiblie, et susciter les vengeurs qui briseront le joug étranger. M. Palleske confond des périodes bien différentes. Après Austerlitz et

Iéna, Schiller, s'il eût encore vécu, aurait pu concevoir cette pensée ; en 1800, il n'y avait pas de joug à détruire, il n'y avait pas lieu d'invoquer une Jeanne d'Arc. Schiller n'a songé ici qu'à glorifier la noblesse du genre humain ; il a écrit pour l'Allemagne et pour l'humanité tout entière. Citoyen du monde, comme le marquis de Posa, il a vengé Jeanne d'Arc des outrages de Voltaire. Nul doute sur ce point : au moment où il terminait son œuvre, il en résumait l'inspiration dans ces trois strophes qu'il intitulait avec franchise : *la Pucelle de Voltaire et la vierge d'Orléans.*

« Pour flétrir la noble image de l'humanité, la moquerie l'a traînée dans la plus épaisse poussière ; l'esprit moqueur fait une guerre éternelle à la beauté ; il ne croit ni à l'ange, ni au Dieu ; il veut ravir au cœur ses trésors, il combat l'illusion et blesse la foi.

« Mais, issue, comme toi-même, d'une race candide, pieuse bergère comme toi, la poésie te tend sa main divine ; elle s'élance avec toi vers les étoiles éternelles. Elle t'a entourée d'une auréole ; le cœur t'a créée, tu vivras immortelle.

« Le monde aime à noircir ce qui rayonne et à traîner le sublime dans la poussière. Mais sois sans crainte ! il est encore de belles âmes qui s'enflamment pour ce qui est élevé et grand. Que Momus divertisse la halle bruyante : un noble esprit aime de plus nobles figures. »

Quand nous lisons ces strophes, il nous est pénible

de penser que la première réparation faite à Jeanne d'Arc après le crime de Voltaire[1] soit l'œuvre d'un poëte étranger. On a dit, en effet, et on répète encore tous les jours que cette protestation fut la première. C'est une erreur, et puisque l'occasion se présente ici de remettre en honneur un épisode oublié de notre histoire littéraire, nous ne la négligerons pas. Longtemps avant Schiller, six années seulement après la mort de Voltaire, un de nos plus charmants écrivains appelait solennellement un poëte, un poëte français, pour chanter l'héroïne de la France. Parcourez les *Études de la nature*, et au milieu de ces plans de réforme, de ces projets de lois, de ces rêves d'une cité idéale qui représentent si bien l'ardeur et les espérances du pays à la veille de 89, voyez ce que Bernardin de Saint-Pierre a dit de la régénération du théâtre. Qu'est le théâtre dans les sociétés qui vieillissent? le plus souvent un divertissement assez vulgaire, quelquefois une institution avilie. O Eschyle, Sophocle, Shakspeare, Corneille, grands artistes qui sentiez battre dans vos cœurs le cœur de votre pays, que diriez-vous aujourd'hui de nos scènes dégradées? Bernardin de Saint-Pierre voudrait ranimer le sentiment de la haute poésie théâtrale; il voudrait que notre théâtre, comme celui d'Eschyle

---

[1] Vinet a dit : « Ce crime littéraire qui dura trente ans et dont Voltaire n'eut jamais de repentir. » *Résumé de l'histoire de la littérature française.*

ou de Shakspeare, présentât au peuple assemblé les grandes scènes de la patrie. N'avons-nous donc pas de héros dont la destinée touchante et tragique puisse réveiller dans les cœurs l'enthousiasme de la France? Hélas! notre histoire en est pleine, mais la foule les a oubliés parce que la poésie n'a pas consacré leurs figures, *carent quia vate sacro*. Souvent même, et à ce souvenir la rougeur nous monte au visage, une poésie sacrilège a souillé les saintes images de la patrie. Au quinzième siècle, un aventurier, un vagabond, sentant la hart d'une lieue à la ronde, Villon enfin, le pauvre Villon, trouvait des paroles pleines de grâce et de noblesse pour célébrer *la bonne Lorraine*; au milieu des raffinements du dix-huitième siècle, le brillant, le généreux Voltaire, Voltaire le défenseur de Calas et de Sirven, de Labarre et de Labourdonnaie, Voltaire, l'avocat des victimes, prend plaisir à traîner Jeanne dans la boue. Ah! quand je me rappelle ce crime du poëte et de son siècle, j'ai envie de leur appliquer, comme la marque d'un fer rouge, ce vers d'Edgar Quinet, ce vers qui s'applique à un sujet analogue, à un autre attentat contre l'héroïsme abattu:

L'océan tout entier ne te lavera pas.

Mais non, écartons une fois pour toutes ces pensées amères; la faute du dix-huitième siècle est réparée. Bernardin de Saint-Pierre a relevé l'héroïne sans tache; il appelle un Shakspeare national pour consacrer sa gloire, il trace le plan du drame où on la verra belle, inspirée, intrépide, triomphante, puis captive, insultée, abandonnée de la France, et mourant sur le bûcher des Anglais. Un enthousiasme sublime le possède. « Je voudrais, s'écrie-t-il en terminant, je voudrais qu'on la montrât sur le bûcher où elle finit ses jours, méprisant les vaines espérances que le monde prodigue à ceux qui le servent, se représentant à elle-même l'opprobre éternel dont sa mort couvrira ses ennemis, la gloire immortelle qui illustrera à jamais le lieu de sa naissance et celui même de son supplice. Je voudrais que ses dernières paroles, animées par la religion, fussent plus sublimes que celles de Didon, lorsqu'elle s'écrie sur le bûcher :

Exoriare aliquis nostris ex ossibus ultor.

Je voudrais enfin que ce sujet, traité par un homme de génie, à la manière de Shakspeare, qui ne l'eût certainement pas manqué si Jeanne d'Arc eût été Anglaise, produisît une pièce patriotique; que cette illustre bergère devînt parmi nous la patronne de la guerre, comme sainte Geneviève l'est de la paix; que son drame fût réservé pour les circonstances périlleuses où l'État peut se rencontrer; qu'on en donnât alors la représentation au peuple, comme on montre à celui de Constantinople, en pareil cas, l'étendard de Mahomet, et je ne doute pas qu'à la vue de son innocence, de ses services, de ses malheurs, de la cruauté de ses ennemis et de l'horreur de son supplice, notre peuple, hors de lui, ne s'écriât : « La guerre, la guerre contre les Anglais [1] ! »

A l'heure où le poëte allemand proteste avec tant de force et de noblesse contre l'impiété de Voltaire, il convenait de rappeler qu'un des nôtres avait prononcé avant lui les paroles de réparation et purifié nos autels. Si aucun Shakspeare n'a répondu au cri de Bernardin de Saint-Pierre, l'histoire du moins a comblé son vœu. Sans parler des précieux textes recueillis et coordonnés par la main savante de M. Quicherat, l'admirable récit de M. Michelet, le tableau si complet de M. Henri Martin ne valent-ils pas mieux, pour reproduire la vivante figure de Jeanne, que les plus belles scènes de la tragédie allemande ?

Reprenons maintenant la correspondance de Gœthe et de Schiller, du mois de juillet 1800 au mois d'avril 1801 ; voyons naître cette œuvre dont le choix et le titre, *la Pucelle d'Orléans, tragédie romantique*, ont tant occupé les historiens de la poésie allemande.

Un épisode assez curieux de cet été de l'année 1800, c'est qu'au moment où Schiller proteste si noblement contre les impiétés de Voltaire, Gœthe, avec son impartialité habituelle, s'occupe de traduire une de ses tragédies chevaleresques. Il traduit *Tancrède*, comme il a traduit *Mahomet*, avec des corrections, des développements ; il y ajoute même des

[1] *Études de la nature.* Étude XIII.

chœurs, et prend plaisir à certaines innovations dramatiques dont Schiller aussi profitera. *Tancrède*, *Faust*, la *Pucelle d'Orléans*, telles sont, avec les sciences naturelles, les préoccupations de Gœthe pendant cette période.

GŒTHE A SCHILLER.

Weimar, le 22 juillet 1800.

Je viens de me décider à partir immédiatement après le diner pour Iéna, car il m'est impossible de travailler ici. Avancez vos travaux pendant mon absence; samedi prochain, je vous écrirai plus longuement. Gœthe.

GŒTHE A SCHILLER.

Iéna, le 23 juillet 1800.

En considérant le peu de durée et la fragilité de la vie humaine (vous voyez que je commence ma lettre comme si c'était un testament), et dans la conviction que je ne puis rien produire par moi-même, je me suis mis à traduire le *Tancrède* de Voltaire. Je travaille chaque matin à cette traduction, et le reste du temps je le gaspille.

Je crois que ce nouveau travail nous sera utile sous plus d'un rapport; la pièce a un très-grand mérite dramatique, et je suis sûr qu'elle produira beaucoup d'effet. Je vais rester encore huit jours ici, et, si mon bon ou mon mauvais génie ne me pousse pas vers un autre travail, j'aurai fini les deux tiers de *Tancrède* pour le moins.

... Écrivez-moi où vous en êtes du travail que vous

avez projeté. Saluez de ma part votre chère femme, et pensez à moi.
GŒTHE.

SCHILLER A GŒTHE.

Weimar, le 26 juillet 1800.

Quelque *Spiritus familiaris*[1] m'a révélé que vous traduisiez *Tancrède*, car je le savais avant d'avoir reçu votre lettre. Cette entreprise favorisera certainement nos projets à l'égard du théâtre allemand ; mais je désire de tout mon cœur qu'elle ne vous fasse pas négliger *Faust*.

Je vous envie cependant le plaisir que vous devez éprouver en voyant une composition arriver à bien. Je n'en suis pas arrivé là ; il me reste encore beaucoup de difficultés à vaincre avant de pouvoir dire que le plan de ma tragédie de la *Pucelle d'Orléans* est enfin arrêté d'une façon définitive. Quoiqu'à chaque nouvelle composition on soit obligé de passer par un état semblable, il semble toujours, et ce sentiment est bien pénible, qu'on n'avance pas, qu'on n'a rien fait, parce qu'on n'a rien de fini à montrer chaque soir.

Ce qui m'incommode surtout dans cette nouvelle tragédie, c'est que les détails ne se prêtent pas comme je le voudrais à être coordonnés par grandes masses, et que sous le rapport du temps et des lieux je suis obligé de la morceler en trop de parties, chose toujours con-

[1] Le secrétaire de Gœthe se nommait *Geist* (esprit), et Schiller, en plaisantant, l'appelait quelquefois *Spiritus*; le *Spiritus familiaris* qui a révélé à Schiller le nouveau travail de Gœthe était tout simplement M. Geist.

traire à l'esprit du poëme tragique, alors même que l'action possède la solidité nécessaire. Jamais, je le vois par cette pièce, on ne doit se laisser enchaîner par une idée générale; il faut, au contraire, avoir assez de hardiesse pour inventer une forme nouvelle à chaque sujet nouveau, et laisser toujours à l'idée de genre la plus grande élasticité possible.

Je joins ici un journal que l'on vient de m'envoyer; vous y verrez, à votre grande surprise, quelle influence les idées de Schlegel exercent sur les modernes jugements artistiques. Il est bien difficile de prévoir ce que tout ceci deviendra; mais il est certain que ni l'invention poétique, ni le sentiment de l'art, ne gagneront rien à tout ce bavardage creux et vide de sens. Vous serez étonné d'y lire par exemple que la véritable création dans les arts ne doit pas avoir conscience d'elle-même, et que le principal avantage du génie des arts, c'est précisément d'agir sans avoir conscience de ses actes. Vous avez donc bien tort de vous être donné tant de peine jusqu'ici pour arriver à la connaissance parfaite de ce que vous voulez faire et de ce que vous faites. Le *naturalisme*, disent ces messieurs, est ce qui caractérise les maîtres. Sophocle lui-même, à les entendre, n'aurait jamais travaillé qu'au hasard.

Mon départ pour Lauchstedt dépend d'une lettre que j'attends de Kœrner. Si mon projet à cet égard venait à manquer, j'irais passer quelque temps à Ettersburg, afin de me recueillir pour mon travail.

Puissent les Muses vous être favorables! Mille choses amicales de la part de ma femme,   Schiller.

GŒTHE A SCHILLER.

Iéna, le 29 juillet 1800.

Mon travail suit sa marche naturelle. Le matin, j'écris au crayon tout ce que je puis faire de ma traduction de *Tancrède*, puis je dicte, dès que j'ai une heure de disponible ; aussi mon premier manuscrit sera-t-il déjà assez propre. Dès la fin de cette semaine, j'aurai terminé les trois derniers actes. Quant aux deux premiers, je les réserve pour les attaquer un jour d'inspiration toute vive et toute fraîche. Je ne vous parle pas de l'ensemble, qui certainement sera utile de toute manière aux progrès de notre théâtre. *Tancrède* est une pièce à spectacle, tout y est mis sous les yeux du spectateur, et je pourrai mieux accentuer encore ce caractère, car je serai beaucoup moins gêné que ne le sont les Français. Pour ce qui est de l'effet dramatique, il est impossible de le manquer ; tout a été disposé pour cet effet, et peut l'être davantage encore. Puisque cette pièce roule sur un événement public, elle exige des chœurs ; j'aurai soin d'en introduire, et, par leur secours, j'espère pousser cette tragédie aussi haut que le permettent sa nature et son origine française ; ce sera pour nous une occasion d'utiles et nouvelles expériences.

GŒTHE.

SCHILLER A GŒTHE.

Weimar, le 30 juillet 1800.

Je vous félicite du progrès de votre travail. Les libertés que vous paraissez prendre avec la pièce française sont un heureux indice de votre inspiration créatrice; j'en augure que *Tancrède* nous sera plus utile encore que *Mahomet*. Je me fais d'avance un plaisir de lire ce *Tancrède* ainsi transformé, et d'en causer avec vous. Si vous réalisez l'idée des chœurs, nous ferons une nouvelle et importante expérience sur notre scène.

A votre retour ici, j'espère pouvoir vous soumettre l'esquisse de ma nouvelle tragédie, car je veux savoir ce que vous en pensez avant de passer à l'exécution. L'impression du recueil des poésies m'a beaucoup occupé ces jours-ci, j'y ai fait insérer mes stances sur votre *Mahomet*; si vous êtes curieux de les revoir, je pourrai vous envoyer les bonnes feuilles.

On vient de m'envoyer un rouleau d'argent provenant de mes représentations; je vous en remercie d'autant plus que j'en avais grand besoin.

Réjouissez-vous au milieu du cercle bigaré qui vous entoure à Iéna. Adieu.

SCHILLER.

GŒTHE A SCHILLER.

Iéna, le 1ᵉʳ août 1800.

Tancrède a été mis de côté dès hier matin. J'en ai traduit, et même un peu mieux que traduit, la fin du second acte, puis le troisième et le quatrième acte, sauf les dernières scènes. Je crois m'être emparé de tout ce qu'il y de plus noble et de plus élevé dans la pièce. Il ne s'agit plus que d'y ajouter un peu de poésie animée, et de donner au commencement et à la fin plus d'ampleur qu'il n'y en a dans l'original. Je crois que les chœurs feront un bon effet. Il faudra cependant être sobre de changements, afin de ne pas détruire le tout. Dans tous les cas, je ne regretterai jamais d'avoir à poursuivre et à mener à bien cette entreprise.

Hier, j'ai terminé quelques affaires; aujourd'hui, je viens de dénouer un nœud de *Faust*. Si je pouvais rester encore quinze jours ici, cette pièce prendrait bientôt une tout autre figure. Malheureusement, je m'imagine être nécessaire à Weimar, et je sacrifie à cette idée mes plus ardents désirs.

Mon séjour ici a été fertile sous beaucoup de rapports. Nous avons réfléchi longtemps à une *fiancée en deuil*. Le journal poétique de Tieck m'a rappelé un drame de marionnettes que j'ai lu dans ma jeunesse et qui avait pour titre la *Fiancée de l'enfer*. C'est un pendant de *Faust*, ou plutôt de *Don Juan*. Une jeune fille très-vaine, très-coquette et sans cœur, ruine un amant fidèle, et se fiance à un merveilleux inconnu qui finit par se démasquer. C'est le diable, comme de juste, et il emporte la belle. N'y aurait-il pas là les éléments d'une fiancée en deuil?

Je viens de lire un écrit de Baader sur le carré dans la nature, d'après Pythagore, ou les quatre points cardinaux. Serait-ce que depuis quelques années je me suis familiarisé avec ces sortes de recherches, ou Baader a-t-il vraiment le talent de nous identifier à ses idées? Quoi qu'il en soit, j'ai lu son livre avec beaucoup de plaisir; j'y ai même trouvé une sorte d'introduction à son précédent ouvrage, où je suis loin pourtant même aujourd'hui de voir clair avec mes organes.

Lundi prochain, je serai de retour près de vous, et je vous apporterai beaucoup de choses à lire et à écouter. En attendant, portez-vous bien, et pensez à moi.

Goethe.

SCHILLER A GOETHE.

Weimar, le 2 août 1800.

Votre lettre m'a fait d'autant plus de plaisir qu'elle m'annonce votre prochain retour. Je vous félicite du bon emploi de votre temps, je vous félicite surtout d'avoir repris votre *Faust*; il m'est donc permis d'espérer que, dans le courant de cette année, vous le conduirez bien près du terme.

Je ne puis vous écrire une longue lettre, car j'ai à corriger des épreuves qu'il faut renvoyer sans retard, puis il faut que j'aille faire des recherches à la bibliothèque. Ma pièce me ramène au temps des troubadours, et, pour trouver le ton convenable, je suis obligé de me familiariser avec les *Minensængers*. Il y a encore beaucoup de choses à faire au plan de ma nouvelle tragédie, mais j'y travaille avec plaisir, et je crois que plus je m'y arrêterai, plus l'exécution avancera vite et bien.

L'idée de la *Fiancée de l'enfer* n'est pas mauvaise, j'y réfléchirai.

A bientôt. Schiller.

SCHILLER A GŒTHE.

Ober-Weimar, le 15 août 1800.

Je me suis réfugié ici depuis hier soir et j'y jouis en ce moment d'une matinée charmante; je crains cependant de ne pas faire grand'chose, tant que dureront ces chaleurs. J'ai l'esprit et le corps abattus.

Tâchez donc de vous décider à faire ce soir une petite promenade en voiture et à venir causer avec moi.

Je suis curieux de savoir si vous avez reçu quelques pièces destinées à notre concours[1]. Mon domestique retournera en ville après m'avoir apporté mon dîner; si vous avez quelque chose à me faire dire, vous pouvez l'en charger. SCHILLER.

GŒTHE A SCHILLER.

Iéna, le 12 septembre 1800.

Après plusieurs aventures bizarres, j'ai enfin eu ce matin le bonheur de retrouver le calme d'Iéna. Heureusement que, pendant mon dernier séjour à Weimar, il m'a été possible de conserver dans ma tête les situations de *Faust*, dont je vous ai parlé; mon Hélène vient enfin d'entrer en scène. Maintenant ce qu'il y a de beau dans la situation de mon héroïne me captive tellement, que j'entrevois avec chagrin l'instant où il me faudra faire tomber cette situation dans le grotesque.

Je me sens vraiment tout à fait disposé à baser une tragédie sérieuse sur mon commencement de la seconde

---

[1] Un concours ouvert par Gœthe pour la meilleure comédie.

partie de *Faust*. Je me garderai bien cependant d'augmenter ainsi mes obligations envers ce sujet, car l'impossibilité de les remplir complétement empoisonne trop la vie.

S'il vous était possible de faire quelque chose en commun avec Meyer, pour l'annonce de notre exposition de peinture, vous me débarrasseriez d'un bien grand fardeau. Faites-moi savoir ce que je puis espérer.

GŒTHE.

SCHILLER A GŒTHE.

Weimar, le 13 septembre 1800.

Je vous félicite des progrès de votre *Faust*; seulement, en face des belles figures et des nobles situations que vous venez de créer, ne vous laissez pas troubler par la pensée que vous serez obligé de leur donner dans la suite une physionomie barbare. La seconde partie de *Faust* vous mettra plus d'une fois dans un cas semblable, et il faut une fois pour toutes imposer là-dessus silence à votre conscience poétique. Ce qu'il y a de barbare dans l'exécution vous a été imposé par l'esprit de l'ensemble et ne pourra nullement détruire ce qu'il y a de beau et d'élevé dans votre œuvre. L'élévation et la noblesse des motifs donneront au contraire un attrait tout particulier à votre ouvrage, dans lequel Hélène sera le symbole de toutes les belles créations qui sont venues s'y égarer. C'est un bien grand avantage que de passer volontairement de la beauté pure à la laideur, au lieu d'être obligé comme nous le sommes, nous autres barbares, de faire tant de laborieux efforts pour s'élever de la laideur à la beauté.

Je ne puis rien vous dire de décisif à l'égard du compte rendu des tableaux de votre exposition. Tout ce qu'il me sera possible de faire à cet égard se bornera sans doute à une lettre que j'écrirai seul et à ma façon. Si je voulais exprimer mes idées sur ces tableaux, en y fondant celles de Meyer, je perdrais tous mes avantages. En séparant ainsi mes principes des vôtres, nous rendrons un nouveau service aux lecteurs des *Propylées*. Au reste, je donnerai bien volontiers tous mes conseils à Meyer pour la rédaction de son article.

Mon travail avance lentement; pauvre comme je suis en observations et en expériences, je suis obligé à chaque sujet nouveau de recourir à une méthode nouvelle, ce qui est fort long et très-fatigant. Au reste, le sujet dont je m'occupe à présent n'est pas facile et se trouve peu à ma portée.

Je joins ici quelques nouvelles de Berlin qui vous amuseront; vous vous réjouirez surtout de la protection que Woltmann vous octroie si gracieusement. Portez-vous bien et bon courage pour votre *Faust*; vous êtes sur la bonne voie.   SCHILLER.

GŒTHE A SCHILLER.

Iéna, le 16 septembre 1800.

En m'assurant, dans votre dernière lettre, que de l'union du beau pur et de la pensée fantasque pourra produire un monstre poétique assez passable, vous ne m'avez pas donné une fausse consolation. Je viens d'en faire l'expérience, car de cet amalgame naissent déjà des apparitions qui me plaisent beaucoup à moi-même. Je suis curieux de voir ce que tout cela deviendra dans une quinzaine de jours. Malheureusement, ces situations et ces figures ont pris une ampleur extraordinaire; je ne m'en plaindrais pas si j'avais seulement six mois de tranquillité devant moi.

Je continue à suivre chez Niethammer des conférences philosophiques qui finiront bien par m'initier à la philosophie de ces derniers temps. Puisqu'on ne saurait se soustraire aux dissertations sur la nature et sur l'art, il est indispensable de connaître les puissants et tyranniques systèmes qui règnent de nos jours.

Maintenant il faut que je vous demande, avant toute chose, si je puis espérer de vous voir ici dimanche prochain. Je suis déjà invité chez madame Griesbach pour me trouver chez elle avec vous ce jour-là. Tâchez de réaliser cet espoir ; le temps est fort beau et Meyer sera du voyage. Vous pourrez vous servir de mon équipage ; nous dînerons chez notre amie ; puis vous passerez la nuit au château avec moi, et lundi matin vous pourrez retourner à Weimar. Je ne voudrais pas faire publier le programme de notre concours sans y indiquer les questions à traiter l'année suivante, et nous avons besoin de nous entendre à ce sujet. Je voudrais aussi vous consulter sur la suite des *Propylées*.

Je vous renvoie l'article de Woltmann. Il faut qu'on soit dans une singulière disposition d'esprit à Berlin pour qu'on y ait de semblables idées. Au reste, ces gens-là cherchent beaucoup moins à produire quelque chose qu'à faire du bruit. Je veux parler de l'idée que l'on a eue de vous attirer dans ce pays-là... Le ton de cet écrit est tout à fait dans l'esprit de Fichte. Je crains beaucoup qu'au premier jour messieurs les idéalistes et messieurs les dynamistes ne se posent en dogmatistes, en pédants altiers, et ne se prennent aux cheveux, à la première occasion.

Si vous venez ici, vous apprendrez bien des choses que je ne me sens pas le courage de vous écrire.

GŒTHE.

SCHILLER A GŒTHE.

Weimar, le 17 septembre 1800.

Je suis fermement résolu à aller dimanche prochain à Iéna avec Meyer; mais je ne pourrai, dans aucun cas, me permettre d'y passer la nuit, car une interruption de deux jours serait trop funeste à mon travail. J'espère être près de vous vers neuf heures du matin, et je ne partirai qu'à neuf heures du soir. Je ne me servirai pas de vos chevaux, car je craindrais de trop les fatiguer en leur faisant faire cette double course dans la même journée.

J'ai vu avec plaisir que vous continuez à vous occuper de *Faust*; il est impossible que vous n'arriviez pas bientôt à un résultat, puisque vous avez encore devant vous plusieurs semaines d'une liberté paisible.

Je serais curieux de vous entendre raconter les résultats de vos conférences philosophiques avec Niethammer. Quant à moi, j'ai lu ces jours-ci un écrit de Woltmann sur la réformation, dont il poursuit l'histoire jusqu'à la mort de Luther, et cette révolution religieuse m'a rappelé notre moderne révolution philosophique. J'ai trouvé dans l'une et dans l'autre un but réel fort important ; d'un côté, l'abolition des lois de l'Église et le retour aux sources primitives, de l'autre la chute du dogmatisme et de l'empirisme. Mais ces deux révolutions portent visiblement le cachet de la sottise humaine, car on les voit aussitôt se poser en dogmes et chercher à dominer le monde. Et cependant, dès qu'une révolution quelconque n'en agit pas ainsi, tout se relâche, tout se disperse, il ne reste plus rien des principes fondamentaux, et alors reparait l'anarchie et après elle le despotisme brutal.

Ce nouvel ouvrage de Woltmann n'est cependant pas plus satisfaisant que son histoire politique qui l'a précédé. Cette histoire de la réformation ; qui, d'après sa nature, tend à se perdre dans une infinité de misérables détails et à se traîner lentement au milieu d'épisodes sans nombre, demandait à être classée en grandes masses ; il fallait en saisir l'esprit par quelques traits principaux. Au lieu d'envisager ainsi son sujet, l'historien suit la marche lourde et traînante des actes d'une diète de l'Empire. Il ne nous fait grâce d'aucune assemblée insignifiante, d'aucune conférence inutile, il faut qu'on avale tout. Ses jugements sont dictés par une sagesse débile et enfantine, et un certain esprit qu'on pourrait appeler celui des accessoires et des riens ; dans la manière de représenter les événements, on reconnaît partout la partialité. Malgré tous ces défauts, on ne peut lire ce livre sans intérêt.

Portez-vous bien, et que tous les bons esprits soient avec vous.
SCHILLER.

GŒTHE A SCHILLER.

Iéna, le 23 septembre 1800.

Votre dernière visite m'a été singulièrement précieuse ; notre conversation et la lecture de Meyer m'ont rendu mon courage pour régler tout ce qui concerne notre exposition de peinture. Déjà une première expédition est faite : les lettres, l'argent, les programmes, tout est parti....

Mon Hélène[1] a fait aussi de grands progrès : mon plan est arrêté, et, puisque j'ai votre approbation sur les points principaux, je vais continuer mon travail sans aucune hésitation. Faites-moi savoir si, de votre côté aussi, les travaux avancent.

Nos cours philosophiques deviennent toujours plus intéressants, et j'espère bientôt en saisir l'ensemble. Je ferai mon possible pour que ce miracle s'opère avec le commencement du nouveau siècle.

Portez-vous bien et pensez à moi.
GŒTHE.

SCHILLER A GŒTHE.

Weimar, le 23 septembre 1800.

Je vous ai quitté l'imagination encore frappée de la lecture que vous avez bien voulu me faire de la seconde partie de votre *Faust*. L'esprit noble et élevé de la tragédie antique respire dans le monologue, et produit un

---

[1] Une des figures principales dans la seconde partie de *Faust*.

effet d'autant plus puissant qu'il soulève les pensées les plus profondes avec le calme de la force. Lors même que vous ne rapporteriez de Iéna que ce monologue et le plan général de cette continuation poétique de votre tragédie, vous auriez encore lieu d'être très-satisfait. Si, comme je n'en doute pas, vous réussissez dans cette synthèse du noble et du barbare, vous aurez trouvé la clef de l'ensemble; du haut du point que vous venez d'atteindre il vous sera facile de déterminer et de distribuer analytiquement le sens et l'esprit des autres parties de votre œuvre. C'est là, en effet, vous l'avez dit, le sommet du poëme. Il faut qu'on l'aperçoive de tous les points de cette vaste composition, comme il faut aussi que de cette hauteur aucun détail ne puisse échapper aux regards.

J'ai commencé hier la lettre sur notre exposition, et, si je puis la terminer pour vendredi prochain, j'ai envie de vous l'apporter moi-même. J'attends les plus heureux effets d'un séjour dans mon jardin, lors même que le temps ne serait pas très-favorable; d'ailleurs, au mois d'octobre, on peut encore compter sur quelques belles journées. Ma femme finira par s'y résigner; tout dépend de l'habitude. Quant à nous deux, nous nous arrangerons de manière à ne pas nous gêner dans nos travaux si vous préférez une solitude absolue.

SCHILLER.

SCHILLER A GŒTHE.

Weimar, le 26 septembre 1800.

J'avais cru pouvoir vous envoyer aujourd'hui le manuscrit de la lettre en question; mais je n'ai pas encore réussi à y mettre la dernière main. Ces jours passés ne m'ont pas été favorables; le mauvais temps a réveillé mes maux de nerfs. Je ferai mon possible pour vous l'expédier demain, car il y aurait de l'imprudence à vous le porter moi-même.

Vous me feriez grand plaisir si vous pouviez me prêter le *Traité de prosodie grecque*, par Hermann. Votre dernière lecture a attiré mon attention sur les trimètres, et je voudrais approfondir la question. J'ai même envie d'étudier la langue grecque à mes heures perdues; je voudrais du moins en savoir autant qu'il en faut pour avoir une juste idée de la prosodie et du rhythme. Ne pourriez-vous pas me dire quelle grammaire et quel dictionnaire me seraient le plus utiles? Frédéric Schlegel répondrait mieux que personne à cette question.

Je souhaite que votre tragédie avance. Pour moi, je n'ai presque rien fait cette semaine. Schiller.

GŒTHE A SCHILLER.

Iéna, le 28 septembre 1800.

J'ai écrit à Vulpius de rassembler pour vous dans ma bibliothèque tous les livres qui pourront vous être utiles. Je crains cependant que vous ne soyez pas dédommagé de vos efforts. Le matériel de chaque langue ainsi que les formes de l'entendement sont si loin de l'inspiration créatrice! Dès qu'on regarde dans ce dédale, on voit tant de détours devant soi, qu'on s'estime heureux de pouvoir s'en retirer au plus tôt. Pour moi, dans mon travail sur la prosodie allemande, je ne me guide que d'après des impressions générales. Il faudrait là un Humboldt qui eût déjà exploré la route et qui pût vous épargner de vaines recherches, j'attendrai son retour pour en causer avec lui, et même alors je compte peu sur le secours de la prosodie grecque.

Le temps est si mauvais, que je n'espère pas vous voir ici. Faites-moi donc le plaisir de m'envoyer votre lettre le plus tôt possible.

Ritter est venu me voir hier. Cet homme est vraiment étonnant, un vrai firmament du savoir sur la terre. Mes désirs seraient bien bornés en ce moment s'il dépendait de moi de les satisfaire; je ne veux pas vous en dire davantage, vous me comprenez de reste.   GŒTHE.

SCHILLER A GŒTHE.

Weimar, le 29 septembre 1800.

Voici enfin la lettre que vous m'avez demandée. Je désirerais vivement qu'elle pût vous épargner quelque travail, mais j'ose à peine l'espérer; je n'étais pas là sur mon terrain, et, chose essentielle pourtant en pareille matière, on ne peut pas attendre de moi que je sois maître du sujet. Émettre quelques pensées, intéresser le lecteur et stimuler les artistes, tout en leur causant quelque confusion, voilà ce que je vous ai promis et ce que je crois avoir fait. L'article remplira près d'une feuille et demie; s'il est trop long, supprimez-en les détails et taillez-là dedans comme il vous plaira.

Vulpius m'a envoyé vos livres. J'ai commencé par le traité de Hermann, et je continuerai cette étude jusqu'à ce qu'elle me devienne insupportable.   Schiller.

GŒTHE A SCHILLER.

Iéna, le 30 septembre 1800.

... Depuis quelques jours, je ne fais que parler idéalisme transcendantal avec Niethammer et Frédéric Schlegel, et physique avec Ritter, ce qui, vous le pensez bien, met la poésie en fuite. On peut espérer pourtant qu'elle reviendra. Au reste, en retournant chez moi maintenant, je pourrai toujours me dire que j'ai bien employé mes quatre semaines; et si, dans le courant de l'hiver, je puis encore passer un mois ici, mes travaux y gagneront en plus d'un sens.   Gœthe.

Au moment de fermer cette lettre, je reçois votre article, à ma grande joie. Je viens de le parcourir en hâte, et autant vous le trouvez incomplet, autant je le trouve beau, excellent, parfaitement approprié à notre but. Vous n'en soupçonnez pas toute la valeur. Je me suis souvenu, à cette occasion, qu'à Venise chaque plaideur a deux avocats : l'un qui expose les faits et l'autre qui prend les conclusions. Notre trio produira cette fois un charmant effet.

Ma péroraison, dont vous m'avez enlevé une partie, trouvera sa place dans l'introduction, et demain j'aurai le compte rendu de Meyer. L'unité de nos trois tons différents sera du plus heureux effet. Je vous remercie mille fois de votre excellent concours.

Adieu, et portez-vous bien. Veuillez jeter un regard sur l'esquisse que j'ai envoyée à Meyer au sujet de l'état des arts en Allemagne. GŒTHE.

SCHILLER A GŒTHE.

Weimar, le 1er octobre 1800.

Je suis doublement charmé que vous soyez satisfait de mon travail et que vous le trouviez conforme à vos intentions, car je l'ai entrepris pour vous être agréable bien plus que par une inspiration spontanée.

En réfléchissant à ce que Meyer et moi nous avons dit sur l'exposition des tableaux, je trouve que notre ami l'a envisagée sous le point de vue artistique, et moi sous le point de vue de la poésie et de la philosophie générale. Il y aurait à traiter maintenant une autre question générale, la question scientifique, si vous voulez, ou plutôt la question technique. J'ai bien senti la nécessité d'en toucher un mot dans mon travail; mais, comme cela est tout à fait en dehors de ma compétence, je m'en suis tenu à l'idée du tableau. Il serait donc nécessaire d'exprimer quelque chose de général et de scientifique sur l'exécution pittoresque, sur la disposition des parties, en un mot sur ce que l'artiste doit faire au moment où, la pensée étant trouvée, il s'agit pour lui de la représenter au moyen des arts plastiques. Il est vrai que les jugements de Meyer reposent sur des principes de ce genre; mais, comme il se borne à juger sans énoncer la loi, il faut à son mode mineur ajouter le mode majeur.

Nos acteurs arrivent de Rudolstadt, où ils n'ont sans doute pas été bien accueillis, car ils en disent tout le mal imaginable. Il est vraiment amusant d'entendre ces messieurs et ces dames se moquer de Kotzebue comme s'ils étaient réellement connaisseurs. On ne saurait nier pourtant qu'ils blâment parfois fort à propos et avec une grande justesse, mais leurs jugements manquent d'ensemble...

Portez-vous bien, expédiez promptement vos affaires et revenez ici au plus tôt, afin que nous puissions nous retrouver ensemble avant le commencement de l'hiver.

SCHILLER.

GŒTHE A SCHILLER.

Iéna, le 18 novembre 1800.

Je ne sais vraiment en quel endroit la pauvre poésie pourra se réfugier, car elle est pourchassée ici par les philosophes, les naturalistes et consorts. J'avoue que je provoque moi-même les dissertations de ces messieurs, et que c'est par ma propre volonté que je me laisse aller à mon funeste penchant pour les théories; je ne puis donc me plaindre que de moi seul.

Loder espère vous voir jeudi prochain. Dites-moi, par le retour de la messagère, si vraiment vous ferez ce petit voyage, afin que je prenne mes mesures. Vous trouverez ici un grand enthousiasme pour le *festum sæculare*. On a déjà eu à cet effet plusieurs bonnes idées qu'on réalisera peut-être.

J'ai eu quelques inspirations heureuses pour mon *Hélène*... Puisse-t-il en être de même de vos travaux!

GŒTHE.

SCHILLER A GŒTHE.

Weimar, le 19 novembre 1800.

Je viendrai vendredi prochain avec Meyer, et nous espérons tous deux que vous vous déciderez à retourner à Weimar avec nous.

Iffland vient de m'écrire qu'il se propose de donner incessamment *Marie Stuart*. Il est très-mécontent de sa position à Berlin, et paraît avoir besoin d'un rôle nouveau qui lui rende son importance d'acteur, qu'on veut lui disputer.

Chez nous aussi, on se prépare à célébrer le nouveau siècle, et on va demander ces jours-ci le consentement du duc pour des projets que je vous communiquerai de vive voix à Iéna....

SCHILLER.

GŒTHE A SCHILLER.

Iéna, le 16 décembre 1800.

Hier, le lendemain de mon retour ici, j'ai reçu la nouvelle qu'Iffland jouera mon *Tancrède* à Berlin, le 18 janvier, pour le couronnement du nouveau roi. Je lui ai expédié les deux premiers actes, et j'espère bientôt terminer le reste. S'il m'avait fait connaître son intention plus tôt, j'aurais pu joindre le chœur à la pièce, et lui donner ainsi plus de vie et de mouvement. Enfin, cela ira comme cela pourra, et puisque me voilà dans la nécessité d'en finir, je ferme ma porte à tous les philosophes et à tous les physiciens. En m'enfermant dans le cercle romantique et tragique, ce que j'ai fait et ce qui me reste à faire m'apparaît sous un jour très-favorable, point essentiel quand il s'agit d'en finir.

Je vous prie instamment, ainsi que Meyer, de vous occuper de la représentation de mon *Iphigénie*. J'espère, au reste, que les répétitions vous intéresseront, car la pièce a conservé son caractère de tragédie lyrique.

GŒTHE.

SCHILLER A GŒTHE.

Weimar, le 17 décembre 1800.

Je suis enchanté que vous ayez reçu de Berlin le coup d'éperon dont vous aviez besoin pour terminer *Tancrède*; vous le terminerez à temps et vous en serez satisfait, je n'en fais aucun doute.

Meyer et moi nous ferons avec plaisir tout ce qui sera en notre pouvoir pour diriger les répétitions d'*Iphigénie*. Il paraît qu'on ne la donnera pas encore samedi prochain ; on jouera ce soir-là *Cosi fan tutte*[1].

J'ai également appris avec beaucoup de plaisir que vous avez fermé votre porte aux philosophes et consorts pour ne plus vivre qu'avec les Muses. Moi non plus je n'ai pas perdu mon temps ; j'ai vécu paisiblement chez moi, tout entier à mon travail. Je viens de terminer plusieurs passages difficiles que j'avais laissés en arrière.

Adieu, portez-vous bien, et apprenez en cette occa-

---

[1] Le charmant opéra de Mozart, avec le libretto arrangé par Vulpuis (*so sind sie alle*).

sion que la muse poétique aussi souffre parfois qu'on lui commande[1].   SCHILLER.

GŒTHE A SCHILLER.

Iéna, le 22 décembre 1800.

Il me faut au moins encore trois jours pour en finir avec mes chevaliers[2]. Les misères tragiques m'ont cruellement tourmenté ces jours-ci, et je serais déjà de retour auprès de vous si je ne m'étais engagé avec Iffland. C'est un travail qui ne laisse pas de répit. Vous la connaissez, cette terrible besogne. Au reste, c'est un grand point d'être obligé de finir un travail commencé; et nous aussi nous pourrons nous servir de *Tancrède* sur notre théâtre pour le commencement de l'année. J'ai vraiment trop tardé à terminer cette tragédie, et il y avait encore trop de travail pour que je me sentisse le courage de la terminer d'un seul trait, sans y être contraint. On ne voit tous les nœuds cachés dans une pareille affaire que lorsqu'on se met à les dénouer.

C'est là ma confession sur les huit jours que je viens de passer ici. Je désire que vous ayez des choses plus agréables à me raconter.

J'emmènerai Schelling avec moi à Weimar; ce sera une bonne réserve pour nos fêtes du siècle. Adieu. J'ai le plus grand désir de pouvoir bientôt passer avec vous ces longues soirées d'hiver.   GŒTHE.

---

[1] Allusion aux paroles du directeur de théâtre dans le prologue de *Faust* : « Puisque vous prétendez être poëtes, donnez vos ordres à la poésie. »

[2] Les Chevaliers de *Tancrède*.

SCHILLER A GŒTHE.

Weimar, le 24 décembre 1800.

Je vous attends avec impatience, et je vous félicite d'avoir pu terminer votre besogne avant la fin de l'année. Votre *Iphigénie* vous attend ici, et j'ose lui prédire un bon accueil de la part du public. Je crois qu'après la répétition d'hier il ne reste plus que fort peu de chose à faire; la musique est si divine, que j'en ai été touché jusqu'aux larmes, en dépit des distractions et des facéties que les acteurs se permettent pendant les répétitions. La marche de l'action me paraît très-bonne, et je sens plus que jamais combien vous aviez raison en disant l'autre jour que les noms et les souvenirs des héros de l'antiquité poétique ont un attrait irrésistible.

J'ai beaucoup avancé ma tragédie depuis votre départ; il me reste encore bien des choses à faire, mais je suis très-content de ce qui est fait, et je compte sur votre approbation. La partie historique est vaincue, et je crois en avoir tiré tout le parti possible. Tous les motifs sont poétiques, et presque tous appartiennent au genre naïf.

Je viens de lire un roman de madame de Genlis, et j'ai reconnu avec beaucoup de surprise qu'il existe une grande parenté d'esprit entre cette dame et notre Hermès, avec la différence du sexe, de la nation et de la position sociale, bien entendu.

Portez-vous bien et revenez-nous dispos et joyeux.

SCHILLER.

SCHILLER A GŒTHE.

Weimar, le 28 décembre 1800.

Vous savez que les opéras ne sont point de ma compétence, je n'en ferai pas moins avec plaisir tout ce que je pourrai pour celui dont vous vous occupez, et j'assisterai volontiers tous les jours aux répétitions, mais je ne puis guère vous promettre que ma présence. Au reste, nous nous verrons ce soir à la première répétition.

Vous avez promis de nous procurer la *Création* de Haydn pour notre fête du siècle, et cependant le maître de chapelle, Krantz, vient de me dire de votre part que c'est moi qui dois l'obtenir par l'intervention du coadjuteur. Ma lettre est faite, et j'attends l'exprès qui doit aller la lui porter. SCHILLER.

GŒTHE A SCHILLER.

Weimar, le 30 décembre 1800.

Je vous envoie *Tancrède* encore tout humide, car il sort des mains du relieur. Ayez la bonté de le lire avec attention et en ayant toujours notre théâtre sous les yeux.

Si vous voulez accepter ce soir un souper frugal avec quelques convives philosophes et artistes, vous me ferez un très-grand plaisir. Nous parlerons de *Tancrède* pendant qu'on copiera les rôles. GŒTHE.

SCHILLER A GŒTHE.

Weimar, le 11 février 1801.

Je vous ai tant parlé de ma *Pucelle d'Orléans*, et d'une manière si décousue, que je me crois obligé de vous faire connaître enfin avec ordre la marche de l'ensemble. Et puis, j'ai besoin en ce moment d'un aiguillon qui ranime mon activité, et vous seul pouvez me le donner. Les trois premiers actes sont recopiés; si vous êtes disposé à les entendre, je me rendrai chez vous à six heures du soir. Dans le cas où vous pourriez vous décider à quitter votre chambre, venez chez moi et restez à souper avec nous, vous nous ferez grand plaisir et m'obligerez en même temps, car après une lecture de deux heures j'aurais trop chaud peut-être pour m'exposer sans danger au grand air. Si vous pouvez venir, invitez aussi Meyer de ma part, mais dites-lui de ne pas venir avant huit heures.

SCHILLER.

GŒTHE A SCHILLER.

Weimar, le 11 février 1801.

J'accepte avec empressement la lecture que vous me proposez, mais je ne pourrai me rendre chez vous aujourd'hui, ayant subi ce matin une opération assez douloureuse à l'œil. Mon médecin espère qu'elle sera la dernière, et me défend sévèrement de m'exposer à l'air d'ici à quelques jours. Ma voiture viendra vous prendre à cinq heures et demie, elle vous ramènera après la lecture et le souper.

Je me fais une vraie fête de cette lecture, dont je me promets les plus heureux résultats pour vous et pour moi.   GŒTHE.

GŒTHE A SCHILLER.

Weimar, le 28 février 1801.

Agissez en ami avec moi, et permettez que je vous offre, en souvenir de votre amicale collaboration aux *Propylées*, une part d'un envoi de vins qui m'arrive à l'instant même. Quant aux espèces de vins qui ne s'y trouvent pas représentées, c'est chez moi que vous viendrez en boire.   GŒTHE.

SCHILLER A GŒTHE.

Iéna, le 20 mars 1801.

Je vous renvoie les ouvrages nouveaux que vous avez eu la bonté de me communiquer. Cette *Adrastea* est une œuvre amèrement malicieuse et qui ne m'a fait aucun plaisir. L'idée de faire passer sous nos yeux, au moyen d'une douzaine de brochures, le siècle qui vient de s'écouler, n'était pas mauvaise, mais elle demandait un autre metteur en scène. En vérité Herder décline à vue d'œil, et l'on est tenté parfois de se demander si aujourd'hui un auteur trivial, si faible et si creux, peut vraiment avoir eu autrefois un talent extraordinaire. Il y a dans cette dernière production des opinions qu'on est accoutumé à trouver dans l'*Indicateur de l'Empire*. Et que dire de cette misérable apologie d'une littérature surannée, dans la seule vue d'ignorer le présent ou de le comparer haineusement au passé ?

Le petit roman de Tressan m'a fait beaucoup de plaisir dans ma solitude[1]. Il est vrai qu'à part la pureté, la délicatesse morale, il n'a presque rien emprunté aux romans chevaleresques qu'il a traduits ; au lieu du naturel des sentiments, on ne trouve chez lui qu'un langage de cour ; l'effet sentimental qu'il poursuit est artificiellement combiné ; mais une certaine simplicité d'allures, une certaine habileté d'arrangement satisfait et réjouit l'esprit du lecteur.

Il est impossible de se servir du drame d'*Ugolino*[2]. Je ne vois rien à en faire que de le renvoyer au plus vite

---

[1] Ce roman est intitulé dans la première édition *Robert le Brave*, et dans les éditions suivantes, *Histoire du chevalier Robert*. Les réflexions de Schiller sur la manière de l'auteur s'appliquent au célèbre comte de Tressan, à celui qui fut un écrivain aimable autant qu'un intrépide officier, et qui traduisit tant de récits chevaleresques dans la *Bibliothèque universelle des romans*. On sait aujourd'hui que l'*Histoire du chevalier Robert* n'est pas l'œuvre du comte de Tressan, mais de son second fils, l'abbé de Tressan, qui la publia sous le Directoire comme un ouvrage posthume de son père. Il en parut deux nouvelles éditions à Paris, en 1800, et une quatrième à Londres, en 1801. Gœthe était à l'affût de toutes ces curiosités littéraires. — L'erreur toute naturelle que Gœthe et Schiller ont commise en confondant l'abbé de Tressan avec son père, a été reproduite de nos jours par un des plus savants, un des plus minutieux commentateurs de Gœthe. C'est pour cela seulement que nous signalons ce détail en passant. (Voyez *Schiller und Gœthe, Uebersichten und Erläuterungen Zum Briefwechsel zwischen Schiller und Gœthe, von Heinrich Düntzer*. 1 vol., Stuttgart, 1859).

[2] *Ugolino Gherardesca*, tragédie dont l'auteur est un certain Bohlendorf. Gœthe en a fait la critique ; il y voit une œuvre dépourvue d'originalité, une œuvre qui n'existerait pas sans le *Wallenstein* de Schiller, et où il n'y a pas le moindre souffle de poésie.

à M. Gries de Hambourg qui se trouve encore ici.....

Le vent froid qui souffle continuellement m'empêche de jouir de mon jardin, car il m'irrite tellement la poitrine, que je n'ose quitter ma chambre. Mon travail, cependant, marche toujours. SCHILLER.

GOETHE A SCHILLER.

Weimar, le 21 mars 1801.

Je pense à vous par le bon comme par le mauvais temps, et, si j'avais pu prévoir que le duc n'arriverait que le 27, j'aurais été vous voir pour quelques jours.

GOETHE.

GOETHE A SCHILLER.

Weimar, le 23 mars 1801.

Je suis sur le point d'aller passer huit jours à Rosla, et j'espère qu'à mon retour nous nous reverrons.

Si votre retraite à Iéna ne vous a pas été aussi utile que vous vous en étiez flatté, songez que c'est là plus ou moins le sort de tous les projets qu'on fonde sur les Muses, et recevez avec reconnaissance le peu qu'elles ont bien voulu vous donner.

Je vous envoie la relation d'un voyage en Portugal; elle est aussi amusante qu'instructive, mais elle n'inspirera pas le désir d'aller voir ce pays[1].

GOETHE.

---

[1] L'auteur se nomme Link, et l'ouvrage porte ce titre : *Remarques sur un voyage en France, en Espagne, et principalement en Portugal.* (En allemand.) 2 volumes.

SCHILLER A GŒTHE.

Weimar, le 3 avril 1801.

Je suis arrivé ici mercredi dernier; à mon grand regret, vous n'étiez pas encore de retour. Puisse ce long séjour à la compagne vous être favorable ! Quant à moi je profite de votre absence pour avancer mon travail, que j'espère terminer dans quinze jours au plus tard. Mon dernier acte surtout me donne de très-belles espérances, il explique fort heureusement le premier, et c'est ainsi que le serpent se mord lui-même la queue. Mon héroïne ne s'appuyant plus que sur elle-même et étant abandonnée des dieux en son malheur, apparaît à ce moment avec toute l'énergie qu'exige son rôle de prophétesse. La fin de l'avant-dernier acte est très-dramatique, et le *Deux ex machina* tonnant ne manquera pas son effet.

Vous savez, sans doute, que Meyer a fait le portrait de mon Ernest; il est terminé et si bien réussi que vous en serez certainement satisfait. Il est sérieusement conçu et agréablement exécuté; la ressemblance même a été bien saisie, malgré toutes les difficultés contre lesquelles nous avons eu à lutter pour faire tenir ce cher petit quelques instants seulement dans la même position.

J'ai eu bien du regret de quitter mon jardin au moment même où le temps commençait à devenir si beau. D'un autre côté, cependant, j'éprouvais le désir de retourner chez moi, où par bonheur j'ai retrouvé aussitôt les dispositions les plus favorables à mon travail.

J'ai vraiment besoin de recevoir quelques lignes de votre main ; car, bien que Rosla soit bien près de Weimar, il me semble que vous êtes aussi loin de moi que si vous étiez allé au bout du monde. Que tout ce qu'il y a de bien sur la terre soit avec vous.

SCHILLER.

SCHILLER A GOETHE.

Weimar, le 15 avril 1801.

Soyez le bienvenu dans Weimar ! Je me réjouis de vous retrouver après une si longue absence. Faites-moi savoir si vous serez ce soir chez vous ou si je vous trouverai à la comédie.

J'aurai terminé ma pièce aujourd'hui, et ce jour me sera doublement précieux. Malheureusement, ce temps m'accable, et mon travail de ces derniers jours m'a fort éprouvé ; aussi ne suis-je pas en bonnes dispositions.

Ma femme vous envoie ses meilleurs compliments. Niethammer, qui est arrivé ce matin, se recommande à votre souvenir.

SCHILLER.

GOETHE A SCHILLER.

Weimar, le 15 avril 1801.

Moi aussi, je me réjouis d'être revenu auprès de vous, et d'être revenu un jour qui fait époque dans votre vie.

Ce soir, à sept heures, vous me trouverez chez moi. Si Niethammer veut être aussi des nôtres à souper, il sera le bienvenu.

Bien des compliments à votre femme, à qui je dois encore des remerciments pour son aimable lettre.

Bonne chance pour l'achèvement de votre œuvre

GŒTHE.

GŒTHE A SCHILLER.

Weimar, le 20 avril 1801.

Je vous renvoie votre pièce avec mes remerciments. Elle est si bonne, si bonne et si belle, que je ne vois rien à lui comparer.

Tâchons aujourd'hui de faire une promenade et de passer la soirée ensemble.

Demain, je retourne à la campagne. SCHILLER.

GŒTHE A SCHILLER.

Ober-Rosla, le 27 avril 1801.

Pendant que vous goûtez toute espèce de divertissements dramatiques, je suis exilé à la campagne sans autre délassement que des démêlés judiciaires, des visites de voisinage et autres choses semblables. Je ferai mon possible pour revenir samedi prochain. D'ici là, faites-moi savoir si vous pouvez arranger le *Nathan* de Lessing pour notre théâtre, et si votre vaillante *Pucelle* a fait son entrée dans le monde. De mon côté, je n'ai rien à vous dire, sinon que mon séjour ici m'est assez favorable sous le rapport physique.

Ne manquez pas de me réjouir bientôt par quelques lignes de votre main. GŒTHE.

SCHILLER A GŒTHE

Weimar, le 28 avril 1801.

Vous avez vraiment beaucoup perdu de n'avoir pu passer cette semaine à Weimar, où le chant et la danse se sont donné la main pour nous divertir de la manière la plus agréable. Je ne vous parlerai pas de nos chanteurs et de nos chanteuses, vous connaissez leurs talents; quant aux danseurs, qui dans l'intermède de lundi dernier ont paru pour la première fois, ils ont excité une admiration fort douteuse; on est peu accoutumé ici aux poses et aux mouvements singuliers qui consistent à étendre horizontalement la jambe, tantôt en arrière, tantôt de côté. Cela paraît inconvenant, indécent même, et n'a vraiment rien de beau; mais la légèreté de ces danseurs et l'harmonie parfaite de leurs mouvements avec les différentes mesures de la musique sont très-agréables.

J'ai fini de revoir *Nathan*, qu'on vous enverra afin que vous distribuiez les rôles, car je ne veux plus rien avoir à démêler avec ce peuple d'acteurs. Les égards et la raison ne peuvent rien sur lui; pour en tirer parti, il faut pouvoir leur donner des ordres, et ce droit je ne l'ai pas.

Il y a huit jours environ que le duc m'a demandé *la Pucelle d'Orléans*, il ne me l'a pas encore rendue; mais, d'après ce qu'il en a dit à ma femme et à ma belle-sœur, je suis autorisé à croire que cette pièce, bien que peu conforme à ses goûts, lui a causé une impression très-favorable. Il ne croit cependant pas qu'elle puisse être représentée, et je suis de son avis; je suis même décidé à ne jamais l'arranger pour le théâtre, quoique par là je me prive de quelques avantages pécuniaires. Unger, à qui je l'ai vendue, compte la mettre en vente à la prochaine foire de Leipzig comme une nouveauté complète, et il m'a si bien et si généreusement payé, qu'il me siérait mal de contrarier ses plans. D'un autre côté, l'idée de distribuer des rôles, d'assister aux répétitions, etc., me fait reculer devant toute représentation de ma tragédie.

Je m'occupe en ce moment de deux sujets nouveaux. Lorsque je les aurai suffisamment médités, je commencerai immédiatement un nouveau travail. Portez-vous bien, et surtout ne manquez pas de nous revenir samedi prochain.   Schiller.

GŒTHE A SCHILLER.

Ober-Rosla, le 28 avril 1801.

Loin d'avoir été ces jours-ci égayé par la musique et la danse, je n'ai eu affaire qu'à la nature humaine la plus grossière, et il m'a fallu subir de dégoûtants démêlés sur le tien et le mien. Aujourd'hui seulement je me suis débarrassé de mon ancien fermier, et il me reste encore tant de choses à régler avec le nouveau, que je ne pourrai pas revenir aussi vite que je l'espérais. Soyez donc assez bon pour mettre *Nathan* à l'étude et assister aux premières répétitions jusqu'à mon retour; car, sans direction, nos acteurs ne s'en tireront jamais. Je sais que cette direction est un travail bien ingrat, mais nous ne pouvons nous en affranchir entièrement.

Je renoncerais difficilement à l'idée de faire représenter votre *Pucelle d'Orléans*. Elle offrira de grandes difficultés, je le sais, mais nous en avons déjà vaincu de tout aussi grandes. Je sais que vous pouvez personnellement faire quelque chose de mieux que de vous occuper de l'éducation dramatique de nos acteurs; mais je crois que, vu la semi-activité à laquelle je me trouve réduit en ce moment, je m'acquitterai assez bien de cette tâche. Nous nous entendrons à ce sujet dès que nous nous reverrons.

Soyez heureux dans la sphère meilleure où vous vivez, et occupez-vous de créations nouvelles pour notre joie.   Gœthe.

Malgré son désir de représenter *la Pucelle d'Orléans* sur le théâtre de Weimar, Gœthe fut obligé d'y renoncer. Il fallait trop de dépense, un personnel trop considérable; sur un théâtre qui avait de si nobles prétentions littéraires, mieux valait, disait-on, ne pas jouer un chef-d'œuvre que d'en donner une idée incomplète. Telles étaient les raisons qu'on proclamait tout haut; celles qui se disaient à l'oreille étaient un peu différentes. Il paraît bien certain que le grand-duc s'opposa formellement à la représentation de *la Pucelle d'Orléans*. Pourquoi? La plupart des historiens de Schiller ayant consigné ces échos de la chronique scandaleuse, il faut bien que nous les répétions ici. L'actrice qui seule pouvait être chargée du rôle de Jeanne, la jolie Caroline Jagemann, qui avait si bien joué Marie Stuart, était l'objet des attentions très-particulières du grand-duc. Que de chuchotements, que de sourires moqueurs exciterait l'élégante pécheresse quand on la verrait paraître sous l'armure de Jeanne d'Arc! Caroline et le grand-duc n'osèrent affronter les railleries des habitants de Weimar; ils craignirent, dit un grave historien, que derrière la Jeanne d'Arc du poète allemand on n'aperçût toujours l'héroïne de Voltaire. L'anecdote mérite d'être citée à l'honneur du théâtre et de la moralité publique chez nos voisins. Heureux le pays où l'on voit de tels scrupules! Heureux le peuple dont le souverain, au milieu des dissipations de la cour, conserve cette crainte de l'opinion et ce respect de la poésie! La tragédie de Schiller ne fut donc pas représentée d'abord à Weimar; il fallait que le public allemand se fût accoutumé à la voir sur d'autres scènes et que la pièce fût déjà connue et jugée avant d'être jouée chez le grand-duc.

La première représentation eut lieu à Leipzig le 17 septembre 1801. Gœthe étant allé prendre les eaux de Pyrmont, dans la petite principauté de Waldeck, Schiller avait formé le projet de voyager aussi; il espérait que les bains de mer répareraient ses forces ébranlées, et il voulait passer quelques semaines à Dobberan, au bord de la mer Baltique. On sait que Dobberan est un petit bourg de pêcheurs, dans le Mecklembourg-Schwerin, très-fréquenté des baigneurs pendant la belle saison. Ce projet ne put s'accomplir, la femme et les enfants du poète étant tombés malades au commencement de juillet. Quand toute la famille fut rétablie, Kœrner invita Schiller et tous les siens à venir passer les vacances dans sa maison de campagne de Loschwitz. Le poète de *Wallenstein*, de *Marie Stuart*, de *la Pucelle d'Orléans*, revenait dans ces lieux où s'était écoulée une partie de son ardente jeunesse. Il habitait de nouveau ce pavillon où il avait achevé les dernières scènes de *Don Carlos*. Quel contraste entre ces deux époques ! que de progrès pendant ces quinzes années ! il n'était plus seul; une femme digne de lui veillait à ses côtés; ses enfants grandissaient, emplissant de bruits joyeux son harmonieuse demeure; d'autres enfants encore, des héros, de nobles filles, Max, Thécla, Jeanne, et ceux qui s'éveillaient au fond de son imagination, lui formaient un doux et glorieux cortége. Il n'était plus inquiet, indécis, partagé entre sa poésie trop ardente et sa philosophie trop abstraite ; philosophie et poésie étaient devenues chez lui un ensemble vivant, il se possédait lui-même, il était maître, comme il disait, de l'organe dramatique et savait son métier. Enfin, il possédait aussi l'Allemagne, il était maître des âmes et des cœurs. De vingt ans à vingt-cinq, avec ses drames révolutionnaires, il était apparu à ses contemporains comme un météore enflammé; l'enthousiasme qu'il avait excité n'était pas exempt d'inquiétude et de frayeur. Maintenant, chantre de l'idéal, il régnait sur les esprits, et l'influence de ses œuvres était sereine autant que virile. On vit bien à cette date où nous sommes, et à propos de la première représentation de *la Pucelle d'Orléans*, quels sentiments il inspirait à l'Allemagne. Après avoir passé le mois d'août à Loschwitz, et la moitié du mois de septembre à Dresde, il était arrivé à Leipzig, toujours accompagné de Kœrner et entouré de sa famille. C'était le 17 septembre ; on allait représenter *la Pucelle d'Orléans*, qui n'avait encore paru sur aucune scène. La salle était comble, et ce fut un vrai triomphe. A la fin du premier acte, au moment où le rideau s'abaissait, un cri s'échappa de plusieurs milliers de bouches : « Vive Frédéric Schiller ! » et que de bravos ! que de battements de mains ! les musiciens de l'orchestre jetaient leurs fanfares au milieu des acclamations. Schiller, qui était là avec sa femme, sa sœur Caroline, et l'excellent Kœrner, se cachait en vain au fond de sa loge pour échapper à cette ovation ; il fallut bien qu'à la fin du spectacle il se montrât à ses admirateurs. Lorsque la pièce fut terminée au milieu des applaudissements, une foule immense occupait les places et les rues depuis le théâtre jusqu'à l'hôtel où habitait Schiller. Au moment où il sortit, une haie se forma et toutes les têtes se découvrirent.

Trois mois après, *la Pucelle d'Orléans* était représentée à Berlin. On la donna le 1er janvier 1802 pour l'inauguration de la nouvelle salle de spectacle. Iffland, qui jadis à Mannheim avait tant contribué au succès des *Brigands*, Iffland, plus dévoué que jamais à Schiller, voulut que *la Pucelle d'Orléans* fît époque dans l'histoire du théâtre ; grâce à son amitié, la pièce fut montée avec un luxe et un soin dignes d'un chef-d'œuvre. « Si Schiller veut voir sa *Pucelle d'Orléans*, écrivait Zelter à Gœthe, il faut qu'il vienne à Berlin. La magnificence de la mise en scène est plus qu'impériale. Au quatrième acte, il y a plus de huit cents personnes sur la scène, et avec la musique, les décors, les costumes, l'effet est si éclatant, que chaque fois le public est ravi en extase. La cathédrale et toute la décoration est en style gothique ; c'est sous des arceaux gothiques que la procession se déroule dans l'église... » Ces magnificences étaient un hommage rendu au génie ; Schiller pensait cependant que l'effet esthétique n'y gagnait rien, et que l'esprit des spectateurs, distrait par cet appareil éclatant, n'était plus aussi complétement en rapport avec la pensée du poëte ; il aimait mieux cette représentation de Leipzig, ces auditeurs ravis, ces transports spontanés, cette foule immense assemblée sur la place, ces rangs pressés qui s'ouvraient pour lui livrer passage, et au milieu du peuple les pères soulevant les enfants dans leurs bras pour leur faire voir le poëte, et disant : « Le voici ! c'est lui ! c'est Schiller ! »

VIII

WEIMAR — LA FIANCÉE DE MESSINE

— 1801-1805 —

Nous avons vu quelle était l'activité de Schiller depuis que *Wilhelm Meister* l'avait ramené de l'esthétique abstraite à l'invention vivante, et surtout depuis qu'*Hermann et Dorothée* l'avait conduit de la prose à la poésie. Les trois parties de *Wallenstein*, *Marie Stuart*, *la Pucelle d'Orléans*, s'étaient succédé sans interruption; et que de poëmes, que de ballades, que de strophes ailées avaient pris leur vol dans l'intervalle de ces compositions grandioses ! A la fin de l'année 1799, entre *Wallenstein* et *Marie Stuart*, il avait mis la dernière main à son poëme de *la Cloche*; tous ses chefs-d'œuvre naissaient à la fois. Dès qu'il eut terminé *la Pucelle d'Orléans*, il entreprit de nouveaux drames. Bien des sujets l'attiraient tour à tour : c'étaient les chevaliers de Malte, c'était l'usurpateur Warbeck ; il se décida pour une tragédie à la fois antique et moderne, moderne par le choix des personnages, antique par la forme, par l'emploi des chœurs, par une certaine disposition générale imitée de Sophocle, surtout par l'image terrible de la fatalité qui semble dominer toute l'action. Il composa *la Fiancée de Messine*.

Cependant que faisait Gœthe? Ce puissant esprit, depuis *Hermann et Dorothée*, n'avait attaché son nom à aucune œuvre complète. Mille travaux l'occupaient sans doute; bien des ouvrages commencés depuis longtemps, ébauches vigoureuses ou laborieux dessins, remplissaient l'immense atelier du maître; il allait de l'un à l'autre, passant d'un problème de physique à une scène de *Faust*, mais il semblait disposé désormais à jouir de ses richesses plutôt qu'à les accroître. Ce génie créateur qui avait émerveillé Schiller à Iéna, ce génie facile et fécond qui, sans effort, en quelques semaines, produisait les cinq premiers chants d'*Hermann et Dorothée* et les soumettait ensuite à une révision si sévère, qu'était-il devenu depuis ces jours bénis? Ses admirateurs s'en inquiétaient déjà. « Que fait donc Gœthe? écrivait Kœrner à Schiller le 6 août 1800, on n'entend plus parler de lui. Le septième volume de ses nouveaux écrits ne contient qu'un petit nombre de poésies nouvelles, et les grands ouvrages qu'il nous avait fait espérer demeurent inachevés; il y a longtemps aussi que les *Propylées* n'ont paru. » Ces questions de Kœrner se renouvelaient souvent vers cette époque; Schiller y répond un jour, et une plainte échappe de ses lèvres : « Gœthe est revenu de son excursion à Iéna, où il avait un travail à faire ; il n'en a rapporté qu'une addition à son *Faust*, quelques pages seulement, mais excellentes. En somme, il produit trop peu maintenant, si riche qu'il soit pourtant par l'invention et l'art. Son esprit n'est pas assez tranquille, sa misérable situation domestique qu'il n'ose point changer, tant il est faible sur ce point, le remplit d'amertume. »

Voilà ce que Schiller pensait de l'état moral de son ami. S'il y a encore des écrivains qui félicitent Gœthe d'être resté libre, s'il y en a qui absolvent sa conduite envers Frédérique de Sesenheim, par cette raison que le poëte se devait à son génie et qu'il eût été coupable d'enchaîner son imagination, ils peuvent voir ici quelle sorte de liberté l'auteur de *Gœtz* et de *Werther* avait réservée à son âge mûr. Kœrner est plus explicite encore, et ne dirait-on pas qu'il regrette expressément pour Gœthe cette douce Frédérique dont je viens de prononcer le nom ? « Je comprends, dit-il, que la situation domestique de Gœthe doive peser lourdement sur lui, et c'est ce qui m'explique comment Gœthe, hors de Weimar, est plus sociable qu'à Weimar même. On n'offense pas les mœurs impunément. Il eût pu trouver dans sa jeunesse une épouse qui l'eût aimé ; et combien son existence serait différente aujourd'hui ! l'autre sexe a une mission trop haute pour être dégradé ainsi, et réduit à n'être qu'un instrument de plaisir. Ce bonheur du foyer domestique, quand il manque, rien ne saurait le remplacer. Gœthe lui-même ne peut estimer la créature qui s'est donnée à lui sans condition. Il ne peut obliger les autres à l'estimer, et cependant il ne peut souffrir non plus qu'on lui témoigne peu d'estime. Une telle situation à la longue doit énerver l'homme le plus fort. On ne sent pas là de résistance dont on puisse résister par la lutte, c'est un souci qui vous ronge en secret, dont on se rend compte à peine, et qu'on cherche à étouffer par les distractions. »

Pourquoi Schiller fait-il ces confidences à Kœrner? Pourquoi les fait-il maintenant, et d'où vient que cette idée ne s'est pas présentée plus tôt à son esprit? parce qu'il habite Weimar, qu'il voit Gœthe de plus près, qu'il se rend mieux compte de la position. C'est à Weimar, en effet, que nous transporte la correspondance des deux poëtes. Gœthe et Schiller ont beau quitter souvent leur résidence pour certaines excursions en Allemagne, c'est Weimar qui est le centre des événements, littéraires ou autres, dont leurs lettres vont nous entretenir.

Schiller habite Weimar depuis le mois de décembre 1799; il va s'y installer définitivement, et il achète à un Anglais, nommé Mellish, une petite maison, très-simple, très modeste, mais agréablement située au midi, isolée du bruit de la ville, affranchie des fâcheux voisinages, et presqu'à la campagne. Si vous avez visité Weimar, vous avez vu la petite maison de Schiller entourée et comme pressée de tous côtés par de splendides hôtels; cette rue, appelée aujourd'hui la Schillerstrasse, était en 1802 une allée solitaire, ombragée, qui conduisait de la ville au théâtre, et c'est sous les arbres de cette promenade que s'abritait le tranquille asile du poëte. Le jour même où Schiller prit possession de sa demeure, le 29 avril 1802, sa mère, Dorothée Schiller, était morte dans un petit bourg de Souabe, à Kleversulzbach; elle habitait depuis quelques années chez sa fille Louise, mariée au pasteur de ce village; elle s'éteignit doucement dans ses bras, pressant sur son cœur un médaillon où étaient gravés les traits de l'auteur de *Wallenstein*. La gloire et le bonheur de ce fils chéri avaient été la consolation de sa vieillesse. Quelque temps avant de mourir, elle lui écrivait : « Dieu te récompensera par des milliers de bénédictions de ton amour et de ta sollicitude pour moi. Ah! il n'y a plus de tels fils dans le monde! » Cinq ans et demi auparavant, le 7 septembre 1796, le chef de la famille, le vieux Jean-Gaspard Schiller avait été enlevé à l'affection des siens, et le poëte, arraché par les circonstances à son pays natal, s'était senti atteint au fond de l'âme; on devine quelle fut sa douleur quand il perdit sa mère bien-aimée, celle qui avait éveillé en lui les premières inspirations de la poésie. « Les voici donc partis tous deux, nos chers parents, — écrivait-il à ses sœurs, — et désormais nous restons seuls tous les trois. Que notre affection du moins nous rapproche plus étroitement encore. » La vie de famille, l'amitié, le travail, lui devinrent plus nécessaires que jamais. Souffrant lui-même, gravement atteint de la maladie de poitrine qui devait abréger ses jours, il disputait à la mort les œuvres qui obsédaient son imagination et qu'il était impatient d'accomplir. Cette activité inquiète et courageuse va se retracer dans ses lettres. Nous reprenons sa correspondance avec Gœthe quelques semaines après l'achèvement de sa *Pucelle d'Orléans*, au moment où son ami vient de partir pour un voyage à Gœttingue, et va prendre les eaux à Pyrmont.

GŒTHE A SCHILLER.

Weimar, le 28 juin 1801.

Nous attendions tous de vos nouvelles avec une vive impatience, et c'est avant-hier seulement, après quinze jours de route, que nous est arrivée votre lettre datée de Gœttingue. J'espère que la mienne vous arrivera plus promptement, car je vous l'envoie par une personne qui part cette semaine pour Pyrmont. La température, qui s'est refroidie depuis quinze jours, aura été peu favorable sans doute à l'emploi des eaux, et je crains que vous ne soyez forcé de prolonger votre séjour à Pyrmont. Pour moi, ma santé s'en est ressentie, et mon travail en a souffert. J'ai pourtant terminé la ballade de *Héro et Léandre* que Cotta m'avait demandée, ainsi que plusieurs autres petites poésies. Mon drame commence à s'organiser, et je crois que, dès la semaine prochaine, je pourrai commencer à l'écrire ; car le plan est aussi simple que l'action est vive et rapide, et je ne crains pas de me laisser entraîner dans l'exécution à de trop longs développements.

Je vais pourtant, moi aussi, mener une vie bien dissipée, car mon parti est pris cette fois, et très-sérieusement : dans trois semaines environ je me rendrai sur les bords de la Baltique pour y essayer les bains de mer ; puis je reviendrai par Berlin et par Dresde. Je ne compte pas sur beaucoup de plaisir dans ce voyage, je crains même de passer de tristes jours à Berlin, mais il faut bien prendre un parti pour rétablir ma santé. Puis j'ai besoin de voir des objets nouveaux, d'assister à quelques représentations dramatiques, et de visiter, chemin faisant, quelques anciens amis. Au reste, mes espérances à l'égard de ce voyage sont si modérées, qu'il sera plus facile de les dépasser que de s'arrêter en deçà. Je compte bien être de retour ici le 10 septembre, car je voyagerai rapidement ; je passerai douze jours seulement à Dobberan, à peu près autant à Berlin, et six jours à Dresde. Je vous retrouverai, je l'espère, joyeux et bien portant, et peut-être, moi aussi, jouirai-je d'une meilleure santé.

Rochlitz de Leipzig est venu ici ; il m'a assuré que vous l'aviez engagé à concourir pour le prix qui doit être décerné à la meilleure comédie. A peine de retour chez lui, il s'est empressé de m'envoyer la moitié d'une comédie, en me priant de lui dire franchement mon opinion sur son œuvre, parce qu'il ne pourrait la terminer pour l'époque du concours qu'en négligeant d'autres travaux, ce qu'il ne voudrait pas faire sans être sûr d'obtenir le prix. J'ai lu le commencement de cette pièce, et, si la fin y répond, il est certain qu'elle sera jouable ; mais il serait impossible d'en dire beaucoup de bien, et encore moins de la couronner, lors même qu'elle serait la meilleure de toutes celles qu'on pourra nous envoyer au concours ; elle est trop vulgaire, trop faible, trop dépourvue d'esprit. Dans l'embarras où je suis pour lui donner une réponse satisfaisante, je m'en tiendrai au programme du concours qui demande une comédie d'intrigue ; or tout ce qu'il y a de bon et de piquant dans sa comédie découle de deux caractères très-comiques et non d'une intrigue quelconque. Je l'engagerai à terminer sa pièce, mais à ne pas la présenter au concours. Je puis lui promettre que nous la jugerons. De cette manière, vous restez libre de l'accepter pour le concours, ou tout simplement pour notre théâtre…

Je vous envoie tous mes vœux du fond de mon cœur, et je désire que nous ayons bientôt de bonnes nouvelles de vous. Ma femme et ma belle-sœur se rappellent à votre souvenir ; Charles fait mille amitiés à votre Auguste.

SCHILLER.

GŒTHE A SCHILLER.

Pyrmont, le 12 juillet 1801.

Je vous félicite de tout mon cœur de la résolution que vous avez prise; vous faites très-bien de vous diriger vers le nord de l'Allemagne, tandis que je fais ma tournée dans le nord-ouest. Lorsque nous nous reverrons, nous aurons bien des choses à nous raconter, et nous pourrons établir des comparaisons entre les pays que nous aurons vus.

Le traitement des eaux me rendant tout travail impossible, je n'ai guère de plaisir ici; je ne puis oublier cependant de bonnes et intéressantes conversations; le prédicateur Schütz, de Buckebourg, est un homme très-instruit et fort aimable. C'est une curieuse étude de le comparer tout bas à ses frères et sœurs. J'ai fait encore d'autres rencontres dont je vous parlerai de vive voix.

Au milieu de mon inactivité apparente, il se développe en moi le singulier désir de ne plus établir que des théories, mais pour moi seul. Les hommes s'amusent et s'agitent autour des énigmes de la vie, mais bien peu cherchent sérieusement à en deviner le sens.

Je suis très-curieux de voir votre ballade de *Héro et Léandre*, et j'aurais désiré que vous me l'eussiez envoyée. Pour ce qui est de votre drame, je ne sais si vous parlez de vos *Chevaliers de Malte*, ou de votre royal imposteur[1]. Je serai donc doublement surpris en voyant avancer cette nouvelle production.

Je crois avoir acquis une connaissance parfaite de

[1] Warbeck.

l'état des choses à Pyrmont; et comme je m'en retournerai par Gœttingue, j'approfondirai ce qui me reste à connaître de cette université. Quant à Cassel, je ne l'examinerai que sous le point de vue artistique, car je n'aurai pas le temps de m'en occuper sous un autre rapport.

Mes notes sont toujours très-maigres; les annonces de curiosités et les affiches de théâtre les composent presque en entier.

J'ai vu jouer ici plusieurs acteurs d'un extérieur très-agréable et qui seraient capables de se perfectionner. La société, dans son ensemble, est plutôt bonne que mauvaise, et cependant elle n'a rien de satisfaisant; car le naturalisme, les fausses tendances, l'individualité, conduisent à la sécheresse, au maniéré et à une foule d'autres travers semblables.

Je suis très-curieux de savoir ce que vous pensez du théâtre de Berlin.

J'attends notre duc demain ou après-demain; dès qu'il sera installé, je retournerai à Gœttingue. La collection des crânes de Blumenbach a réveillé chez moi d'anciennes idées qu'une étude approfondie conduira, je l'espère, à de bons résultats. Le professeur Hoffmann me fera faire une plus ample connaissance avec les plantes cryptogames, et comblera ainsi une grande lacune dans mes connaissances botaniques; j'ai déjà marqué sur mes tablettes tous les ouvrages que je veux chercher dans la bibliothèque de l'université, pour les consulter sur ma théorie des couleurs. J'avoue que je ne serais pas fâché de pouvoir passer trois ou quatre mois à

Gœttingue, car il y a là de grands trésors scientifiques réunis sur un même point...

Je vous souhaite un heureux voyage, et vous prie de me rappeler au souvenir de tous les vôtres. — Gœthe.

Pendant les mois de juillet et d'août 1804, les deux amis voyagent, chacun de son côté : Gœthe étudie les collections scientifiques de Gœttingue, Schiller interroge les merveilles du musée de Dresde. Tous deux réservent pour leurs entretiens de Weimar l'échange des impressions qu'ils recueillent ; durant trois mois entiers la correspondance va s'arrêter. Enfin Schiller est de retour à Weimar le 20 septembre ; il y trouve Gœthe bien portant, très-dispos, mais fort occupé par l'examen des ouvrages d'art envoyés au concours, et aussi par la direction du théâtre, où il y a bien des dispositions à prendre pour l'ouverture de la saison d'hiver. Quant à lui, il revient de Dresde avec sa femme souffrante encore de la maladie qui l'a empêché d'accomplir ses projets de voyage, mais déjà en voie de convalescence. Peu de temps après, ses enfants tombent malades ; enfermé, comme il dit, dans son hôpital, le poëte n'a guère de loisir pour débrouiller les différents sujets de drame qui attirent à la fois son imagination. Sera-ce *Warbeck* qui l'emportera ? seront-ce *les Chevaliers de Malte*, ou *la Fiancée de Messine ?* Il n'en sait rien encore. D'ailleurs, à peine de retour à Weimar, d'impérieuses distractions l'ont détourné de ses travaux. Une actrice célèbre de Berlin, madame Unzelmann, est venue donner des représentations sur le théâtre de Gœthe; Schiller n'a pas négligé cette occasion d'étudier à la fois et le jeu des acteurs berlinois, et les nouvelles productions dramatiques, et les dispositions de la foule. L'expérience l'a médiocrement satisfait : il lui faudra, dit-il, oublier tout ce qu'il vient de voir pour se remettre à l'ouvrage et retrouver son inspiration. Mais laissons-le parler : « Voilà trois jours que nous sommes ici, — écrit-il de Weimar à Kœrner, le 23 septembre 1801, — et je suis encore en pensée au milieu de vous. Vous voir chaque soirée était devenu pour moi une si douce habitude, que je me sens tout dépaysé dans mon existence de Weimar. Recevez de nouveau mille et mille remerciments, chers amis, pour toutes les joies que vous nous avez données. J'ai senti une fois de plus au fond le plus intime de mon cœur que je suis bien chez moi au milieu de vous, que je vous appartiens, et qu'il nous suffit de nous revoir un instant pour retrouver tout entière la cordiale amitié de notre jeunesse. De nombreuses distractions nous ont accueilli à notre retour. Madame Unzelmann venait d'arriver, et dès le lendemain on a donné *Marie Stuart*. Madame Unzelmann joue ce rôle avec beaucoup de délicatesse et d'esprit; sa déclamation est belle et intelligente, mais on pourrait lui souhaiter un peu plus d'élan et un style plus tragique. Elle est trop dominée par la recherche du naturel ; son jeu se rapproche trop du ton de la conversation, et tout me semblait trop *réel* dans sa bouche. C'est l'école d'Iffland, et ce doit être le ton général à Berlin. Là où la nature est gracieuse et noble comme chez madame Unzelmann, on peut y prendre plaisir, mais il est impossible que ce soit supportable chez des natures vulgaires... J'ai trouvé Gœthe avec un excellent visage et dans un bien meilleur état de santé ; mais je n'ai eu que très-peu d'occasions de causer avec lui. Outre les affaires du théâtre et toutes les réunions qui en sont la suite obligée, l'exposition des beaux-arts l'occupe beaucoup... » Il ajoute le 5 octobre : « Madame Unzelmann nous a quittés il y a trois jours, forcée qu'elle était de retourner en toute hâte à Berlin... Les pièces de théâtre que j'ai vues pendant ces trois dernières semaines, loin de m'animer au travail, ont produit un résultat tout contraire ; il faut que j'oublie tout cela pendant quelque temps pour pouvoir écrire quelque chose qui me satisfasse. Tout s'abaisse à la prose, et je me suis posé très-sérieusement cette question : Dans la pièce qui m'occupe en ce moment, comme dans toutes celles que je compte donner au théâtre, ne ferais-je pas mieux d'employer tout de suite la prose, puisque la déclamation tend sans cesse à détruire l'architecture des vers, et que le public s'habitue de plus en plus à cette réalité qu'il aime tant et dont il s'accommode si bien?... Il est arrivé treize comédies qui concourent pour le prix proposé par Gœthe, et il n'en est pas une seule dont on puisse tirer parti au théâtre ; presque toutes sont au-dessous de la critique. Voilà où en est aujourd'hui l'art dramatique en Allemagne. » La pièce dont parle Schiller, et qui l'occupait à cette date, était ce *Warbeck* qu'il avait pris, abandonné, repris encore, et qu'il finit bientôt par rejeter tout à fait. Les deux lettres à Kœrner dont nous venons de traduire quelques lignes comblent en partie les lacunes que présente ici la correspondance de Schiller et de Gœthe. Nous pouvons citer maintenant les lettres qui terminent l'année 1804 et commencent l'année nouvelle.

SCHILLER A GŒTHE.

Weimar, septembre 1804.

Je crois que nous entrons en convalescence ; chez ma femme, la fièvre et tous les accidents fâcheux ont complétement disparu, les enfants aussi vont beaucoup mieux. Si Auguste ne craint pas la contagion, Charles serait bien heureux de le voir. Si, de votre côté, vous ne la craignez pas non plus, et que vous soyez disposé à vous promener en voiture, vous me feriez bien plaisir de m'accepter pour compagnon ; cela me procurerait le bonheur de vous voir et me ferait un peu prendre l'air, ce dont j'ai grand besoin, car depuis plusieurs semaines je vis dans un véritable hôpital.   SCHILLER.

GŒTHE A SCHILLER.

Weimar, le 18 octobre 1801.

Notre festin d'hier était sur le point de se passer fort tristement. Votre absence formait déjà un grand vide dans la petite société. Mellish n'était pas de très-bonne humeur, et cette mauvaise influence ne tarda pas à me gagner. Il nous a fallu manger, et surtout boire, pendant plusieurs heures, avant de nous animer un peu. Nos chasseurs, qui ne sont arrivés que fort tard et avec un appétit dévorant, se sont gaiement jetés sur les restes, ce qui a tout à coup donné au repas des allures plus joyeuses. On a raconté tous les incidents de la chasse, et le dîner n'a fini qu'à sept heures du soir.

Aujourd'hui je partirai pour Iéna sans avoir pu vous voir, mais je reviendrai au bout de quelques jours.

GŒTHE.

SCHILLER A GŒTHE.

Weimar, le 1er janvier 1802.

Espérons que la nouvelle année nous sera favorable, et persistons toujours dans l'amitié qui nous unit.

J'ai beaucoup regretté de n'avoir pu me trouver chez vous hier soir; quoique mon accès de choléra ait été fort court, il a été violent et la faiblesse qu'il m'a laissée a réveillé mes anciens maux de nerfs.

Je vais mieux cependant et j'espère assister à la représentation de demain. Ayez la bonté de m'envoyer *Euripide*, si vous ne vous en servez pas; ou du moins le volume qui renferme *Ion*. Comme je ne puis rien faire aujourd'hui, cette lecture me sera une occupation agréable, et je serai mieux préparé à suivre la pièce demain soir. SCHILLER.

GŒTHE A SCHILLER.

Iéna, 19 janvier 1802.

A Iéna, dans la vieille chambre de Knebel, je suis toujours un homme heureux, car il n'y a pas un seul endroit en ce monde auquel je doive autant de fécondes inspirations. Je me suis amusé à écrire au crayon, dans l'embrasure de la fenêtre, le titre de tout ce que j'ai composé de remarquable dans cette chambre depuis le 21 novembre 1798. Si j'avais commencé cette nomenclature plus tôt, j'y trouverais plus d'une œuvre que nos relations on fait éclore en moi.

Mes soirées se passent fort gaiement et en bonne compagnie. Dimanche dernier, par exemple, je suis resté chez Loder jusqu'à une heure après minuit. La conversation roulait sur un chapitre des connaissances historiques, dont nous n'avons pas l'habitude de nous occuper. En réfléchissant sur cette conversation, il m'a semblé qu'on ferait un ouvrage bien intéressant si on racontait tous les événements dont on a été acteur ou simple spectateur, surtout si l'on faisait ce récit d'une manière piquante et en appréciant les événements avec la maturité que nous donnent l'expérience et les années.

Voici l'heure de la messagère ; je vous envoie en toute hâte un amical bonjour. GŒTHE.

SCHILLER A GŒTHE.

Weimar, le 20 janvier 1802.

Je vais relire votre *Iphigénie* en tenant compte de sa nouvelle destination ; je pèserai chaque mot comme s'il tombait de la scène et que je fusse mêlé au public pour l'entendre. Ce que vous appelez la partie humaine de la pièce soutiendra parfaitement l'épreuve de la représentation, et sur ce point je vous prie de ne rien retrancher.

Schütz vient de m'envoyer un compte rendu de ma *Jeanne d'Arc*. On sent que cela sort d'une autre plume, et d'une tête plus capable que le compte rendu de *Marie Stuart* ; c'est la philosophie de l'art d'après Schelling appliquée à ma pièce avec beaucoup de fraîcheur et de jeunesse. A cette occasion, j'ai reconnu clairement qu'il manque à la philosophie transcendante un pont par lequel elle puisse se rattacher aux faits ; car les principes de cette philosophie, lorsqu'on les oppose à la réalité d'un fait donné, détruisent ce fait ou sont détruits par lui. Dans ce compte rendu, on parle à peine de l'ouvrage qui lui a donné lieu, ce qui, au reste, n'eût pas été possible, car il n'y a pas de route pour passer des formules générales et creuses à un fait positif. Et on appelle critique d'un ouvrage une dissertation vague qui ne saurait donner la plus légère idée de cet ouvrage à quiconque ne l'a pas lu ! Une pareille manière de juger les productions poétiques prouve que la philosophie et l'art ne savent pas encore se saisir, se pénétrer l'un l'autre, et l'on regrette plus que jamais l'absence d'un médiateur qui pourrait opérer ce rapprochement. C'était là le but des *Propylées*, par rapport aux arts plastiques; aussi les *Propylées* prenaient-elles la vue pour le point de départ, tandis que nos jeunes philosophes veulent passer immédiatement de l'idée à la réalité.

Je souhaite que vous vous trouviez toujours plus content dans votre vieille chambre *productive*, et que vous puissiez bientôt inscrire un nouveau titre dans l'embrasure de la fenêtre.   SCHILLER.

SCHILLER A GŒTHE.

Weimar, le 22 janvier 1802.

Voici votre *Iphigénie* avec mes corrections ; j'y ai fait beaucoup moins de ravages que je ne m'y attendais. D'un côté cela m'a paru inutile, et de l'autre fort difficile à faire. La pièce par elle-même n'est pas trop longue, car elle n'avait pas beaucoup plus de deux mille vers, et maintenant elle en a un peu moins, si vous consentez à supprimer les passages que j'ai soulignés sur votre manuscrit. Il eût été difficile d'en retrancher davantage, car ce qui retarde la marche de l'action ne tient pas à tel passage, mais à l'ensemble tout entier, où il y a trop de réflexions pour une œuvre dramatique. Les parties que j'aurais été tenté de supprimer sont presque toutes nécessaires à l'enchaînement des pensées, si bien qu'on ne pourrait les remplacer sans bouleverser la scène. Là où j'éprouvais un doute, j'ai fait un signe à la marge ; quand mes motifs de suppression étaient tout à fait impérieux, j'ai fait une rature. Pour les mots soulignés, je demande un changement dans l'expression.

Il y a, en général, beaucoup trop de casuistique morale dans le dialogue, et vous feriez bien de diminuer le plus possible le nombre des sentences et réflexions de ce genre. Quant à la partie historique et mythologique, il est impossible d'y toucher, car elle est un contre-poids indispensable à la partie morale; et dans ces sortes d'ouvrages, il ne faut jamais amoindrir la part de l'imagination.

Le personnage d'Oreste est la plus grande difficulté de la pièce, car comment comprendre Oreste sans les furies? Tel que vous l'avez peint, la cause de la situation de son esprit échappe aux sens; aussi cette situation n'est-elle plus qu'une torture monotone et sans objet. C'est une des limites qui séparent l'ancienne tragédie de la moderne. Voyez si vous pourriez trouver quelque chose pour remédier à ce défaut, ce qui, dans la pièce, telle que vous l'avez conçue, me paraît impossible; tout ce qui pouvait se faire sans le secours des dieux et des fantômes, vous l'avez fait. Dans tous les cas, je vous conseille de revoir et d'abréger toutes les scènes où paraît Oreste.

Je vous ferai observer, en outre, que pour réchauffer l'intérêt dramatique, il serait peut-être utile de faire paraître plus tôt et plus souvent Thoas et ses Tauriens, qui, pendant deux actes entiers, restent complétement dans l'oubli. Par là, les deux actions, dont l'une se repose beaucoup trop longtemps, marcheraient d'un pas égal. Il est vrai que dans le deuxième et dans le troisième acte on entend parler du danger que courent Oreste et Pylade, mais on ne voit pas ce danger; et une situation n'est vraiment terrible que lorsqu'elle frappe les sens.

Le caractère de votre pièce veut que tout ce qu'on est convenu d'appeler action se passe derrière les coulisses, tandis que les sentiments du cœur et les opinions sont, pour ainsi dire, convertis en action et mis sous les yeux du spectateur. Ce caractère, il faut le conserver; je ne vous demande que de le faire ressortir et de le justifier davantage.

Au reste, *Iphigénie*, à cette seconde lecture, m'a profondément touché, bien que j'aie souvent rencontré sous mes pas je ne sais quel obstacle secret. C'est l'âme de cette pièce qui en est le véritable mérite. Elle ne manquera pas son effet sur le public; tout ce qui s'est passé depuis l'époque où vous l'avez écrite en prépare aujourd'hui le succès. Quant à nos connaisseurs, ils loueront probablement avec le plus de chaleur ce que nous y trouvons de blâmable. Il faudra bien nous en consoler, car combien de fois n'a-t-on pas blâmé dans nos œuvres ce qu'il y avait de plus digne d'éloges!

Adieu, portez-vous bien, et annoncez-moi bientôt que la pièce, un peu trop fortifiée entre mes mains, a repris entre les vôtres son caractère suave.

SCHILLER.

SCHILLER A GŒTHE.

Weimar, 11 février 1802.

Je me suis décidé enfin à faire l'acquisition de la maison de Mellish. On me diminue quelque chose, et quoique le prix soit encore assez élevé, je veux en finir avec cette affaire, car elle me préoccupe trop. Vous comprenez que maintenant j'ai doublement besoin de vendre ma petite propriété d'Iéna. Je vous prie donc de charger Gœze[1] de cette affaire.

Je joins ici l'annonce que j'ai insérée dans le *Wochenblatt*, avec une courte indication des impôts annuels auxquels la maison est soumise. Je l'ai achetée 1150 thalers et j'y ai dépensé 500 thalers en constructions, comme je le puis certifier par mes livres de comptes. Je ne voudrais pas y perdre, bien entendu, je ne serais même pas fâché d'y gagner quelque chose s'il était possible; mais comme je serais bien aise d'avoir de l'argent comptant pour affranchir de toute hypothèque ma maison de Weimar, je me contenterai de 1500 thalers, au dernier prix, pour la maison et le jardin à la fois. Tout ce que Gœze pourra me procurer au delà de cette somme lui sera compté à haut intérêt. Je consens aussi à ce que cette somme me soit payée en trois termes, par exemple un tiers à Pâques, un autre tiers à la Saint-Jean, le reste à la Saint-Michel ou à Noël. Si je puis toucher immédiatement la somme entière, cela sera mieux encore.

Pardonnez-moi si je vous importune ainsi, mais puisque vous voilà occupé à classer et à numéroter les livres de la bibliothèque publique, un travail mécanique de plus ou de moins ne vous surchargera pas beaucoup. Pour moi, ce souci domestique m'ôte toute liberté d'esprit, ainsi que tous ceux du même genre ont l'habitude de le faire. Ce n'est que par la vente de mon jardin que

---

[1] Le valet de chambre de Gœthe.

je pourrai payer la maison de Weimar. Il a donc fallu me décider à cette vente, et ce n'est que lorsqu'elle aura eu lieu que je me sentirai débarrassé de tout souci. Au milieu de ces tracasseries, mon poëme de *Cassandre*, commencé sous d'heureux auspices, n'a pas fait de grands progrès.

Puisse votre expédition herculéenne dans le chaos de la bibliothèque se terminer promptement ! Adieu.

Schiller.

GŒTHE A SCHILLER.

Iéna, le 12 février 1802.

Je suis trop heureux de voir que vous voulez vous fixer définitivement à Weimar, pour ne pas vous y aider de tous mes efforts. Gœze fera tout pour réussir. Envoyez-moi le plus tôt possible les clefs du jardin et de la maison, afin qu'on puisse y conduire les amateurs.

L'arrangement de la bibliothèque est une tâche d'autant plus désagréable, qu'on manque de place pour loger convenablement les livres; il est vrai que mes mesures étaient prises d'avance à ce sujet, mais il est impossible de trouver ici des ouvriers disponibles; ils ont des travaux commandés d'avance et plus qu'ils n'en peuvent faire, ce qui, au reste, prouve en leur faveur[1].

Portez-vous bien et hâtons-nous de nous débarrasser

---

[1] Gœthe a raconté fort plaisamment dans ses *Annales* l'histoire de ce vieux bibliothécaire qui achetait des livres à tort et à travers, accumulant quelquefois plusieurs exemplaires d'une même édition et entassant tout cela pêle-mêle dans les greniers. Quand le bonhomme mourut, le désordre était au comble, et Gœthe, qui entreprit de le débrouiller, y perdit beaucoup de temps.

des affaires terrestres afin de revenir le plus tôt possible aux travaux d'un ordre supérieur à la terre.

Gœthe.

SCHILLER A GŒTHE.

Weimar, le 18 février 1802.

Nous désirions savoir si vous auriez le temps et le courage de venir ici avant le départ du prince ; dans ce cas nous tiendrions encore une séance de notre société particulière, — à l'hôtel de ville, pour ne vous causer aucun dérangement.

Si vous ne venez pas, on nous menace d'un grand club que M. de Kotzebue est en train de combiner et qui aurait lieu lundi au soir, après le spectacle. Le prince aimerait beaucoup mieux ne se trouver que dans notre société habituelle. Si vous nous manquez, nous ne pourrons nous soustraire aux instances de ces hôtes importuns. Adieu. J'attends votre réponse avec impatience.

Schiller.

GŒTHE A SCHILLER.

Iéna, le 18 février 1802.

Il m'est absolument impossible, mon excellent ami, d'accepter votre invitation ; si je ne débrouille pas mon fuseau sans désemparer, les fils se mêleront de nouveau, et ce sera une besogne à refaire. Quant à notre bon prince, je lui ferai mes adieux par écrit.

Mon séjour ici m'a été favorable, même sous le rapport de la poésie, car je viens de terminer quelques chansons.

J'ai passé une soirée fort agréable avec Schelling. C'est un bien grand plaisir de trouver tant de clarté unie à tant de profondeur. Je verrais ce digne ami plus souvent si je n'étais pas toujours à l'affût des inspirations poétiques, et chez moi, vous le savez, la philosophie chasse la poésie. Elle me pousse dans l'objectif, car il m'est impossible de rester dans la spéculation pure; et comme il me faut pour chaque idée un fait qui la représente, je me sens immédiatement poussé dans le domaine de la nature.

J'ai eu une conversation fort intéressante avec Paulus, qui m'a lu la troisième partie de son commentaire du Nouveau Testament. Il est si profondément initié à ce sujet, il connaît si bien les lieux et les temps, que bien des récits du livre saint perdent, grâce à lui, le caractère de généralité idéale qu'ils nous offraient jusqu'à présent et semblent revivre sous nos yeux avec une physionomie individuelle. Il a détruit fort ingénieusement quelques-uns de mes doutes en les dissipant en quelque sorte dans le vaste ensemble de ses idées, et ce n'est pas sans un véritable plaisir que je me suis trouvé d'accord avec lui. Nous avons eu aussi des explications très-satisfaisantes sur les principes qui forment la base de son travail; en fin de compte, un homme qui porte en lui un tel ensemble d'idées est toujours le bienvenu.

J'ai lu la traduction anglaise de *Gita-Govinda*, et je suis obligé d'accuser le bon Dalberg d'un affreux bousillage[1]. William Jones dit dans sa préface qu'il avait

Il s'agit d'un poëme indien de Dschajadéva, traduit en anglais par le célèbre orientaliste William Jones, et translaté en allemand sur la version anglaise par Dalberg.

d'abord traduit le poëme littéralement et qu'il en a ensuite retranché ce qui lui a paru trop passionné, trop hardi, pour le public anglais. Après quoi vient le traducteur allemand, qui, non content de retrancher aussi ce qui lui paraît condamnable à ce point de vue, ne comprend rien aux belles parties, aux parties innocentes qu'il a épargnées, et y fait des contre-sens. Peut-être traduirai-je la fin, qui a été particulièrement gâtée par cette rouille allemande, afin que le vieux poëte vous apparaisse au moins avec les beautés que le traducteur anglais avait laissé passer.

Assez pour aujourd'hui ! j'ajoute seulement qu'on parle çà et là de la vente de votre jardin. On doute que vous en trouviez le prix que vous désirez ; espérons toutefois. Je ferai prendre les clefs chez Hufeland en cas de besoin. Adieu, cher ami.   GŒTHE.

SCHILLER A GŒTHE.

Weimar, le 20 février 1802.

Nous regrettons tous, et moi surtout, que vous soyez encore pour quelque temps retenu à Iéna ; mais puisque vous vous y trouvez si bien, que vous y employez si bien votre temps, nous nous félicitons de ces résultats de votre activité. Peut-être la poussière des livres, fécondée par l'esprit poétique, vous ramènera-t-elle au fantastique docteur[1], et alors je bénirai cette poussière. J'ai relu ces jours-ci vos élégies ainsi que vos idylles, et je ne saurais vous dire quelles impressions fraîches,

[1] Faust.

intimes, vivantes, ce vrai génie poétique a éveillées en moi, combien il m'a saisi et remué. Je ne connais rien au-dessus de cela, même dans vos œuvres. Jamais vous n'avez exprimé d'une manière plus pure, plus complète, et votre physionomie individuelle et le monde lui-même.

C'est une chose très-intéressante de voir comme votre nature observatrice s'unit naturellement à la philosophie, et s'anime et se fortifie par elle. La réciproque pourrait-elle avoir lieu? La nature spéculative de notre ami[1] saurait-elle s'assimiler une aussi grande part de vos observations? j'en doute, et la différence tient à la situation même. Vous ne prenez de ses idées que ce qui convient à vos observations, et vous ne vous inquiétez pas du reste; l'objet, en fin de compte, n'est-il pas pour vous une autorité plus solide que la spéculation, s'il y a désaccord entre l'un et l'autre? Le philosophe, au contraire, doit être singulièrement embarrassé par toute observation qu'il ne peut soumettre à son système, car il demande toujours l'absolu à ses idées.

La *Gita-Govinda* m'a ramené à *Sacontala*, et je me suis demandé si on ne pourrait pas utiliser ce sujet pour le théâtre; mais il semble absolument opposé aux conditions de la scène. C'est le seul des trente-deux vents avec lequel le navire dramatique ne peut mettre à la voile chez nous. Cela tient sans doute au caractère de cette composition qui est la délicatesse, et peut-être plus encore à l'absence totale de mouvement, car le poëte

[1] Schelling.

s'est complu à ne peindre que des sensations, sans doute parce que le climat lui-même invite au repos.

Adieu. J'espère avoir bientôt de vos nouvelles.

SCHILLER.

GŒTHE A SCHILLER.

Iéna, le 9 mars 1802.

Je me trouve ici à une époque de réunions joyeuses. Presque tous les jours il me faut ou dîner ou souper en ville ; aussi n'ai-je pas encore trouvé un moment favorable au travail.

Je me suis mis à lire les *Mémoires historiques et politiques du règne de Louis XVI*, par Soulavie. C'est un ouvrage qui par sa variété intéresse et captive, quoique la sincérité de l'auteur soit fort suspecte. L'ensemble offre le coup d'œil immense d'une multitude de ruisseaux et de torrents qui, se précipitant du haut des montagnes et du fond des vallées, se rencontrent, se heurtent, et occasionnent des inondations dans lesquelles périssent pêle-mêle ceux qui les avaient prévues et ceux qui n'en avaient aucun pressentiment. Dans cette œuvre on voit partout la nature, mais rien de ce que nous autres philosophes aimerions tant à appeler la liberté. Nous verrons si la personnalité de Bonaparte nous tient en réserve cette magnifique et souveraine apparition.

Comme depuis peu de jours j'ai déjà lu quatre volumes de cet ouvrage[1], je n'ai guère fait que cela, et n'ai

---

[1] Ces *Mémoires* de Soulavie forment six volumes.

rien de neuf à vous raconter. Portez-vous bien, donnez-moi des nouvelles de Weimar, et dites-moi si vous êtes content de votre travail.

GŒTHE.

Ici se place un épisode assez singulier dans l'histoire littéraire de Weimar. L'écrivain dramatique Kotzebue, le fournisseur attitré des scènes vulgaires, le roi de ces Philistins que Schiller et Gœthe avaient criblés d'épigrammes dans les *Xénies*, s'était mis en tête de remporter sur le théâtre même de Gœthe ces victoires qu'il obtenait si aisément ailleurs. Bien accueilli à la cour du souverain, il ne trouva pas la même indulgence auprès des deux poëtes; ses comédies et ses drames, si recherchés d'un bout de l'Allemagne à l'autre, étaient soumis à une censure très-littéraire dont les exigences l'irritaient. Il avait encore d'autres sujets de colère. Gœthe donnait tous les quinze jours des soupers auxquels assistait une réunion d'élite; le duc et ses fils, Schiller et sa femme, madame Caroline de Wolfzogen, belle-sœur de Schiller, mademoiselle Amélie d'Imhof, à qui l'on doit des poésies appréciées de Schiller et de Gœthe, quelques femmes de la cour, esprits aimables et qui sentaient le charme des arts, mademoiselle de Gœchhausen, la comtesse d'Egloffstein, la maréchale d'Einsiedel, tels étaient les convives habituels de ces fêtes qu'on appelait tout simplement *le cercle du mercredi*. Ces réunions appartiennent à l'histoire de la littérature allemande : c'est aux soupers du mercredi que les deux poëtes produisirent pour la première fois un grand nombre de leurs strophes ; Schiller y lut *les Quatre âges du monde, la Faveur du moment, Aux amis*, et Gœthe plusieurs *Chansons de table* (*Tischlieder*). « Ce sont des soirées toutes joyeuses, écrivait Schiller à Kœrner le 16 novembre 1801 ; on chante, on boit, sans se laisser troubler le moins du monde par la présence du duc et des princes. » Kotzebue avait essayé en vain de pénétrer dans le poétique et joyeux cénacle. « C'est ici comme au Japon, disait Gœthe, il y a deux cours, la cour du roi temporel, et la cour spirituelle ; s'il a ses entrées dans l'une, ce n'est pas une raison pour l'admettre dans l'autre. »

Humilié de son échec, le dramaturge déclara une guerre sourde aux deux princes de l'esprit, et tout d'abord il essaya de les désunir. Son plan fut bientôt fait ; il prépara une fête en l'honneur de Schiller, une sorte d'apothéose du poëte, espérant éveiller la jalousie dans l'âme de Gœthe et rompre l'union des Dioscures. Si la pensée était basse et odieuse, l'intrigue était assez habilement ourdie pour que Schiller ne pût repousser ce perfide hommage. Plusieurs des femmes qui se réunissaient chez Gœthe le mercredi avaient accepté un rôle dans la solennité poétique. Les principaux personnages des tragédies de

Schiller, Jeanne d'Arc, Marie Stuart, Thécla, Wallenstein, devaient défiler tour à tour et prononcer des vers à la louange du grand artiste. La comtesse d'Egloffstein, — cette femme à l'esprit chevaleresque, dit Jean Falk, cette femme que Gœthe avait célébrée comme sa muse, — avait promis de représenter Jeanne d'Arc ; mademoiselle Amélie d'Imhof n'avait pu refuser de remplir le rôle de Marie Stuart ; mademoiselle Sophie Méreau, poète aimable qui avait fourni plus d'une page aux *Heures* et à l'*Almanach des Muses*, était chargée de réciter les vers de *la Cloche* ; Wieland lui-même devait prendre part à la cérémonie ; en protestant contre cette ovation dont le sens ne lui avait pas échappé, Schiller aurait semblé jeter un blâme à des personnes qu'il aimait. « Je serai malade, disait-il à Gœthe, je trouverai bien un moyen de ne pas assister à une fête dirigée contre vous. » Gœthe ne répondit rien, dit le principal biographe de Gœthe, M. Henri Viehoff. M. Vichoff est-il bien sûr de ce qu'il affirme? Schiller et Gœthe parlent de cet incident avec trop d'enjouement et d'aisance pour qu'il y ait jamais eu la moindre contrainte à ce sujet dans leurs conversations. Ce silence de Gœthe révélerait un dépit dont il n'y a nulle trace chez cette intelligence si haute. J'ose conjecturer que les choses se passèrent autrement. Quand Schiller exprimait son désir de se soustraire à ce triomphe, Gœthe lui faisait comprendre que c'était impossible.

S'il avait pu déplaire à Kotzebue, avec quelle joie il eût repoussé son offrande! Mais ses amis les plus sincères, les amis même de Gœthe avaient été associés à l'intrigue du dramaturge. Il y avait là des conspirateurs très-avisés et des conspirateurs sans le savoir. Force était bien de se résigner; nos amis se vengèrent de l'intrigue en la déjouant d'avance; jamais ils n'avaient été plus unis, et on voit par leurs lettres avec quelle sérénité ils parlent tous deux de cette aventure. Seulement, aux approches du jour désigné (ce devait être le 5 mars 1802), Gœthe quitta Weimar et alla continuer à Iéna ses études d'histoire naturelle. Dans tout Weimar, en effet, il n'était question que de la fête du 5 mars. On apprenait les rôles, on préparait les costumes, toutes les places étaient retenues d'avance. Ah! si le pauvre Schiller avait pu suivre Gœthe à Iéna! Heureusement, il y eut un coup de théâtre auquel personne ne s'attendait: la veille ou l'avant-veille de la représentation, le bourgmestre de Weimar fit savoir à Kotzebue qu'on ne pouvait décidément lui prêter la salle de l'hôtel de ville pour la cérémonie projetée. « On avait eu tort, disait-on, de lui en faire la promesse; la salle était tout nouvellement décorée, et le tumulte d'une assemblée nombreuse menacerait de graves dommages un édifice consacré à des réunions plus paisibles. » D'où venait cette décision subite? Était-ce le prince qui avait deviné enfin ce dont il s'agissait, et qui, au dernier moment, venait au secours de ses amis ? Ce qu'il y a de certain, c'est que, peu de temps après, le bourgmestre de Weimar fut nommé conseiller aulique. Le public de Weimar, qui a de l'esprit, dit Gœthe, *et qui aime à mêler les choses du théâtre aux choses de la vie*, se rappela les derniers mots du *Wallenstein*. Piccolomini, qui a fait échouer la conspiration du duc de Friedland est nommé duc et généralissime par l'Empereur; le nouveau conseiller avait fait échouer la conspiration de Kotzebue, et les habitants de Weimar l'appelaient le conseiller Piccolomini. Ainsi se passèrent sans incidents fâcheux ces *Ides de mars* dont l'approche avait tourmenté Gœthe et Schiller.

SCHILLER A GŒTHE.

Weimar, le 10 mars 1802.

Pendant que vous passez si agréablement votre temps à Iéna, pendant que vous vous y arrangez si bien pour vivre et pour jouir de la vie, je me suis tenu enfermé chez moi, où j'ai beaucoup travaillé, bien que je ne puisse encore, d'ici à quelque temps, vous rendre compte de mon travail. Un intérêt plus puissant que celui de *Warbeck* me préoccupe depuis six semaines, et m'attire avec une force et une chaleur inaccoutumées. Je ne suis encore qu'à l'époque de l'espérance et du pressentiment, mais elle est déjà fertile, et j'ai la conviction que je suis sur la bonne route.

Je sais peu de chose de ce qui se passe ici; car je

ne vois personne; j'ai cependant entendu dire que Wieland s'est laissé entraîner à traduire *Ion* d'Euripide, et qu'on a découvert une immense quantité de choses cachées dans cet *Ion* hellénique.

Le 5 mars s'est passé plus heureusement pour moi que le 15 mars pour Jules César, et je n'entends plus parler de cette grande affaire; j'espère donc qu'à votre retour vous trouverez les esprits calmés. Mais comme le hasard est toujours naïf et se plaît parfois à de malignes espiègleries, le duc, dès le lendemain de cette aventure, a nommé le bourgmestre conseiller, en considération de ses grands services...

Je lis maintenant une *Histoire des Papes*[1], écrite par un Anglais, ancien jésuite, qui, voulant puiser aux sources mêmes les principes sur lesquels repose la papauté afin de s'affermir dans sa foi, trouva sur ce chemin précisément le contraire de ce qu'il cherchait et dirige aujourd'hui son érudition contre l'Église romaine. Bien que l'exécution soit superficielle, l'ouvrage est attrayant par les conséquences qu'il renferme; il y règne une variété infinie, car toutes les histoires sont mêlées à l'histoire du saint-siége, et l'on y voit en même temps une formidable unité, tant la persistance d'une même pensée y dévore toutes les forces individuelles.

Portez-vous bien et poussez vivement votre travail afin que nous puissions bientôt fêter votre retour.

SCHILLER.

---

[1] *History of the Popes*, by archibald Bower. Schiller lisait cet ouvrage dans la traduction allemande de Rambach.

SCHILLER A GŒTHE.

Weimar, le 17 mars 1802.

Je suis heureux d'apprendre que vous vous portez bien à Iéna et que la poésie même fleurit sur votre chemin. Pendant ce temps, vous ne perdez pas grand'chose à être loin de Weimar; la société, affaiblie par les assauts qu'elle a soutenus, a l'air d'être maintenant tombée dans le paroxysme de la sueur froide.

Vous êtes, ainsi que moi, très-poliment invité à fournir des articles à l'*Irène* de Halem. J'admire la stupidité de ces messieurs qui, après avoir tout fait pour nous annuler, osent espérer que nous contribuerons aux succès de leurs œuvres. C'est Meyer qui m'a fait cette proposition ; je suis décidé à lui dire ce que j'ai sur le cœur....

La fin de cette lettre et la suivante nous montrent combien ces grands esprits, malgré l'élévation de leurs sentiments et l'impartialité de leur savoir, subissaient encore l'influence des passions du dix-huitième siècle. Sommes-nous bien dans l'Allemagne de Herder, dans cette Allemagne qui va produire les Savigny, les Eichhorn, les Grimm, et juger avec une inspiration si haute, si profondément humaine, les grands travaux du moyen âge ? Sommes-nous bien dans ce monde de la justice et de la science, lorsque

[1] *Irène, journal des filles de l'Allemagne.* L'éditeur était M. de Halem, d'Oldenbourg.

nous entendons Schiller insulter saint Bernard? Celui qui défendit si noblement Jeanne d'Arc contre les outrages de Voltaire a-t-il pu s'oublier au point de méconnaître ainsi la sainteté unie à l'héroïsme? Certes, il est bien des choses que nous n'hésitons pas à condamner dans la vie de ce puissant personnage : « Saint Bernard, a dit excellemment M. de Rémusat, consacrait à Dieu ses passions comme le templier son épée. » Ces passions, si pieusement consacrées, si désintéressées des choses de la terre, n'en sont pas moins des passions, et souvent des passions implacables. Saint Bernard a été sans pitié pour Abélard. Jugeons-le, mais surtout n'oublions pas de le replacer au milieu de son époque. Voyons-le réformer l'Église, les couvents, et adresser à la papauté un langage que nul après lui n'a renouvelé avec cette force et cette audace. Saint Bernard a été, dans les conditions de son temps, un des grands types de l'humanité. Schiller, c'est son droit, peut juger aussi sévèrement qu'il voudra l'ardent réformateur religieux du douzième siècle; ce qui nous attriste ici, c'est de voir s'échapper de ces nobles lèvres des expressions indignes, de misérables injures qu'on excuserait à peine chez l'écrivain du plus bas étage. Gœthe a publié cette lettre, il y a même répondu dans le même sens; il ne nous appartient pas de la retrancher ici. Restons fidèle à notre impartialité d'historien ; ces taches si regrettables qui attestent la faiblesse humaine chez le plus généreux esprit, nous révèlent aussi un des caractères de cette période. L'Allemagne, par la voix de Neander, réparera bientôt l'injustice du poëte ; la critique germanique du dix-neuvième siècle a confirmé sur bien des points, avec l'intelligence la plus pénétrante et la science la plus sûre, les admirables paroles que Bossuet et Luther ont consacrées à saint Bernard. Il n'est pas nécessaire de rappeler ici le panégyrique de saint Bernard par l'évêque de Meaux, un des chefs-d'œuvre de l'éloquence sacrée ; quant à Luther, il mettait saint Bernard « au-dessus de tous les moines et de tous les prélats du monde entier. » Il l'appelait « un homme vraiment pieux et inspiré de la crainte du Seigneur. » Voici la lettre de Schiller :

Je me suis occupé ces jours-ci de saint Bernard, et je suis charmé d'avoir fait sa connaissance. Il serait difficile de trouver dans l'histoire un pareil maroufle à la fois traître et politique, et placé dans un élément où il lui eût été si facile de jouer un rôle noble et digne. Il était l'oracle de son époque, et la dominait, quoique ou peut-être parce qu'il restait dans la vie privée, et laissait les autres arriver aux postes les plus élevés.

Les papes étaient ses disciples et les rois ses créatures. Il haïssait et opprimait de tout son pouvoir chaque tendance progressive, et ne protégeait que la plus épaisse bêtise monacale. Lui-même, au reste, n'avait qu'une tête de moine, et toutes ses qualités se formaient à la

prudence et à l'hypocrisie ; c'est un vrai plaisir de voir
glorifier un pareil homme !

SCHILLER.

GOETHE A SCHILLER.

Iéna, le 19 mars 1802.

Je me déciderai bientôt à interrompre mon séjour ici
et à retourner auprès de vous. Je me réjouis d'avance
de nos bonnes soirées, d'autant plus que nous avons
bien des choses à nous dire.

Dès que les conjurés du 5 mars se seront un peu con-
solés de leur mésaventure, nous réorganiserons notre
société, et nous essayerons les nouvelles chansons que
j'apporterai. Avez-vous eu soin de donner les vôtres à
Zelter, puisque les compositions de Kœrner ne réussissent pas toujours bien ?

Si vous répondez à l'appel de l'*Irène*, je vous souhaite de la méchanceté et un poing robuste. Ce serait
bien aimable à vous si vous vouliez leur envoyer une
épître qui répondrait à toute cette canaille, pour laquelle
je sens toujours plus de haine et de mépris.

J'ai été enchanté en apprenant que vous êtes décidé
à accommoder votre *Jeanne d'Arc* pour notre théâtre ; et
puisque nous remettons cette représentation depuis si
longtemps, il faut absolument qu'elle devienne très-
remarquable.

Je ne puis rien faire d'*Iphigénie* ; si vous ne voulez
pas la corriger vous-même et la mettre à l'étude, je crois
bien qu'elle ne sera jamais jouée. Il serait pourtant bon
que nous puissions la donner à Weimar ; puis on nous

la demandera pour d'autres théâtres, ainsi que cela nous arrive toujours. *Rhadamiste et Zénobie* est vraiment une pièce remarquable; c'est le sommet le plus élevé de l'art maniéré; aussi, à côté d'une telle œuvre, les tragédies de Voltaire sont-elles la nature même. Je ne sais ce qui me séduit dans ce Rhadamiste; c'est sans doute parce qu'il se trouve dans une position à la façon de Caïn, et que sa vie vagabonde rappelle la destinée de ce premier fratricide. Je ne vois cependant pas encore le moyen d'introduire cette pièce sur la scène allemande.

Je vous félicite d'avoir fait la connaissance de saint Bernard; nous tâcherons d'apprendre quelques *specialiora* sur son compte.

Nos deux amis les théologiens sont en ce moment fort peu à leur aise; Griesbach souffre par les pieds, et Paulus par sa femme. Elle est vraiment très-mal, et l'on est presque sûr qu'elle n'en reviendra pas; il faudra que la nature répète souvent ses opérations avant de produire, pour la seconde fois, un petit être aussi agaçant.

Zelter a produit ici un très-grand effet; on n'entend partout que ses mélodies, et c'est à lui que nous devons la résurrection de nos chansons et de nos ballades.

L'organisation de la bibliothèque s'avance, et force planches et force poutres descendent la Saale pour servir à la construction du nouveau théâtre de Lauchstedt. Je compte sur vous pour seconder cette nouvelle entreprise. Revoyez toutes vos anciennes pièces et faites ce que vous pourrez pour les mettre en état d'être représentées. Je sais très-bien combien cela est difficile; mais la réflexion et l'habitude ont dû vous apprendre, dans le métier dramatique, un si grand nombre de tours d'adresse que vous pouvez très-bien, en mainte opération, vous passer de génie et de verve poétique.

Ces jours-ci, j'ai fait et lu beaucoup de choses. L'ouvrage de Brown sur les éléments de la médecine m'a beaucoup intéressé; on se sent en présence d'un esprit d'élite qui se crée des mots, des expressions et des tournures de phrases à l'aide desquelles il exprime ses convictions avec autant de modestie que d'enchaînement et de justesse. Rien, dans ce petit livre, ne se ressent du langage routinier de ses successeurs.

Pendant que je dictais ce feuillet, j'ai pris la résolution de retourner à Weimar dès mardi prochain, et je vous invite d'avance à venir passer la soirée avec moi. Voulez-vous avoir la bonté de vous informer si nos amis seraient disposés à se réunir mercredi prochain chez moi? Que leur réponse soit affirmative ou négative, veuillez la faire connaître dans ma maison. Je ne vous en dis pas davantage, puisque je vais avoir bientôt le plaisir de vous voir.

GŒTHE.

SCHILLER A GŒTHE.

Weimar, le 20 mars 1802.

L'annonce de votre prochain retour m'a fait un très-grand plaisir. Je me réjouis de passer avec vous le commencement du printemps, car cette époque de l'année me rend toujours triste, en produisant chez moi je ne sais quelle langueur inquiète et sans motifs.

Je ferai tout ce qui est en mon pouvoir pour approprier votre *Iphigénie* au théâtre, et si nos acteurs font leur devoir, je ne doute pas du succès.

Je suis toujours très-satisfait de mon *Don Carlos*. Il y a dans ce sujet une excellent fonds dramatique ; je conviens qu'il m'a été impossible d'en faire un tout, parce que je l'ai envisagé sous un point de vue trop vaste. Je me bornerai donc à classer les détails de manière à ce que l'ensemble leur serve de base.

Quant à ma *Jeanne d'Arc*, je crois qu'il faudra la faire jouer à Lauchstedt avant de la donner ici... Nos acteurs cependant apprendront leurs rôles à Weimar, et je soignerai les répétitions ; de cette manière, ils pourront s'en tirer à Lauchstedt à leur honneur et au nôtre.

Il me serait impossible de revoir mes anciennes pièces dans le courant de cette année. Au reste, si nous donnons *Iphigénie*, *Marie Stuart*, *Jeanne d'Arc* et *Don Carlos*, nos acteurs seront assez occupés.

On m'a confié une traduction nouvelle de l'*École des femmes*, de Molière, et j'ai la conviction qu'il suffirait de quelques changements peu importants pour que nous puissions nous en servir avec succès. On vient aussi de m'envoyer une autre pièce où il y a beaucoup de bonnes choses ; mais comme elle a été tirée d'un roman, les fautes dramatiques y fourmillent.

Madame Méreau vient de me dire qu'elle s'occupe d'une traduction du *Cid* de Corneille. Tâchons de la diriger dans ce travail, qui pourrait devenir une bonne acquisition pour notre théâtre.

Je convoquerai notre société, ainsi que vous m'en exprimez le désir, et je suis très-curieux de voir si on est devenu assez calme pour renouer, de bonne grâce, d'anciennes relations amicales.

Peut-être vous verrai-je lundi prochain à Iéna. Ma belle-sœur passera par cette ville pour aller voir une amie qui demeure dans les environs; ma femme et moi, nous avons l'intention de l'accompagner, mais il n'y a encore rien de certain.   SCHILLER.

Schiller n'a pas donné suite au projet dont il est question dans cette lettre. L'indication cependant était bonne et féconde; puisque Gœthe ouvrait des des concours afin d'éveiller la poésie comique en Allemagne, puisque Schiller devait traduire une comédie de Gozzi, et même deux comédies de l'honnête Picard, que ne s'essayait-il plutôt à introduire Molière sur la scène germanique? Il est impossible de ne pas se rappeler ici l'admiration si bien sentie que Gœthe professa plus tard pour l'auteur du *Misanthrope* et du *Tartufe*. « Molière est si grand, disait Gœthe à Eckermann le 12 mai 1825, qu'on en ressent toujours un étonnement nouveau chaque fois qu'on le relit. C'est un génie franc et sans modèle; ses pièces, si joyeuses qu'elles soient, confinent à la tragédie. Son *Avare*, où le vice détruit tout sentiment de respect entre le père et le fils, est particulièrement grand et tragique dans le sens élevé du mot... Tous les ans, je lis quelques pièces de Molière, de même que je contemple de temps en temps des gravures d'après les tableaux des grands maîtres italiens. Car nous autres, faibles esprits, nous ne sommes pas capables de conserver en nous le sentiment de grandeur que produisent de telles œuvres, et nous sommes obligés d'y revenir toujours par intervalles pour rafraîchir nos impressions. » Et plus tard, dans une conversation avec Eckermann sur l'art dramatique, il citait encore Molière comme un modèle incomparable : « Toute action doit être importante par elle-même, et tendre vers une action plus importante encore. *Le Tartufe* est ici un grand modèle. Rappelez-vous la première scène ; quelle exposition que celle-là ! Tout a de l'importance dès le début et fait pressentir des situations encore plus dramatiques. L'exposition de la *Minna de Barnhelm* de Lessing est excellente aussi, mais l'exposition de *Tartufe* est unique dans l'histoire de l'art ; elle est, dans ce genre-là, ce qu'il y a de plus grand et de meilleur[1]. » Quand on lit ces précieuses confidences de Gœthe, il est permis de regretter que Schiller, guidé par lui, n'ait pas traduit l'*École des femmes*, et surtout qu'il n'ait pas essayé de naturaliser sur la scène de Weimar ces grandes peintures qui confinent au drame : *l'Avare*, *le Misanthrope*, *le Tartufe*.

[1] *Eckermann's Gespræche mit Gœthe.* Voyez la traduction de M. Émile Délerot.

GŒTHE A SCHILLER.

Iéna, le 4 mai 1802.

Recevez avant tout mes sincères compliments sur votre déménagement, puisqu'il s'est accompli sans accident. Je me fais une vraie fête de vous trouver, à mon retour à Weimar, dans un logement agréable, et d'où vous pourrez voir en plein le soleil et la verdure.

Faites-moi donc le plaisir de me donner des nouvelles de notre théâtre. Qu'espérez-vous d'*Iphigénie*, dont nous avons été forcés de remettre la représentation ?

La réorganisation de la bibliothèque traîne indéfiniment en longueur, et me rappelle trop souvent le divin *far niente* des Italiens. C'est que la nécessité de travailler régulièrement pendant une suite de longues années, et toujours aux mêmes heures, forme des hommes qui ne font que le strict nécessaire par heure, et l'on pourrait même ajouter à l'heure ; aussi resterai-je ici aussi longtemps que possible, car je suis convaincu qu'après mon départ, il ne se fera plus rien.

Ma position personnelle à Iéna est toujours fort agréable ; j'ai même pu faire quelques poésies lyriques, et je suis remonté à la source de la mythologie du Nord, sur laquelle j'ai tous les renseignements nécessaires sous la main[1]. Il est bon que j'aie planté un jalon dans ce domaine, d'après lequel nous pourrons nous orienter dans l'occasion.

[1] Gœthe venait de lire l'ouvrage de Mallet : *Edda ou monuments de la mythologie et de la poésie des anciens peuples du Nord.*

Tout ce tripotage de bibliothèque ne laisse pas que d'être fort intéressant pour nous autres, même quand on ne fait que feuilleter les livres à la hâte...

Donnez-moi bientôt de vos nouvelles. GŒTHE.

SCHILLER A GŒTHE.

Weimar, le 5 mai 1802.

Il me sera impossible de donner *Iphigénie* samedi prochain; le rôle principal est si difficile, qu'il demande de longues études. J'augure toujours très-bien du succès de cette représentation, et j'ai vu avec plaisir que ce sont les passages les plus poétiques et les plus beaux qui ont le plus fortement impressionné nos acteurs. Le récit des horreurs de Thyeste, suivi du monologue d'Oreste, où l'on voit les mêmes figures paisiblement réunies dans l'Élysée, produira un très-bel effet si nos artistes parviennent à le faire sentir aussi bien que je l'espère.

Quoique nous soyons emménagés depuis six jours, tout est encore en confusion chez moi, et je trouve à peine le temps de travailler pendant quelques heures le matin; espérons que l'ordre ne tardera pas à se rétablir. SCHILLER.

GŒTHE A SCHILLER.

Iéna, le 7 mai 1802.

Je suis charmé de ce que vous me dites d'*Iphigénie*. Si vous pouviez la faire représenter sans que je fusse obligé d'assister à la répétition générale, je resterais encore une semaine ici, ce qui avancerait beaucoup mes affaires.

On m'écrit de Lauchstedt que la construction du théâtre avance rapidement ; je suis curieux de voir ce champignon quand il sera sorti de terre.

Quand vous aurez fait une première lecture d'*Alarkos*[1], donnez-m'en des nouvelles.

On m'a envoyé ces jours-ci une production dramatique qui me cause un véritable chagrin. Il y a dans cette pièce un talent incontestable, une profonde et sage méditation, une connaissance exacte des anciens, des vues gracieuses, et cependant cela ne vaut rien, car cela ne fait face ni en avant ni en arrière. On aurait pu mettre la dixième partie sur la scène, mais telle qu'elle est, je la déclare absolument impossible. A mon retour à Weimar je vous la soumettrai, et vous entonnerez sans doute des lamentations plus grandes que les miennes. N'en parlez à personne cependant, car il faut que cette mésaventure reste entre nous.   GŒTHE.

SCHILLER A GŒTHE.

Weimar, le 8 mai 1802.

Je ferai tout ce qui dépend de moi pour *Alarkos*, quoique les difficultés soient deux fois plus grandes que je ne m'y étais attendu d'abord. Cette pièce est un si singulier amalgame des temps antiques et des temps modernes, qu'elle ne peut prétendre ni à la faveur ni au respect du public. C'est au point que nous pourrons

[1] Drame de Frédéric Schlegel.

nous féliciter si elle ne nous vaut pas une chute totale. Pour frustrer nos misérables adversaires de ce triomphe, il faudra faire représenter cette pièce avec autant de noblesse et de sérieux que possible, et l'entourer de toute la rigide bienséance qui caractérise la tragédie française. Si nous pouvons en imposer au public, en lui faisant entendre quelque chose de plus élevé et de plus grave que d'habitude, il n'en sera pas moins mécontent au fond, mais il ne saura pas à quoi s'en tenir.

La répétition d'*Iphigénie* est définitivement fixée au 15 ; le mardi suivant, la pièce sera jouée devant le public. SCHILLER.

GŒTHE A SCHILLER.

Iéna, le 11 mai 1802.

Si la représentation d'*Iphigénie* n'est point remise, faites-moi prévenir le matin ; je me rendrai le soir au théâtre, et je goûterai auprès de vous une des plus singulières impressions que j'aie pu ressentir dans le cours de ma vie, celle de retrouver comme présent et actuel un état de mon âme évanoui déjà depuis longtemps.

J'ai fait et appris beaucoup de choses pendant mon séjour ici ; si je pouvais, tous les deux jours seulement, passer la soirée avec vous et Meyer, je ne saurais rien souhaiter de mieux que mon état actuel. GŒTHE.

SCHILLER A GŒTHE.

Weimar, le 12 mai 1802.

La représentation d'*Iphigénie* ne souffrira point de retard. Je comprends qu'en revoyant cette pièce vivre devant vous, elle réveillera dans votre âme bien des souvenirs, empreints des formes et des couleurs du monde au milieu duquel vous viviez lorsque vous l'avez composée, et que, sous ce rapport aussi, elle sera remarquable pour vos amis et amies de Weimar.

Puisqu'il le faut, nous hasarderons la représentation d'*Alarkos*. J'ai fait la lecture de cette pièce à notre charmante C*** K***, car j'étais curieux de voir l'effet qu'une telle production produirait sur un tel esprit; mais le résultat de cette épreuve a été si singulier, que je n'en essayerai jamais de semblable. Il est étonnant que certains animaux sachent tirer de certaines plantes des substances tout extraordinaires. Cette chère K*** appartient à la classe des lecteurs qui, lorsqu'on leur lit une production poétique, se croient obligés de la mâcher au lieu de la contempler. Elle m'a assuré que cette pièce, pour être du même auteur que *Lucinde* (qu'elle aime beaucoup), lui paraît très-religieuse. Le personnage passionné de la pièce, c'est-à-dire l'infante, lui a semblé affreux et d'une immoralité révoltante. Certes, je ne m'attendais pas à ce jugement, mais il paraît que les pôles du même nom se repoussent toujours et partout.

Bien des circonstances sont venues empoisonner mon entrée dans ma nouvelle demeure. Je ne vous parlerai que de la triste nouvelle de la maladie et de la mort de ma mère. En confrontant les dates, j'ai vu que j'ai perdu ma mère le même jour où je suis entré dans ma nouvelle maison. Il est impossible qu'un pareil concours de circonstances douloureuses ne cause pas une vive impression.   SCHILLER.

GŒTHE A SCHILLER.

Iéna, le 8 juin 1802.

Je ne veux pas laisser partir la messagère sans vous annoncer que le travail dont je me suis chargé marche à souhait, bien que je sois arrivé ici depuis deux jours seulement; j'ai dicté le tout d'un bout à l'autre, il ne s'agit plus que de donner de l'unité aux détails[1]. Faute de temps, il faudra que je m'en tienne à la prose, quoique je sente fort bien qu'en l'entremêlant de formes métriques, cette petite composition prendrait quelque importance. En tout cas, la représentation conservera le cachet de l'impromptu, ce qui ne laissera pas que de lui être très-favorable. Pour ce qui est de l'ensemble de cette affaire, qui m'est survenue si mal à propos, je la maudis dans ses anciennes et dans ses nouvelles parties, et cela serait un bien grand honneur pour moi si l'on pouvait ne pas reconnaître dans ce travail le dépit et la colère qui me l'ont inspiré.

Adieu, je vous souhaite santé, ardeur, plaisir et joie.

GŒTHE.

SCHILLER A GŒTHE.

Weimar, le 9 juin 1802.

Je vous félicite de vous être si bien tiré d'une tâche pénible. C'est une bien grande preuve que la nécessité peut beaucoup sur vous, et que, si vous vouliez employer le même moyen pour d'autres ouvrages, vous arriveriez au même résultat.

---

[1] Un prologue (*Vorspiel*) pour l'ouverture du théâtre de Lauchstédt.

Je n'ai pas fait grand'chose ces jours-ci, car je ne me sentais pas très-bien, et mes enfants étaient malades. Vous le voyez, malgré ma bonne volonté, il faut qu'il m'arrive toujours quelque chose qui paralyse mon activité.
SCHILLER.

GŒTHE A SCHILLER.

Iéna, le 11 juin 1802.

Mon travail est devenu plus long que je ne le croyais; après l'avoir fait mettre au net et distribué les rôles, il me reste encore des changements à faire. Je vous lirai cette petite production samedi, et lundi nous la mettrons à l'étude. Tâchez donc de rester disponible pour ces jours-là. Si j'avais pu m'occuper de ce travail quinze jours de plus, j'en aurais fait quelque chose. Tel qu'il est, et quoique tous les motifs ne soient point mis en relief, il y aura plus de vingt scènes. Il est vrai qu'il y en a de fort petites, mais à cette variété de personnages qui vont et viennent sans cesse correspond aussi la variété des motifs, car il n'y en a pas un qui entre ou qui sorte sans nécessité. Je ne dois pas oublier de dire que si j'ai travaillé à ce petit ouvrage avec tant de courage, c'est que vous en avez approuvé l'idée et le plan.
GŒTHE.

SCHILLER A GŒTHE.

Weimar, le 24 juin 1802.

Puisqu'il ne m'a pas été possible de vous accompagner à Lauchstedt, je veux du moins vous envoyer par écrit mes souhaits les plus ardents pour le succès des entreprises qui vous occupent. J'espère que vous me tiendrez bientôt au courant de vos faits et gestes. Puisse Apollon m'être assez favorable pour me permettre d'apporter, moi aussi, un nouveau tribut à cette nouvelle époque dramatique! Il serait temps que je parvinsse à finir quelque chose, car depuis mon dernier voyage à Dresde, j'ai toutes les peines du monde à me recueillir. J'ai, il est vrai, beaucoup de matériaux entassés, mais ils attendent toujours l'instant favorable qui doit les mettre en œuvre.

Ne manquez pas de m'annoncer tout ce qui pourra vous arriver d'heureux.   SCHILLER.

GŒTHE A SCHILLER.

Lauchstedt, le 28 juin 1802.

Je ne veux pas laisser partir le conseiller de la cour, qui retournera demain à Weimar, sans le charger d'un mot pour vous. Il vous dira comment s'est passée l'ouverture du théâtre et la représentation de mon prologue, dont la conclusion aurait pu être meilleure ; mais, vu les circonstances qui m'ont poussé de toutes parts, je dois convenir qu'il n'était pas mal.

J'ai commencé à relire avec Wolf mon petit livre sur les couleurs, et j'espère que mes conférences à ce sujet me conduiront à d'heureux résultats ; nous en parlerons lorsque nous nous trouverons dans une situation plus calme.

Toute la jeunesse d'ici désire et espère vous voir, et cependant je n'ose vous inviter à venir. Pour moi, je ne sais que devenir depuis que je n'ai plus rien d'obligatoire à faire à Lauchstedt.

On vous remettra la clef de mon jardin et de sa maison; passez-y des jours agréables et profitez du calme qui règne dans la vallée. Je viendrai probablement me retirer bientôt à Weimar, car il y a peu de choses à gagner pour nous autres dans le mouvement du monde, où l'on ne fait que retrouver péniblement morcelé ce que l'on possède en entier. Il faudra cependant que je consacre quelques jours à l'examen de Halle et de son université.

Pensez à moi, et donnez-moi des nouvelles de vos travaux.   GŒTHE.

GŒTHE A SCHILLER.

Lauchstedt, le 5 juillet 1802.

Le désir que nos jeunes gens éprouvent de vous voir ici va toujours en augmentant. Faites-moi savoir par le retour du messager si vous avez quelque envie de le satisfaire. Il est vrai que vous n'y gagnerez rien et que cela vous distraira beaucoup. En tout cas, toutes les mesures sont prises pour que vous trouviez un bon logement, une bonne table, et, pour ma part, j'y trouverais l'avantage immense de pouvoir, plus tard, m'entretenir avec vous de choses que nous aurions vues ensemble.

L'intéressant ouvrage sur l'histoire naturelle, dont je vous ai parlé avant mon départ de Weimar, continue à m'occuper de la manière la plus agréable [1].

[1] On croit que c'est l'ouvrage d'Oken : *Esquisse d'une philosophie*

J'ai fait bien des observations sur le contenu de ce livre et sur son auteur. C'est une espèce toute particulière de ce que nous appelons *homme de bon sens*; ce bon sens l'a jeté dans un impasse où il est forcé de convenir qu'on ne saurait aller plus loin. Si cependant il voulait élever ses regards au-dessus de sa tête, il sentirait que l'idée lui offre moyen de s'échapper.

Cette action du bon sens contre elle même ne s'était pas encore présentée à moi sous forme concrète, et je dois convenir que c'est sur cette même route qu'on peut arriver aux essais, aux expériences, aux raisonnements, aux divisions et aux enchaînements les plus curieux. Cet auteur s'efforce si loyalement d'éclaircir tout ce qui peut se trouver dans son cercle d'action, que j'ai le plus grand désir de faire sa connaissance personnelle.

Il faut que je termine cette lettre, car je vais assister tout à l'heure à la représentation de *Wildfang*[1].

Portez-vous bien et donnez-moi bientôt de vos nouvelles.
GŒTHE.

SCHILLER A GŒTHE.

Weimar, le 6 juillet 1802.

Il est fort heureux pour moi que je ne vous aie pas suivi à Lauchstedt, j'y aurais porté le germe d'un rhume de poitrine dont j'ai été atteint le jour même de l'ouverture de votre nouveau théâtre. Depuis ce jour, ce n'est pas moi seulement, mais toute ma famille

---

de la nature, la Théorie des sens pour servir à la classification des animaux.

[2] Comédie de Kotzebue.

qui souffre de ce mal. Mon petit, surtout, a été le plus violemment attaqué de cette malheureuse toux nerveuse. Joignez à cela que nous avons vécu dans un isolement complet, car j'ai été forcé d'éviter toutes les occasions de parler : aussi n'ai-je pu recevoir le conseiller de la cour qui devait me donner des nouvelles de l'ouverture du théâtre de Lauchstedt ; je ne sais donc sur ce grand événement que ce que vous m'en avez dit.

Jouer pendant neuf jours de suite, et tous les jours une pièce nouvelle ! c'est là un effort inouï, et cependant il faudra suspendre vos générosités, car il paraît que la salle ne s'emplit guère. Là, comme chez nous, c'est l'Opéra, c'est-à-dire l'éclat extérieur, qui attire la foule ; c'est un point qu'il ne faut pas oublier quand on s'est voué au démon théâtral.

Vous avez parfaitement raison de me dire que je devrais m'attacher davantage à l'intérêt dramatique dans mes œuvres ; car cet intérêt n'est pas seulement une des exigences de la scène et du public, la poésie même le réclame ; et c'est aussi parce que la poésie le réclame et seulement à cause de cela que je peux m'en occuper.

Si jamais je puis réussir à faire une bonne pièce, ce ne sera que sur la route de la poésie. Ces effets *ad extra* qui réussissent quelquefois au talent vulgaire et même à la simple dextérité, jamais je n'essayerai de les produire, et lors même que je l'essayerais, je n'y parviendrais point. Il ne s'agit donc pour moi que du but le plus élevé, et si je surmonte jamais l'instinct particulier qui m'entraîne vers les beautés intérieures, ce ne sera qu'après m'être conformé à toutes les exigences de l'art.

Je suis assez disposé à croire que nos drames ne devraient être que des esquisses vigoureuses et nettement dessinées. Mais pour exciter et occuper ainsi continuellement les sens du spectateur, il faudrait une plénitude d'invention que je ne possède pas. Un pareil problème serait, au reste, plus difficile à résoudre pour moi que pour tout autre, car je n'ai jamais rien pu faire sans y être porté par une certaine ferveur intime, qui, je l'avoue, me retient toujours près de mon sujet plus que de raison.

Ne pourriez-vous pas vous procurer par Wolf une traduction latine de la *Poétique* d'Arioste que feu Reiz a laissée manuscrite[1]? Cet ouvrage nous fournirait un thème intéressant pour nos prochaines conférences sur la nature du drame.

Il vient de paraître un écrit abominable contre Kotzebue, et cependant il n'y est pas aussi maltraité qu'il le mérite.

Tâchez de ne pas trop vous plaire à Halle, car j'attends votre retour avec impatience.   SCHILLER.

SCHILLER A GŒTHE.

Weimar, 26 juillet 1802.

Soyez le bienvenu à Weimar, j'ai le plus grand désir de revoir votre visage, et si cela ne vous dérange pas, je me rendrai chez vous entre trois et quatre heures, car il faut que je m'en retourne de bonne heure. Un rien ranime ma toux, et l'expérience m'a prouvé

[1] Frédéric Wolfgang Reiz, savant philologue, qui a donné en 1786 une édition célèbre de la *Poétique* d'Aristote. Il est mort en 1790.

que l'air du soir, principalement, produit ce funeste effet. Ma femme vous dit les choses les plus amicales.

SCHILLER.

GŒTHE A SCHILLER.

Iéna, le 17 août 1802.

Quoique mon séjour à Iéna ne soit guère productif jusqu'à présent, et bien que je ne sache pas trop moi-même pourquoi j'y suis venu, je veux pourtant vous donner de mes nouvelles et vous dire en résumé ce que je deviens.

Il y a juste aujourd'hui quinze jours que je suis à Iéna, et comme il me faut à peu près ce temps-là pour me mettre en mesure de travailler avec succès, il ne reste plus qu'à voir si les Muses béniront mon travail. Jusqu'à présent, beaucoup de petites circonstances m'ont désagréablement impressionné ; tout, jusqu'au bain que j'ai pris ce matin, s'oppose à l'inspiration poétique que j'attends.

Voilà le côté négatif. J'ai cependant inventé quelque chose qui pourra devenir utile par la suite, et dans le domaine de l'histoire naturelle j'ai fait des observations et des expériences dont je me promets d'heureux résultats. Quelques lacunes dans ma théorie de la métamorphose des insectes se sont trouvées remplies à ma satisfaction. Dans ce genre d'étude, ainsi que vous le savez fort bien, il ne s'agit que de bien employer les formules déjà trouvées, et d'être poussé à en inventer de nouvelles. Peut-être vous fournirai-je bientôt des exemples satisfaisants de cette double opération.

Portez-vous bien, et dites-moi quelques mots pour me consoler de la nécessité d'être si long-temps séparé de vous.
GŒTHE.

SCHILLER A GŒTHE.

Weimar, le 18 août 1802.

Vous ne pouvez jamais rester oisif, et ce que vous appelez une disposition stérile serait, pour tout autre, un temps parfaitement bien employé. Je voudrais de tout mon cœur qu'un de ces esprits subalternes, comme il y en a tant qui vont et viennent dans les universités, pût mettre la dernière main à vos idées scientifiques, afin de les recueillir, de les rédiger tant bien que mal, et de les conserver ainsi pour le monde. Quant à vous, j'en ai peur, vous ajournerez toujours ce travail, car tout ce qui est purement didactique répugne à votre nature. On dirait que vous avez été créé tout exprès pour que les autres vous dépouillent et héritent de vous avant votre mort, comme cela vous est déjà arrivé plus d'une fois.

Si nous nous étions connus six ou sept ans plus tôt, j'aurais eu assez de temps disponible pour m'initier à vos recherches scientifiques ; j'aurais peut-être entretenu chez vous le désir de donner à ces objets importants leur dernière forme, et, en tout cas, j'en serais resté le dépositaire loyal et fidèle.

J'ai lu ces jours-ci une notice sur Pline l'Ancien, et j'ai été étonné de voir quelle immense multitude de travaux l'homme peut embrasser à la fois s'il possède le grand art de bien employer son temps. A côté d'un tel homme, Haller lui-même gaspillait son temps. Il semble cependant qu'à force de lire, et de dicter, et de rédiger, il ne lui soit pas resté assez de temps pour réfléchir. On pourrait dire qu'il a concentré toutes les forces actives de son esprit sur le besoin d'apprendre. C'est au point qu'un jour il fut très-mécontent de son neveu, parce qu'il le vit se promener au jardin sans avoir un livre à la main.

Je continue à m'occuper de ma pièce et non sans succès. Elle m'offre un tout que je puis envisager et gouverner facilement. J'ai appris à cette occasion qu'il est bien plus facile d'enrichir un sujet simple que de circonscrire une matière trop riche en incidents.

Les réparations de ma nouvelle maison ne tarderont pas à être terminées, et j'espère qu'à votre retour vous nous trouverez dans une demeure élégante et agréable. Portez-vous bien, et apprenez-moi qu'en revenant ici vous nous enrichirez de quelque production nouvelle.

SCHILLER.

On ne voit pas dans ces lettres de Schiller à Gœthe quelle était alors l'indécision de son esprit au milieu des sujets de drame si différents qui l'attiraient à la fois. Sa correspondance avec Kœrner est plus explicite sur ce point. Il lui écrit le 9 septembre 1802 : « Je suis vraiment confus de la longue interruption de mes lettres, mais comme je te savais en voyage, ma paresse naturelle a saisi cette excuse pour me dispenser de prendre la plume. Au reste, tu n'y as rien perdu ; cet été malheureusement ne m'aurait pas fourni d'intéressantes nouvelles à te donner. Je ne suis pas toutefois demeuré inactif, et je travaille à présent d'une manière assez sérieuse à une tragédie dont tu connais le sujet par le récit que je t'en ai fait. Ce sont *les Frères ennemis* ou plutôt *la Fiancée de Messine*, car c'est de ce nom que je la baptiserai. Après avoir passé longtemps d'un sujet à un autre, je me suis décidé enfin pour celui-ci, et cela par trois raisons : d'abord, je m'y sentais parfaitement à l'aise, à cause de l'extrême simplicité du plan ; puis, j'avais besoin d'être aiguillonné par la nouveauté de la forme, et d'une forme qui me rapprochât de la tragédie antique ; or, c'est précisément ce que je trouve ici, car le sujet se développe véritablement à la manière d'un drame d'Eschyle. Enfin il me fallait choisir une œuvre qui ne fût pas de longue haleine, parce qu'après une si longue interruption, j'avais absolument besoin d'avoir bientôt devant les yeux quelque chose d'achevé. Je veux, à toute force, y mettre la dernière main avant la fin de l'année, la pièce devant être jouée vers la fin de janvier pour l'anniversaire de la naissance de la duchesse. » Le poëte ne fut pas prêt aussitôt qu'il l'avait espéré ; et comment l'aurait-il pu ? Il n'avait pas encore renoncé à sa tragédie de *Warbeck* ; « je m'occupe activement de mon *Warbeck*, dit-il à Kœrner dans la lettre même que je viens de citer, le plan s'élargit et s'étend... »

Partagé ainsi entre ses deux œuvres, il était bien difficile que Schiller terminât en trois mois une œuvre aussi accomplie que *la Fiancée de Messine*. Il voulut toutefois fournir son contingent aux fêtes de la duchesse; tandis que Gœthe écrivait pour cette solennité un *Maskenzug*, c'est-à-dire un de ces poétiques intermèdes où il déployait tant d'art et d'élégance, Schiller, sur le conseil de son ami, traduisait librement une comédie de Carlo Gozzi. Cette pièce, appelée *Turandot*, fut écrite en quelques jours avec une verve merveilleuse, et représentée le 30 janvier 1802, au milieu d'applaudissements enthousiastes qui s'adressaient au traducteur allemand beaucoup plus qu'au poëte italien. Ne savait-on pas que ce traducteur avait abandonné quelques jours une des grandes œuvres qui allaient révéler un nouvel aspect de son génie? Ignorait-on qu'il s'était séparé de sa *Fiancée de Messine* pour contribuer aux fêtes de la cité? *La Fiancée de Messine*, on va le voir par les lettres qui suivent, fut terminée seulement le 4 février 1802, cinq jours après la première représentation de ce *Turandot* qui avait montré une fois de plus, et sous une forme toute nouvelle, la verve et la facilité puissante du grand artiste.

GŒTHE A SCHILLER.

Weimar, le 16 octobre 1802.

Voici un petit *pro memoria* destiné à la nouvelle édition de *Benvenuto Cellini* ; veuillez m'en dire votre avis. On pourrait le communiquer à Cotta pour renouer des relations avec lui ; il en ferait une annonce, si nous nous mettions d'accord à ce sujet. Voulez-vous que je vous reconduise chez vous après le spectacle ? nous causerons de tout cela. Demain je retournerai peut-être à Iéna, afin de profiter des dernières belles journées. Mille vœux amis. GŒTHE.

GŒTHE A SCHILLER.

Weimar, le 13 janvier 1803.

J'ai entendu dire hier que vous aviez l'intention de réorganiser les soirées qui, l'année dernière, avaient lieu chaque samedi après le spectacle, et j'ai oublié de vous demander s'il en était en effet ainsi. Je désire le savoir, car le duc a une intention à peu près semblable, et je voudrais que les deux projets, au lieu de s'annuler mutuellement, vinssent à l'appui l'un de l'autre.

GŒTHE.

GŒTHE A SCHILLER.

Weimar, le 26 janvier 1803.

J'ai déjà eu plusieurs fois l'intention de vous demander comment vous alliez ; je le fais aujourd'hui, et pour vous engager à me répondre longuement, je vous apprends ce qui suit :

Le supplément de *Benvenuto Cellini* avance lentement.

J'ai lu et pensé beaucoup de choses qui sont de nature à stimuler l'esprit.

J'ai restauré et orné avec amour un mauvais plâtre de Vénus-Uranie, qu'on m'avait envoyé de Cassel ; j'ai cependant été obligé de laisser subsister ce qu'il a de nébuleux, mais cela peut passer, après tout, grâce à la magnifique forme fondamentale qu'on n'a pu détruire.

J'ai écrit une longue lettre à Humboldt.

J'ai fait peu de chose à ma collection de médailles ; le coup d'œil n'en est pas moins très-attrayant.

Le docteur Chladni vient d'arriver, et nous apporte sa théorie de l'acoustique dans un grand in-4°. J'en ai déjà lu une grande partie, et je pourrai verbalement vous rendre compte de la méthode, de la forme et du contenu. Ce cher docteur appartient à la classe des bienheureux, qui, ne présumant même pas qu'il existe une philosophie de la nature, ne s'attachent qu'à observer exactement les phénomènes pour les classer et les utiliser autant que peut le leur permettre leur talent inné et façonné à une seule spécialité.

Vous croirez sans peine qu'en lisant ce livre, et même dans mes conversations avec l'auteur, je m'en suis toujours tenu à mon ancienne méthode d'examen, ce qui m'a fourni plusieurs points d'arrêt fort utiles pour des études à venir.

Je suis bien aise qu'il soit venu en ce moment où nous attendons Zelter.

J'ai revu ma *Théorie des couleurs*, et les idées qui s'y croisent en tous sens ont été pour mon esprit un stimulant très-actif.

Ne voudriez-vous pas accorder un quart d'heure au docteur Chladni? l'individu et son cercle d'action valent la peine d'être connus; et puisqu'il a l'intention de passer par Rudolstadt, vous pourriez peut-être lui donner quelques lettres de recommandation.

Je ne vous en dirai pas davantage aujourd'hui, quoique j'aie encore bien des choses à vous confier.

Donnez-moi bientôt des détails sur tout ce qui vous concerne; et puisque nous ne pouvons sortir de chez nous ni l'un ni l'autre, imitons l'exemple de ces amoureux qui correspondaient par-dessus le paravent.

GŒTHE.

SCHILLER A GŒTHE.

Weimar, le 27 janvier 1803.

En échange de vos occupations si variées je n'ai à vous offrir qu'une activité concentrée sur un seul point, et dont je ne pourrai vous révéler le résultat que par le fait. Ma tâche actuelle est fatigante et pénible, car il s'agit de remplir les lacunes que j'ai laissées dans les quatre premiers actes; cela facilitera beaucoup le dénoûment, qui, au reste, est toujours le repas de fête de l'auteur dramatique. Ce qui favorise surtout ce dénoûment, c'est que j'ai séparé l'enterrement d'un des frères du suicide de l'autre. C'est sur la tombe de ce frère que se passe la dernière action, c'est-à-dire la vaine tentative de la mère et de la sœur pour conserver la vie de don César. Je doute cependant que cette pièce puisse être finie avant quinze jours.

Pour me conformer au désir du duc, j'ai lu toutes les pièces modernes du théâtre français qui se trouvent dans notre bibliothèque, mais je n'ai rien trouvé qui m'ait fait plaisir, et encore moins qui puisse servir à notre scène. Il n'en est pas de même d'une traduction française d'Alfieri. Ce poëte mérite d'être pris en considération.... On ne saurait lui contester un mérite qui renferme en même temps un blâme. Il sait disposer si heureusement ses sujets, il les arrange si bien pour l'usage de la poésie, qu'il vous donne l'envie de les traiter vous-même. Cela prouve sans doute qu'il n'a pas réussi à vous satisfaire, mais cela prouve aussi qu'il sait extraire l'idée poétique enfouie dans l'histoire, dans la prose.

Si vous vous sentez le courage de rompre votre quarantaine, vous me feriez bien plaisir de venir me voir demain au soir.

Je recevrai avec beaucoup de plaisir le docteur Chladni cette après-midi. Schiller.

SCHILLER A GŒTHE.

Ma pièce est terminée, et le duc de Meiningen, qui en a été instruit, désire que je lui en fasse la lecture. Puisqu'il est mon souverain, et que je lui dois des attentions, je profiterai du jour de l'anniversaire de sa naissance, qui est aujourd'hui, pour lui lire ma tragédie en présence d'une nombreuse réunion composée de mes amis et de mes ennemis. Je ne vous engage pas à assister à cette lecture, d'abord parce que votre santé ne vous permet pas de sortir en ce moment, et parce que je sais que vous aimerez mieux entendre mon œuvre en tête-à-tête.

SCHILLER.

GŒTHE A SCHILLER.

Weimar, le 5 février 1803.

Dites-moi un mot sur votre lecture d'hier; un auteur exercé sait distinguer l'intérêt de la surprise, ainsi que de la politesse et de la dissimulation. Je vous prie aussi de vouloir bien me communiquer votre œuvre; vous me préparerez une véritable fête pour ce soir.

Je vous prie, en outre, de venir passer la soirée chez moi avec votre beau-frère et les deux dames, soit lundi après le spectacle, soit mardi après le concert qui aura lieu chez Chladni; nous souperons ensemble.

Vous n'apprendrez pas sans plaisir que je viens de terminer le complément de *Cellini*. Je m'étais imposé là une tâche bien pénible, car lorsqu'on ne veut pas que de pareils travaux ne soient que du charlatanisme, ils coûtent des recherches énormes.

Je ne connais pas vos projets, mais il me semble qu'on pourrait faire copier immédiatement les rôles de votre tragédie et la mettre à l'étude.

GŒTHE.

SCHILLER A GŒTHE

Weimar, le 5 février 1803.

La lecture d'hier, dont j'espérais bien peu de chose, car je ne pouvais pas choisir mon auditoire, a été accueillie avec un véritable intérêt. La crainte et la terreur se sont montrées dans toute leur énergie, et les sentiments tendres ont provoqué les plus touchantes manifestations. Le chœur a beaucoup plu par sa naïveté, et son élan lyrique a exalté l'auditoire. Je puis donc être sûr maintenant que, s'il est bien exécuté, il fera un grand effet sur le théâtre.

Si cela ne vous dérange pas, je viendrai demain dîner avec vous, et nous nous entendrons ensemble sur les mesures à prendre pour approprier ma pièce au théâtre ; c'est ce que je ferai immédiatement, car je dois l'envoyer en même temps à Berlin, à Hambourg et à Leipzig.

Je suis charmé que vous ayez terminé *Benvenuto Cellini;* ces sortes de travaux touchent à l'infini, car ils tiennent de la nature des atomes, auxquels il est bien difficile de faire prendre une forme.

Quant à votre aimable invitation, je demanderai à mon beau-frère quelle est la soirée dont il pourra disposer, et je vous le dirai aujourd'hui.   SCHILLER.

SCHILLER A GŒTHE.

Weimar, le 12 février 1803.

La première répétition s'est très-bien passée, et le chœur continue à me donner les plus belles espérances.

J'accepte avec plaisir, pour moi et pour ma femme, le traîneau que vous avez bien voulu m'offrir ; par ce beau temps, une heure de promenade ne peut qu'être favorable à ma santé. Nous serons prêts vers midi.

Je me sens disposé à reprendre mes *Chevaliers de Malte*, et je crois que je le ferai. Il faut forger le fer pendant qu'il est chaud. SCHILLER.

La Fiancée de Messine avait donc été terminée le 4 février 1803 ; le soir même, Schiller en faisait la lecture à la cour, et deux jours après il écrivait à Kœrner : « Quant à la représentation théâtrale, maintenant que j'ai lu ma pièce devant un auditoire fort mêlé, une réunion de princes, de comédiens, de dames et de maîtres d'école, et qu'elle y a produit une grande et unanime impression, j'ai meilleur espoir et je pense qu'il me sera possible de la faire paraître sur la scène avec les chœurs. » Un mois après, le 19 mars, la pièce fut représentée, en effet, avec tout l'appareil antique dont Schiller l'avait entourée. Les chevaliers de la Sicile, les Bohémond, les Roger, les Gaétan, formant un chœur idéal, intervenaient dans les tragiques aventures de don César et de don Manuel, comme le chœur de Sophocle dans les catastrophes de l'*Œdipe-roi*. Schiller a dit lui-même à quelles conditions le poëte de nos jours pouvait employer le chœur en un sujet moderne : « La tragédie antique, qui, dans l'origine, n'avait affaire qu'à des dieux, à des héros et à des rois, employait le chœur comme un accompagnement nécessaire; elle le trouvait dans la nature, et l'employait parce qu'elle le trouvait. Les actions et la destinée des héros et des rois sont par elles-mêmes publiques, et l'étaient encore plus dans les âges de simplicité primitive... Le poëte moderne ne trouve plus le chœur dans la nature ; il faut qu'il le crée et l'introduise poétiquement, c'est-à-dire, il faut qu'il modifie de telle sorte la fable qu'il traite, qu'elle soit ramenée à ce temps d'enfance, à cette forme simple de la vie primitive. — Le chœur rend donc à l'auteur tragique moderne des services bien plus essentiels encore qu'au poëte ancien, par cela même qu'il substitue aux vulgaires habitudes du monde moderne le caractère poétique du monde ancien, qu'il exclut de sa pièce tout ce qui répugne à la poésie, et qu'il le ramène et l'élève aux données les plus simples, les plus primitives et les plus naïves. Le palais des rois est aujourd'hui fermé ; les tribunaux se sont retirés des portes des villes dans l'intérieur des maisons; l'écriture a pris la place de la parole vivante; le peuple lui-même, la masse animée, sensiblement active, est devenue, partout où elle n'agit pas comme force grossière, ce que nous appelons l'État, c'est-à-dire une idée abstraite; les dieux se sont renfermés dans le cœur de l'homme. Il faut que le poëte rouvre les palais, qu'il replace les tribunaux sous la libre voûte du ciel, qu'il relève les images des dieux ; il faut qu'il rétablisse toutes ces relations immédiates qui ont été supprimées par l'organisation artificielle de la vie réelle... » Enfin, ajoute-t-il, et c'est le résumé de sa théorie, il y a aujourd'hui sur l'homme et autour de l'homme maintes choses, maintes créations factices, qui empêchent de voir sa nature intérieure et son caractère primitif ; c'est au poëte de le dépouiller de ces voiles, comme le sculpteur le dépouille de ses vêtements modernes. Cette recherche de la simplicité primitive au milieu des complications de la vie moderne n'est pas une tâche facile. Le sculpteur n'a pas de peine à dépouiller l'homme de ses vêtements ; il n'est pas si aisé, dans un sujet moderne, de replacer les personnages du drame en face de la nature, au sein d'une société patriarcale, en présence de ces tribunaux siégeant aux portes des villes, de ces assemblées populaires si naïvement augustes, de ces témoins toujours prêts, que Sophocle personnifie dans le chœur. Si Schiller n'a pas échoué dans une telle entreprise, c'est un triomphe de son inspiration poétique. Ravi par la grandeur du style, le spectateur n'a pas le temps de songer à tout ce que présente de bizarre ce mélange de l'antique et du moderne, cette imitation de l'*Œdipe-roi* placée dans la Sicile du moyen âge. D'excellents juges, Tieck, Schlegel, le philosophe Hegel, Seume lui-même, admirateurs jusque-là sans réserve des productions de Schiller, avaient condamné absolument cette introduction du chœur antique ; quoi qu'ils aient dit cependant, quoi qu'on puisse ajouter après eux, le poëte avait réussi. Le 28 mars il écrivait à Kœrner : « *La Fiancée de Messine* a été représentée pour la première fois il y a neuf jours ; on l'a jouée encore avant-hier. L'impression a été grande et singulièrement forte. La plus jeune partie du public a été si vivement émue, qu'à la fin de la représentation, dans la salle même, on m'a porté un *vivat* comme jamais on n'en avait entendu. Sur le chœur et la prédominance de l'inspiration lyrique les voix sont naturellement très-partagées, car la plus grande partie du public allemand ne peut se débarrasser de ses prosaïques idées sur le naturel dans les œuvres d'imagination. Quant à moi, je puis dire qu'en assistant à la représentation de *la Fiancée de Messine* j'ai ressenti pour la première fois l'impression d'une véritable tragédie. Le chœur coordonnait parfaitement l'ensemble du drame, et un esprit sérieux, sublime, terrible, planait au-dessus de la scène. Gœthe a éprouvé la même chose ; il pense que le sol du théâtre, grâce à cette apparition, est consacré désormais pour une poésie nouvelle et plus haute. »

IX

GUILLAUME TELL — MADAME DE STAEL
MORT DE SCHILLER

— 1803-1805 —

« Le sol du théâtre, grâce à *la Fiancée de Messine*, est consacré désormais pour une poésie nouvelle et plus haute. » Ainsi parlait Gœthe au mois de mars 1803; et, quelques semaines après, Schiller traçait le plan de *Guillaume Tell*.

D'abord, pour se reposer, il traduit librement deux comédies de Picard, destinées à varier le répertoire du théâtre. L'une, intitulée *Médiocre et rampant ou le moyen de parvenir*, avait été représentée à la Comédie française le 19 juillet 1797; Schiller, modifiant le titre qui reproduisait un mot de Figaro, moins célèbre en Allemagne que chez nous, la donna à Weimar sous ce titre plus simple : *Le parasite ou l'art de faire son chemin*. L'autre, par allusion à la comédie de Regnard, s'appelait : *Encore des Ménechmes*. Schiller en a fait : *Le Neveu pris pour* l'oncle, *Der Neffe als Onkel*. Cette dernière pièce est en prose dans l'original, et Schiller l'a traduite assez littéralement, bien qu'il y déploie un style plein et franc, où l'on ne sent aucune trace de contrainte. Quant à *Médiocre et rampant*, c'est une comédie en vers, en longs vers prosaïques, incolores, insipides, où la verve du poëte-comédien semble se noyer à chaque scène; Schiller l'a traduite en prose, et cette prose a les allures d'une création, tant l'écrivain s'est joué librement avec ce sujet d'emprunt, tant il a débarrassé son texte du remplissage imposé par la rime. Les historiens de la poésie allemande signalent des contrastes curieux entre le texte de Picard et la version de Schiller; celui qui corrigeait *Mahomet et Tancrède* ne devait pas se gêner pour refaire *Médiocre et rampant*. Je dis qu'il a refait la pièce, mais seulement au point de vue du style; le fond aurait eu besoin d'un remaniement complet. « C'est le plan de cette comédie qui m'a enchanté, écrit-il à Kœrner; seulement l'exécution est sèche, et j'ai dû la laisser telle qu'elle est, car si j'eusse voulu la refaire je me serais imposé un travail trop long et trop chanceux. L'auteur s'est donné la partie belle en faisant de son ministre un imbécile; mais avec un ministre intelligent il eût fallu un tout autre parasite que celui-là, et Picard n'est pas de taille à créer un tel caractère. » Ces arrangements de forme, comme on voit, étaient de simples jeux pour le hardi poëte. En traduisant ces œuvres d'un auteur qui était alors un des représentants de la Comédie française, Schiller n'avait fait que répondre à un désir du grand-duc, et soit que le grand-duc eût bien deviné le goût du public, soit que le succès doive être attribué au traducteur, la société de Weimar avait accueilli avec le plus vif plaisir les comédies parisiennes arrangées par l'auteur de *Wallenstein*. Ses devoirs remplis envers le prince, Schiller va reprendre ses projets, et déjà, d'un seul coup d'aile, le voilà remonté sur les cimes.

Déjà, l'année précédente, le 9 septembre 1802, il écrivait à Kœrner que le sujet de Guillaume Tell l'attirait singulièrement ; ayant lu à ce propos le vieux chroniqueur suisse Tschudi, il avait trouvé en lui, disait-il, une inspiration si loyale, si *hérodotique*, si homérique même, qu'il comptait beaucoup sur son secours pour se mettre en veine de poésie. Le voilà donc, dès le printemps de 1803, occupé de la grande composition qui demeurera son premier titre de gloire. Schiller revenait ici sans archaïsme, sans avoir besoin de l'entremise des chœurs, à ce monde simple où le caractère de l'homme se montre à nu, à cette société primitive et patriarcale qui était le vrai théâtre de la poésie d'un Sophocle. Lors même que *la Fiancée de Messine* n'eût fait que préparer Schiller à concevoir son *Guillaume Tell* avec tant de simplicité et de grandeur, cette œuvre hardie occuperait déjà dans la poésie allemande la place que lui assigne en outre la perfection d'un style incomparable. Dans ses lettres à Kœrner, à Iffland, à Guillaume de Humboldt, Schiller, pendant l'année 1803, est plein des idées qu'il a exprimées dans *la Fiancée de Messine* et qu'il va modifier dans *Guillaume Tell*. Nous verrons tout à l'heure ce qu'il en dit à Gœthe.

Guillaume Tell est donc le principal sujet qui occupe Schiller et Gœthe lui-même pendant la période que nous retrace cette dernière partie de la correspondance des deux poëtes. Or, comme Schiller, dans la lettre écrite à Kœrner le 9 septembre 1802, oublie de signaler la part qui revient ici à Gœthe, il convient sans doute de rétablir en quelques mots l'exactitude des faits. Ce n'est pas seulement le chroniqueur Tschudi qui a inspiré Schiller, c'est aussi et surtout l'auteur d'*Hermann et Dorothée*. Ces grands paysages qu'il a si magnifiquement reproduits, ces héroïques figures qu'il a fait revivre sur les sommets de l'Oberland, il ne les a pas trouvés seulement dans les naïfs récits de l'Hérodote des Alpes, il les a vus dans les souvenirs de Gœthe, il les a vus dessinés déjà et poétiquement transfigurés dans l'imagination de son ami. On peut s'en fier au témoignage de Gœthe; nous savons déjà, par ses lettres de l'année 1797, que, pendant son second voyage en

Suisse, l'idée d'un poëme sur Guillaume Tell s'était vivement emparée de son esprit; trente ans plus tard, vingt-deux ans après la mort de Schiller, le 6 mai 1827, dans un entretien avec son secrétaire Eckermann, il revenait sur ce sujet, et donnait ces curieuses explications que l'histoire littéraire doit recueillir :

« En 1797, disait-il, je visitai de nouveau le lac des Quatre Cantons, et cette nature si charmante, si magnifique, si grandiose, produisit encore sur moi une impression tellement vive que je ne pus résister à l'idée de peindre dans un poëme les beautés splendides et sans cesse renouvelées de ce paysage incomparable. Mais, pour donner plus de charme, d'intérêt et de vie à ma peinture, il me sembla convenable d'animer cette terre si imposante avec des figures humaines dont la grandeur égalât la majesté des lieux. La légende de Guillaume Tell s'offrait naturellement à moi pour remplir ce vœu de mon esprit. Je me représentai Guillaume Tell comme un être naïvement héroïque, d'une vigueur saine et entière, heureux de vivre, avec une âme enfantine où sommeille encore la conscience de l'homme; j'en faisais un portefaix montagnard, parcourant les cantons, partout connu, aimé, partout rendant de grands services, au reste tranquillement occupé à sa besogne, travaillant pour sa femme et ses enfants, et ne s'inquiétant pas de savoir qui est le maître, qui est le valet. Quant à Gessler, je me le figurais sans doute comme un tyran, mais comme un tyran d'une assez agréable espèce, faisant le bien par occasion pour s'amuser, pour s'amuser aussi faisant le mal; le peuple, le bien-être ou la misère du peuple, c'étaient là pour lui des choses aussi indifférentes que si elles n'eussent point existé. Au contraire, les plus grands, les meilleurs sentiments de l'âme humaine, l'amour du sol natal, le sentiment de la liberté et de la sécurité publique sous la protection des lois du pays, la honte de se sentir soumis au joug d'un étranger libertin et quelquefois de se voir maltraité par lui, enfin la force de volonté qui s'affermit et se résout à briser un joug détesté, toutes ces hautes et bonnes pensées, je les attribuais à ces nobles personnages si connus, Walter Fürst, Stauffacher, Winkelried, d'autres encore; c'étaient là mes héros à moi, mes forces supérieures agissant avec conscience d'elles-mêmes, tandis que Tell et Gessler, bien que mêlés à l'action, étaient plutôt, dans l'ordonnance générale du poëme, des êtres de nature passive. J'étais tout plein de ce beau sujet, et déjà, selon l'inspiration, je commençais à additionner mes hexamètres. J'apercevais le lac aux tranquilles clartés de la lune; j'illuminais les brouillards dans les profondeurs des montagnes; je voyais les eaux étinceler sous les rayons les plus doux du soleil matinal; dans la forêt, dans la prairie, tout était vie et allégresse; puis je représentais un orage, armé d'éclairs et de tonnerre, qui du sein des gorges sombres se précipitait sur le lac. Je peignais aussi le calme des nuits sereines et maintes rencontres familières sur les ponts et les passerelles. Je fis toutes ces confidences à Schiller, dans l'âme duquel mes paysages et mes figures se combinèrent pour former un drame. Or, comme, entraîné par d'autres occupations, j'ajournais toujours l'accomplissement de mon dessein, je finis par lui abandonner mon sujet, et c'est là-dessus qu'il composa son admirable poëme. »

Eckermann, ravi de ces confidences, prend plaisir à prolonger l'entretien. Il demande à Gœthe si la magnifique description du lever du soleil dans la première scène du second *Faust* ne lui a pas été inspirée par le souvenir de ces grandes scènes de la nature : « Je ne puis le nier, dit Gœthe, ces inspirations viennent de là; sans les impressions si fraîches de cette nature pleine de merveilles, je n'aurais pas eu la pensée de ces vers. Mais de tout l'or que j'ai recueilli dans le pays de Guillaume Tell, c'est la seule monnaie que j'aie frappée. J'ai abandonné le reste à Schiller, qui en a fait, comme vous le savez, le plus magnifique usage [1]. »

---

[1] *Gespræche mit Gœthe in den letzen Jahren seines Lebens*, von J. P. *Eckermann*. Tome III, page 168-171. Voyez la traduction de M. Émile Délerot (Bibliothèque Charpentier).

Un autre jour encore, il disait à Eckermann : « Je n'ai jamais étudié la nature pour en tirer parti comme poëte; mais comme je m'étais exercé dans ma jeunesse à dessiner le paysage, et que, plus tard, mes études d'histoire naturelle avaient accoutumé mon esprit à l'observation constante et précise des phénomènes de la nature, peu à peu j'ai appris la nature par cœur jusque dans les plus petits détails (*so habe ich die Natur bis in ihre kleinsten Details nach und nach Auswendig gelernt*), si bien qu'elle est à mon service dès que j'en ai besoin comme poëte, et qu'il ne m'arrive guère de pécher contre la vérité. Schiller ne possédait pas cette connaissance de la nature. Tout ce qui concerne les paysages suisses dans son *Guillaume Tell*, c'est moi qui le lui ai dit. Mais c'était un génie si admirable que, sur ces simples entretiens, il a su composer de lui-même une œuvre pleine de réalité[1]. »

On sait maintenant avec quels secours, au milieu de quelles inspirations, en face de quelles images évoquées par les souvenirs de Gœthe, Schiller a composé le plus beau de ses drames. La sollicitude du grand poëte pour cette œuvre qu'il voit naître sous ses yeux, et qu'il eût été si heureux d'exécuter lui-même, n'en sera-t-elle pas deux fois plus noble et plus touchante?

[1] *Gespræche mit Gœthe, von J. P. Eckermann.* Tome I, page 305. Voyez la traduction de M. Émile Délerot.

GŒTHE A SCHILLER.

Weimar, le 13 mai 1803.

Si mes deux voitures n'étaient pas boiteuses, je vous inviterais à faire une promenade. J'irai chez vous vers midi; je désire vivement vous voir et causer de mille choses avec vous, car je compte partir demain pour Iéna.

GŒTHE.

GŒTHE A SCHILLER.

Iéna, le 22 mai 1803.

.... Je commence à être content de ma *Théorie des couleurs*. Me voilà arrivé assez haut pour envisager historiquement mes longs travaux à ce sujet, c'est-à-dire comme s'ils étaient l'œuvre d'un autre. La naïve incapacité, la maladresse, les emportements passionnés, la confiance, la foi, l'application, l'effort, l'étude qui se traîne terre à terre, puis l'élan subit, l'élan impétueux, victorieux, tout cela, dans mes papiers et mes notes, offre un spectacle assez intéressant, mais je suis impitoyable; j'extrais et coordonne tout ce qui est utile à mon point de vue actuel, le reste est immédiatement brûlé. Lorsqu'on veut purifier un métal, il ne faut pas ménager les scories.

Quand je me serai débarrassé des paperasses inutiles, j'aurai gagné ma cause. J'ai eu le malheur d'écrire sur cette matière avant de m'en être entièrement rendu maître. Il est vrai que toutes ces tentatives prématurées ont fini par me perfectionner; mais j'ai maintenant devant moi plus d'un chapitre écrit de trois manières différentes. Dans la première, les expériences et les essais sont représentés avec beaucoup d'animation ; dans la seconde, la méthode est meilleure et le style plus clair ; dans la troisième, la question est envisagée sous un point de vue plus élevé, mais le coup ne porte pas encore droit sur la tête du clou. Que faire de ces divers essais ? Pour en tirer la quintessence, il faut de la force et du courage, et une résolution téméraire pour les brûler, car, en définitive, c'est dommage de les détruire. Lorsque j'aurai terminé mon travail, autant du moins qu'un tel travail peut être terminé, je regretterai de ne plus les avoir sous les yeux, pour me retracer moi-même la route que j'ai suivie, et si je ne les détruis pas, je n'en finirai jamais.

Voilà l'histoire de mes joies et de mes douleurs ; faites-moi connaître les vôtres le plus tôt possible...

GŒTHE.

Bien que nous ayons dû supprimer, dans le long recueil de cette correspondance, un grand nombre de passages qui ne se rapportent pas aux œuvres littéraires des deux poëtes, bien que nous ayons particulièrement réservé aux historiens de la science les lettres consacrées aux questions d'histoire naturelle et à aux problèmes de physique, nos lecteurs ont pu voir quelle place les phénomènes de l'optique, les phénomènes de la lumière et de la coloration occupaient dans les études de Gœthe. Or, au moment où Gœthe annonce à Schiller que ses travaux sur la théorie des couleurs se coordonnent dans son esprit, au moment où il les domine, où il les apprécie librement, où il rejette le faux, prend possession du vrai, et se prépare enfin à donner la formule suprême de ses idées, nous ne pouvons nous dispenser, ce semble, de résumer en quelques pages cet épisode vraiment extraordinaire de sa vie intellectuelle.

On ne sait pas assez en France combien ces problèmes de la lumière passionnaient l'intelligence du grand poëte. Dans la philosophie des sciences naturelles, dans les plus hauts domaines de la botanique et de l'anatomie comparée, Gœthe a fait des découvertes dont on ne conteste plus l'importance; ce ne sont pas là pourtant les œuvres scientifiques auxquelles l'auteur de la *Métamorphose des plantes* attache le prix le plus élevé. Sa gloire, il le croit, est d'avoir détruit à jamais ce que Schiller, subjugué par l'enthousiasme de son ami, appelle sans plus de façon le *mensonge newtonien*. L'analyse de la lumière par Newton a beau être consacrée par le contrôle et l'admiration de deux siècles, Gœthe est persuadé qu'il l'a renversée de fond en comble, et il y substitue tout un système auquel il confie la gloire de son nom avec une victorieuse assurance. Que sont ses autres travaux scientifiques et toutes ses œuvres littéraires à côté d'un monument comme celui-là? Qu'est-ce que la *Métamorphose des plantes* où l'*Introduction à l'anatomie préparée*, qu'est-ce que *Werther, Gœtz de Berlichingen, Egmont, Torquato Tasso, Iphigénie, Wilhelm Meister, Hermann et Dorothée*, auprès de la *Théorie des couleurs?* J'exagère, dites-vous; écoutez Gœthe lui-même : « Je ne me fais pas illusion sur mes œuvres poétiques. D'excellents poëtes ont vécu de mon temps, il y en a eu de meilleurs encore avant moi, et il n'en manquera pas de plus grands parmi ceux qui nous succéderont; mais que, dans la difficile question de la lumière, je sois le seul de mon siècle qui sache la vérité, voilà ce qui cause ma joie et me donne la conscience de ma supériorité sur un grand nombre de mes semblables. » C'est ainsi que Gœthe parlait à Eckermann; un autre jour, il ajoutait, car c'était là un sujet auquel il revenait sans cesse : « Pour faire époque dans le monde, deux choses sont nécessaires. Il faut d'abord avoir une bonne tête, et ensuite avoir fait un bon héritage. Napoléon hérita de la révolution française, Frédéric le Grand hérita de la guerre de Silésie, Luther avait succédé aux siècles d'ignorance cléricale; moi, j'ai eu le bonheur d'avoir à rectifier l'erreur du système de Newton. La génération présente, il est vrai, n'a aucun soupçon de ce que j'ai accompli dans ce domaine, mais les âges futurs reconnaîtront que je n'ai pas fait un mauvais héritage. » Citons encore un autre passage de ces entretiens où Gœthe nous

18.

révèle si ingénument ses pensées les plus secrètes. Au mois de décembre 1823, revenant pour la centième fois sur sa *Théorie des couleurs*, il s'écriait : « N'ai-je pas lieu d'être fier, moi qui, depuis vingt années, puis me rendre ce témoignage que le grand Newton, et avec lui tous les mathématiciens, tous les sublimes calculateurs, sont dans une erreur absolue au sujet de la question des couleurs, tandis que, seul, parmi tant de millions d'hommes, je connais la vérité sur ce grand phénomène de la nature? Grâce à ce sentiment de ma supériorité, j'ai pu supporter aisément la stupide insolence de mes adversaires. On a essayé de m'attaquer, moi et mon système, par tous les moyens, on a essayé de ridiculiser mes idées, mais je n'en ai pas moins éprouvé une grande joie d'avoir accompli mon œuvre. Les attaques de mes ennemis n'ont servi qu'à me montrer les hommes dans leur faiblesse. » Ce n'étaient pas là des paroles fugitives; à l'accent de sa voix, à l'éclat triomphant de sa physionomie, on voyait bien que sa *Théorie des couleurs* était pour lui l'œuvre capitale de sa vie et le sûr fondement de sa gloire. Eckermann n'avait jamais vu ses regards si étincelants, ni une majesté si hautaine sur son visage. C'était le génie outragé qui se croyait assuré de la victoire dans les âges futurs, et qui déjà en jouissait par avance. « Tandis qu'il parlait ainsi, dit Eckermann, avec une force et une richesse d'expressions qu'il me serait impossible de reproduire fidèlement, ses yeux étaient animés d'un feu extraordinaire; on y lisait l'orgueil du triomphe, en même temps qu'un sourire ironique se jouait sur ses lèvres. Les traits de son beau visage étaient plus imposants que jamais [1].

C'est aux physiciens de juger l'étrange illusion du grand poëte, c'est à eux surtout qu'il appartiendrait de rechercher et de mettre en relief tout ce qu'il y a d'observations curieuses, de principes excellents, de vérités de détail, à travers les erreurs fondamentales de son système. On sait qu'à part un petit nombre de disciples restés obstinément fidèles, Gœthe n'a pas trouvé dans les rangs du monde savant les défenseurs qu'il attendait. Ses travaux sur la lumière sont condamnés aujourd'hui comme ils l'étaient il y a un demi-siècle. M. de Candolle, pour la botanique, M. Geoffroy Saint-Hilaire, pour l'anatomie comparée, ont confirmé ses découvertes; aucun physicien illustre ne l'a suivi lorsqu'il a essayé de détruire, à l'aide d'observations nouvelles, l'analyse de la lumière accomplie par le savant anglais. Est-ce à dire que l'auteur de la *Métamorphose des plantes* n'ait pas fait preuve de génie scientifique dans plusieurs parties de la *Théorie des couleurs?* En

---

[1] *Gespræche mit Gœthe*, von J. P. *Eckermann*. Tome III, pages 29, 30. Voyez la traduction de M. Émile Délerot (Bibliothèque Charpentier).

poursuivant sa chimère, n'a-t-il pas rencontré plus d'un trésor? Ces richesses disséminées, ces vues ingénieuses et profondes ont ébloui des penseurs éminents. Schelling, Hegel, Steffens, et quelques-uns de leurs disciples devenus des maîtres à leur tour, M. Rosenkranz entre autres, ont proclamé la victoire de Gœthe. Certes, on ne peut s'empêcher de sourire en lisant les invectives de Hegel contre Newton; il faut voir aussi avec quel mépris Schelling et Steffens traitent les physiciens entêtés qui n'ont pas voulu reconnaître les services rendus par le grand poëte naturaliste. Aujourd'hui encore, plusieurs philosophes de l'Allemagne défendent obstinément cette cause perdue. M. Charles Rosenkranz, il y a quelques années, écrivait à ce propos des pages d'une vivacité singulière. Ces faits si peu connus disent assez haut quel est dans l'ouvrage de Gœthe le mérite des détails, quelles sont la hardiesse et l'élévation de ses principes. Les plus graves historiens littéraires se sont associés à cet enthousiasme. Ceux-là même qui émettent quelques doutes ou qui reconnaissent décidément l'erreur du poëte n'ont que des paroles d'admiration pour la sagacité de son esprit. « Exact ou non, dit M. Hillebrand, le système de Gœthe occupe une place glorieuse dans la littérature scientifique de l'Europe. » — « Que de génie, s'écrie M. Julien Schmidt, pour soutenir une théorie fausse! »

Nous voudrions que ce génie fût mis en lumière par quelque physicien illustre, ce serait là une curieuse et noble page dans l'histoire des sciences au dix-neuvième siècle. Lorsqu'un homme tel que Gœthe consacre plus de vingt ans de sa vie à l'étude d'un grand phénomène du cosmos, nul n'a le droit de le dédaigner. C'est un poëte, dites-vous; je réponds que ce poëte était un observateur de génie; amoureux de la lumière et du soleil, il avait l'enthousiasme de son sujet, et à cette passion qui soutenait ses travaux était associé l'esprit d'examen le plus méthodique et le plus patient. Quelles conditions meilleures pour réussir? Il a échoué, soit; s'est-il trompé toujours? Tant que des maîtres impartiaux n'auront pas répondu à cette question, tant qu'on n'aura pas rendu justice aux efforts, aux découvertes de Gœthe dans le domaine de l'optique, on verra des esprits généreux se révolter contre cet insolent dédain, et perpétuer l'erreur par amour du vrai. C'est ainsi qu'un jeune physicien allemand, M. Grawell, soutenait encore, il y a trois ans à peine, que Gœthe avait raison contre Newton. *Gœthe in Recht gegen Newton*, tel est le titre de ce manifeste. Il serait bien temps, ce semble, qu'un te procès fût vidé; il serait temps que l'erreur de Gœthe, au lieu d'être rejetée dédaigneusement, fût condamnée après examen, et que cette loyale enquête révélât enfin tout ce que le système du poëte contient de science et de génie. Le savant qui accomplirait cette œuvre de justice et de réparation aurait bien mérité, non-seulement de l'histoire des sciences, mais de l'histoire intellectuelle de notre âge [1].

SCHILLER A GŒTHE.

Iéna, le 24 mai 1803.

Je vous félicite d'être enfin parvenu à dominer si bien votre matière. Ne craignez pas de lancer toutes ces scories en dehors de votre pur élément solaire, dût-il en résulter une planète destinée à tourner éternellement autour de vous.

Moi aussi, j'ai des tourments de tout genre ; au moment où je me propose de dire un mot sur les chœurs tragiques, pour en faire une introduction à ma *Fiancée de Messine*, le théâtre et les exigences de notre époque

---

[1] Depuis que ces lignes sont écrites, un naturaliste éminent, M. Rudolph Virchow, a publié un petit volume où l'on trouve à ce sujet quelques indications intéressantes. M. Virchow cite l'opinion du grand physiologiste Jean Müller, qui avait étudié à fond le système de Gœthe, et qui, à travers l'erreur de l'ensemble, signalait un grand nombre de vérités fécondes. C'est précisément ce mélange de vérités et d'erreurs qu'un physicien philosophe devrait débrouiller d'une manière définitive. Quant aux travaux de botanique et de zoologie qui ont assuré au nom de Gœthe une seconde illustration, ils ont trouvé de dignes appréciateurs. Voyez, entre autres : *Gœthe als naturforscher*, von Rudolph Virchow. 1 vol. Berlin, 1861, et le savant ouvrage de M. Charles Martins, aujourd'hui professeur à la faculté de médecine de Montpellier et membre correspondant de l'Académie des sciences : *Œuvres d'histoire naturelle de Gœthe, traduites et annotées par Ch. Fr. Martins, docteur en médecine, avec des dessins et un texte explicatif sur la métamorphose des plantes*, par P. J. F. Turpin, membre de l'Institut. 1 vol. in-8. Paris, 1837.

viennent fondre en foule sur moi, et je ne sais plus comment les contenter. Cette dissertation sur les chœurs m'intéresse beaucoup cependant, et je tâcherai d'en parler le plus sensément possible, afin d'avancer un peu la solution d'une question si importante pour nous.

Cotta augure très-favorablement de *Benvenuto Cellini*; un grand nombre d'exemplaires sont vendus d'avance. Vous le voyez, voilà déjà le torrent de la littérature et du commerce qui entraîne ce bel ouvrage...

Portez-vous bien, et ne restez pas trop longtemps loin de nous.   SCHILLER.

SCHILLER A GOETHE.

Weimar, le 30 mai 1803.

Je viens de lire la *Bataille de Hermann*[1], et j'ai reconnu, à mon grand chagrin, qu'il serait impossible de nous en servir pour notre théâtre. C'est une production froide, sans cœur, sans vie et sans vérité. Les deux ou trois situations vraiment touchantes qui se trouvent dans cette tragédie sont traitées avec une tiédeur et une absence de sentiments dont on ne peut s'empêcher d'être indigné. Ma petite comédie a fort réjoui le public, et vraiment elle a très-bonne mine[2]. Elle est jouée avec beaucoup d'entrain, quoiqu'elle n'ait pas été étudiée avec tout le soin possible, et bien que nos acteurs, vous le savez, soient portés au bousillage, quand ils ne sont pas tenus en respect par le vers.

---

[1] Drame de Klopstock.
[2] *Le neveu pris pour l'oncle*, d'après Picard.

Comme la pensée et le plan ne m'appartiennent pas et que les paroles ont été improvisées, je n'ai rien à revendiquer dans ce succès.

La seconde pièce de Picard[1] ne peut plus être étudiée ici, Graff et Becker étant absorbés par la pièce de Niemeyer qui va être représentée à Lauchstedt.

Adieu. Je ne tarderai pas à vous envoyer quelques petits poëmes que j'ai composés ces jours-ci.

SCHILLER.

GŒTHE A SCHILLER.

Iéna, le 5 juillet 1803.

Je suis revenu ici pour combiner avec Frommann l'impression de toute sorte de choses que je vais lancer dans le monde; comme il est parfaitement organisé, qu'il a un excellent *maître en page*, la besogne, j'espère, sera bientôt terminée.

Loder vient de revenir de Halle, où il est allé se louer une maison. Lorsque je parle avec lui de sa nouvelle situation, je me réjouis cordialement de voir que les dés sont tombés si juste[2]. Quel homme du monde consentirait, à l'exemple de nous autres Argonautes fantasques, à traîner sa nacelle au delà des isthmes? Ce sont là des aventures particulières aux navigateurs inexpérimentés des temps antiques, et dont la technique moderne sourit de pitié. Ne manquez pas de profiter de votre voyage à Halle pour tout voir dans

[1] *Le parasite, ou l'art de faire son chemin.*
[2] Loder venait d'être appelé à l'université de Halle à des conditions très-avantageuses.

cette ville; je ne sais si je viendrai vous y rejoindre; je n'ai d'autre désir en ce moment que d'utiliser les trois mois d'été qui nous restent encore, pour satisfaire les exigences qui viennent m'assaillir de tous côtés.

Le vieux drame allemand[1] se transforme en ressuscitant. Je ne saurais cependant pas vous dire s'il s'organise ou s'il se cristallise, cela dépend des termes employés par certaines écoles, et qui, en définitive, signifient la même chose.

Convenez que bien nous en prend de croire plutôt à la nature qu'à la liberté, et de n'y voir que la nature, même quand par hasard cette liberté vient s'imposer à nous. Si nous n'avions pas pris ce parti, nous ne saurions plus comment vous tirer d'affaire, car nous nous trouvons trop souvent dans la position du prophète Balaam, qui bénissait quand il aurait dû maudire.

Puisse votre petit voyage à Halle vous procurer beaucoup de satisfaction! Je sais qu'il vous en coûte d'aller vous mêler à ce qu'on appelle le monde, ce fragment absurde, qui serait assez aimable cependant, s'il n'avait pas la prétention de vouloir passer pour un tout complet. Je n'attends point de lettres de votre part, mais je compte sur un accueil amical lorsque nous nous reverrons.
GŒTHE.

[1] Le drame de *Gœtz de Berlichingen*, que Gœthe remaniait pour la scène.

SCHILLER A GŒTHE.

Lauchstaedt, le 6 juillet 1803.

Jusqu'à présent, je me trouve fort bien ici; le pays et la société ont produit sur moi une impression des plus douces, et lorsqu'on a pris l'énergique résolution de ne rien faire, l'oisiveté, au milieu d'un monde oisif, ne laisse pas d'avoir un certain charme. Je ne pourrais cependant pas supporter cette manière d'être pendant plus de huit à dix jours.

J'ai eu occasion d'apprécier les avantages et les défauts du nouveau théâtre. Les défauts, ce sont la surdité de la salle et surtout la mauvaise construction de la toiture, trop exposée, par sa forme et par son peu d'épaisseur, à toutes les intempéries de l'air. Pendant qu'on jouait *la Fiancée de Messine*, un orage éclata et la pluie tomba sur le toit avec tant de violence, que pendant des quarts d'heure entiers on ne put saisir aucun discours suivi, malgré tous les efforts des comédiens pour dominer le vacarme.

Votre *Fille naturelle* a eu beaucoup de succès, surtout la dernière partie, comme à Weimar. Je vous communiquerai de vive voix quelques observations que j'ai faites à ce sujet. La Jagemann a bien tenu son rôle, quoiqu'elle fût enrouée et qu'elle ne crût pas pouvoir paraître sur la scène; Becker a joué aussi à merveille et Heyde lui-même a été applaudi.

J'ai remarqué combien il est utile de voir quelquefois un autre public que celui auquel on s'est façonné; j'ajouterai qu'ici on en a deux au lieu d'un, car les spectateurs des dimanches n'ont rien de commun avec ceux des autres jours de la semaine.

Je m'applaudis d'avoir fait la connaissance de Schmalz, qui est venu ici pour la représentation de votre *Fille naturelle*. Cette seule soirée nous a intimement rapprochés, et j'ai compris qu'on doit être heureux de vivre avec un homme qui, malgré ses importantes occupations, a toujours l'humeur joviale, qui n'est jamais ni pédant ni affecté. J'ai été obligé de promettre à la famille Niemeyer que j'irais les voir à Halle.

Le duc de Wurtemberg a charmé tout le monde par sa bonne humeur, et c'est grâce à lui que, dès les premiers jours de mon arrivée ici, je me suis trouvé agréablement diverti et animé. La société, en général, est aimable, joyeuse, et on s'y trouve à l'aise, à la condition de ne pas être difficile sur la valeur réelle des conversations.

SCHILLER.

SCHILLER A GŒTHE.

Weimar, le 9 août 1805.

Je vous prie d'accorder quelques instants de bienveillant intérêt à M. Arnold, de Strasbourg[1], qui vous remettra cette lettre. Il est sincèrement attaché à l'Allemagne; il n'a reculé devant aucun obstacle pour étendre

---

[1] Le jeune étudiant que Schiller recommande ici à Gœthe a sa place marquée dans l'histoire littéraire de l'Alsace. M. Arnold a écrit dans le dialecte allemand de sa province des poésies, des scènes comiques, fort appréciées des poètes et des philologues; Gœthe s'intéressait à ses travaux et en a fait l'éloge. M. Arnold est devenu professeur de droit dans sa ville natale; l'académie de Strasbourg conserve le souvenir de son enseignement et de ses lumières.

son instruction, et il revient chez lui avec la meilleure intention d'utiliser dignement son voyage. Il pourra vous raconter des choses fort curieuses sur Gœttingue, où il a fait ses études, et sur Strasbourg, où il a été témoin de tous les excès de la révolution française.

À mon retour à Weimar, j'ai vu avec regret que vous m'étiez échappé furtivement. Je m'en console, puisque Meyer m'assure que vous reviendrez après-demain. Je vous souhaite un heureux résultat de votre nouveau séjour à Iéna. Quant à moi, je n'ai pas fait de grands progrès, car je tourne toujours autour du lac des Quatre-Cantons.

Que dites-vous du projet qui enlèverait à Iéna la *Gazette littéraire*?

SCHILLER.

SCHILLER A GŒTHE.

Weimar, octobre 1803.

Je pars ce matin pour Iéna, où j'emporterai l'impression profonde de la représentation d'hier... Ce *Jules César* a certainement toutes les qualités nécessaires pour devenir la colonne principale de notre théâtre. Une action intéressante, de la variété, de la richesse, des passions puissantes, une vie réelle, voilà pour le public, — et pour l'art, tout ce qu'on peut désirer. Aussi le soin que nous pourrons y mettre aura sa récompense, et plus nous en rendrons la représentation parfaite, plus nous ferons faire de progrès à notre théâtre.

C'est pour mon *Guillaume Tell* surtout que *Jules César* est un secours puissant; grâce à lui, ma nacelle se trouvera bientôt à flot. La soirée d'hier a enflammé ma verve créatrice.

J'espère vous revoir jeudi prochain au plus tard; adieu, portez-vous bien, et que de belles pensées vous réjouissent toute cette semaine.
SCHILLER.

GŒTHE A SCHILLER.

Iéna, le 27 novembre 1803.

Si je tardais encore à vous écrire, j'en aurais plus de peine à rompre le silence. Je commence donc par vous dire que je me suis débarrassé des affaires les plus pressées, et que celle qui concerne le nouveau journal littéraire promet de réussir merveilleusement. Lorsque les programmes que je rédige en ce moment seront entre les mains de l'imprimeur, je tâcherai de revenir à la poésie; si je n'y réussis pas, je m'en consolerai.

Je passe des heures fort agréables dans la société de Schelver, Hegel[1] et Fernow. Le premier travaille si bien dans le domaine de la botanique, et suit si naturellement le sentier du vrai, que parfois je n'ose en croire mes yeux ni mes oreilles, car je suis accoutumé à voir chaque individu, par la folle manie de l'originalité, s'écarter de la bonne route pour faire de sottes cabrioles sur des chemins de traverse.

Quant à Hegel, il m'est venu l'idée qu'on pourrait lui rendre un grand service en l'initiant à l'art de la

---

[1] Hegel était depuis deux ans *privat docent* à l'université d'Iéna. Le futur auteur du système qui a joué un si grand rôle dans la vie intellectuelle de l'Allemagne était alors un fervent disciple de Schelling.

rhétorique. C'est un homme excellent, mais il y a, en vérité, trop de ténèbres dans ses paroles.

Fernow aussi est excellent dans son genre, et il a sur les arts les vues les plus droites. Lorsque je m'entretiens avec lui, il me semble toujours que je ne fais que d'arriver de Rome ; je me sens alors dans une sphère élevée bien au-dessus de ce vulgaire entourage du Nord, que j'ai patiemment supporté pendant de longues années, et dont on finit, malgré soi, par s'assimiler quelque chose.

Il est singulier que le genre historique, si important lorsqu'il traite des sujets nobles et dignes, puisse encore être quelque chose par lui-même lorsque le sujet est vulgaire et même absurde.

Mais quand il faut que la forme fasse seule tous les frais, cela est et a toujours été la preuve d'un état déplorable des arts.

Au surplus, MM. les philosophes sont partis ou partent, et il ne vient à l'idée de personne que l'on perd quelque chose. Lorsqu'on sonne pour l'enterrement d'un citoyen utile, la ville entière se rassemble au besoin, et puis chacun s'en retourne chez soi avec la ferme conviction que la bonne chose publique doit continuer et continuera, en effet, comme elle marchait auparavant.

Portez-vous bien, et faites toujours de mieux en mieux, selon les dons que vous avez reçus. Donnez-moi souvent de vos nouvelles. Je me ferai une loi de vous écrire au moins tous les huit jours, pour vous tenir au courant de ce que je deviens.   GŒTHE.

SCHILLER A GŒTHE.

Weimar, le 30 novembre 1803.

Dans l'isolement où je vis maintenant, je ne m'aperçois de la marche du temps qu'en voyant se raccourcir l'une après l'autre ces dernières journées d'automne. Le manque volontaire de toute distraction et une persévérance sans relâche m'ont fait avancer mon travail en dépit de la mauvaise saison, qui pèse bien péniblement sur moi.

J'ai appris avec plaisir que vous êtes entré en relation plus directe avec Hegel. Je crois qu'il serait difficile de lui donner ce qui lui manque, car cette absence du don de la parole est un défaut national qui se compense, au moins, vis-à-vis d'auditeurs allemands, par ces vertus toutes germaniques, la ferveur loyale et la solidité de la science.

Cherchez cependant à rapprocher Hegel et Fernow, il serait possible, à mon avis, de les compléter l'un par l'autre. Hegel serait forcé de se faire une méthode d'enseignement, afin de pouvoir faire mieux comprendre son idéalisme, tandis que Fernow serait amené malgré lui à laisser là sa méthode superficielle. Quand vous les aurez rapprochés quatre ou cinq fois seulement, ils trouveront les points de contact par lesquels ils pourront agir l'un sur l'autre.

Le professeur Rehberg a passé par Weimar, il y a huit jours environ. Vous pourrez me donner des éclaircissements sur lui, car je ne l'ai vu qu'en passant. Il me paraît pénétré d'affection et d'estime pour tout ce qui est allemand, mais j'ignore s'il est doué de l'organe nécessaire pour concevoir la manière de penser idéaliste. L'aimant du Nord semble agir puissamment sur tous les Allemands qui habitent l'Italie, car ils s'inquiètent beaucoup là-bas de ce que nous faisons ici.

On répand les nouvelles les plus contradictoires sur la *Gazette d'Iéna.* Dites-moi ce que vous en espérez.

Madame de Staël est réellement à Francfort, et nous pouvons nous attendre à la voir bientôt ici. Pourvu qu'elle comprenne l'allemand, nous en aurons raison; mais lui expliquer notre religion en phrases françaises, mais lutter contre la volubilité française, c'est là une tâche trop rude. Nous ne saurions nous tirer d'affaire aussi aisément que Schelling avec Camille Jordan, qui était venu à lui armé, de pied en cap, des principes de Locke : — *Je méprise Locke*, dit Schelling, et l'adversaire ne souffla mot. Adieu.   SCHILLER.

GŒTHE A SCHILLER.

Iéna, le 2 décembre 1803.

M. le conseiller Voigt est venu chez moi cette après-midi, et sa visite m'a empêché de vous écrire plus tôt; en revanche, je l'ai prié d'aller vous voir bientôt pour vous instruire des heureuses espérances que j'ai lieu de concevoir à l'égard de la *Gazette littéraire.* Si vous n'aviez choisi pour vos travaux une part plus belle, je vous prierais de nous donner bientôt, par votre collaboration, un témoignage de sympathie.

Tout ceci est pour moi une école nouvelle et tout à fait singulière. Au reste, je ne m'en plains pas : plus on avance en âge, moins on trouve de forces productives en soi, ce qui nous rend plus disposés à nous occuper des affaires des autres....

Votre conseil d'établir un lien d'intimité entre Hegel et Fernow a déjà eu un commencement d'exécution. Demain au soir, il y aura chez moi un thé où se réuniront des éléments bien plus hétérogènes encore.

Le pauvre Vermehren est mort; il vivrait sans doute encore s'il avait pu continuer à faire des vers médiocres; mais son nouvel emploi à la poste l'a tué. Je vous dis adieu pour ce soir, et de tout mon cœur.

GŒTHE.

Schiller parle peu de son *Guillaume Tell* dans les lettres qu'on vient de lire; il est facile de voir cependant que la pensée de son drame ne le quitte pas. Le 1ᵉʳ septembre 1803, les comédiens de Weimar, sous la surveillance de l'auteur de *Wallenstein* qui est devenu de plus en plus l'auxiliaire de Gœthe, ont représenté le *Jules César* de Shakspeare; c'est tout un événement, et si Schiller s'en réjouit pour le théâtre, il s'en réjouit aussi pour son *Guillaume Tell*. Il sent son inspiration qui se déploie au souffle du grand William, et bientôt, il l'annonce avec bonheur, sa nacelle voguera en pleine poésie. Or, pendant qu'il est tout entier à son dramatique tableau de la Suisse, une visite inattendue vient troubler sa retraite. Madame de Staël parcourt l'Allemagne avec Benjamin Constant, et elle ne manquera pas d'aller voir Gœthe et Schiller à Weimar. « Pourvu qu'elle comprenne l'allemand ! » écrit Schiller à Gœthe. Madame de Staël comprend l'allemand, mais devant de tels hommes elle veut paraître avec tous ses avantages ; c'est en français qu'elle déroulera devant eux les trésors de sa conversation. Voilà donc Schiller obligé de payer les frais de sa gloire, d'ouvrir sa porte à l'illustre voyageuse, de lui parler une langue qu'il manie avec peine, de se mettre plus d'une fois l'esprit à la torture pour suivre en ses détours le flot éblouissant de cette conversation parisienne, et cela au moment même où les Alpes l'attirent, où les grandes figures de Tell, de Stauffacher, d'Arnold, de Melchthal, de Gertrude et d'Edwige se détachent à ses yeux dans le cadre des montagnes sacrées. Pardonnez au poëte troublé dans ses sublimes rêveries ; il parle souvent en termes bien injustes de la généreuse femme qui vient étudier l'Allemagne avec une si cordiale sympathie. Le 4 janvier 1804, il écrit à Kœrner : « Ma pièce, que j'ai promise au théâtre de Berlin pour la fin de février, m'absorbe tout entier, et voilà que le démon m'amène ici la *philosophe* française (*die franzoesische Philosophin*), qui est bien, de toutes les créatures vivantes que j'ai rencontrées, la plus mobile, la plus prête au combat et la plus fertile en paroles. Mais c'est aussi la plus cultivée, la plus spirituelle des femmes, et si elle n'était pas réellement intéressante, je ne me dérangerais pas pour elle. Tu peux penser combien une telle apparition, un tel esprit placé sur les sommets de la culture française, tout à fait opposée à la nôtre, et qui nous arrive subitement du fond d'un autre monde, doit contraster avec la nature allemande et comme elle diffère absolument de la mienne. Elle éloigne de moi toute poésie, et je m'étonne de pouvoir faire encore quelque chose. Je la vois souvent, et comme par-dessus le marché je ne m'exprime pas facilement en français, j'ai réellement de rudes heures à passer. On est obligé pourtant d'estimer et d'honorer hautement cette femme pour sa belle intelligence, son esprit libéral et si ouvert de tant de côtés... » Voilà le jugement de Schiller sur madame de Staël. Cet esprit si ouvert, il le trouve fermé seulement à la poésie, à la philosophie de l'art, mais madame de Staël a réfuté Schiller en écrivant le livre *De l'Allemagne*. Encore une fois, il ne faut pas prendre au pied de la lettre les reproches que Schiller adresse à madame de Staël; accoutumé à son travail solitaire, et enveloppé tout à coup dans ce tourbillon de causeries étincelantes, Schiller souffrait visiblement. L'*apparition*, qui venait troubler le poëte au moment même où il terminait son chef-d'œuvre, ne pouvait être toujours bien accueillie. « Enfin, écrit-il à Kœrner le 20 février 1804, je suis délivré de *Guillaume Tell*..., j'espère que l'œuvre est réussie, mais j'ai maudit mille fois la dame française qui est venue se jeter à mon cou au beau milieu de nion travail. Ce dérangement était tout à fait intolérable. »

Opposons aux paroles de Schiller cette belle page de madame de Staël : « La première fois que j'ai vu Schiller, c'était dans le salon du duc et de la duchesse de Weimar, en présence d'une société aussi éclairée qu'imposante ; il lisait très-bien le français, mais il ne l'avait jamais parlé : je soutins avec chaleur la supériorité de notre système dramatique sur tous les autres ; il ne se refusa point à me combattre, et sans s'inquiéter des difficultés et des lenteurs qu'il éprouvait en s'exprimant en français, sans redouter non plus l'opinion des auditeurs, qui était contraire à la sienne, sa conviction intime le fit parler. Je me servis d'abord, pour le réfuter, des armes françaises, la vivacité et la plaisanterie ; mais bientôt je démêlai, dans ce que disait Schiller, tant d'idées à travers l'obstacle des mots ; je fus si frappée de cette simplicité de caractère, qui portait un homme de génie à s'engager ainsi dans une lutte où les paroles manquaient à ses pensées ; je le trouvai si modeste et si insouciant dans ce qui ne concernait que ses propres succès, si fier et si animé dans la défense de ce qu'il croyait la vérité, que je lui vouai, dès cet instant, une amitié pleine d'admiration. »

Voilà une scène mémorable dans l'histoire de la poésie ; ce n'est pas seulement Schiller qui se révèle ici à madame de Staël, c'est l'inspiration même de l'Allemagne qui s'ouvre à la critique française. Sans la résistance du grand poëte à qui elle attribue si bien *l'innocence dans le génie et la candeur dans la force*, sans ces discussions où l'auteur de *Wallenstein* tenait tête à la brillante causeuse et opposait à la raillerie l'enthousiasme des idées, madame de Staël aurait-elle brisé, comme elle l'a fait, la muraille chinoise qui se dressait entre la France et l'Europe germanique ?

Quant à Gœthe, il était à Iéna, tout occupé de ses travaux scientifiques, au moment où madame de Staël arriva à Weimar. Il résolut d'abord de ne pas se déranger et chargea Schiller de recevoir la célèbre voyageuse. Il fallut bien pourtant qu'il se résignât à venir prendre sa place dans les réunions de la cour ; il revint donc à Weimar, mais il avait rapporté de son excursion un catarrhe violent qui l'obligea longtemps à garder le lit et la chambre. Ses biographes ne paraissent pas croire à la gravité sérieuse de ce catarrhe ; on peut dire, en tout cas, que le mal était venu fort à propos pour le dispenser de ces conférences qu'il regardait comme une exhibition indiscrète de sa personne et de ses idées. Gœthe n'avait pas comme Schiller l'innocence dans le génie et la candeur dans la force ; il savait défendre sa dignité, même contre les personnes qu'il appréciait le plus, avec une roideur singulière. Il est certain qu'il mit peu d'empressement à voir madame de Staël. Impatiente de connaître l'auteur de *Werther*, madame de Staël frappa longtemps et sans succès à la porte de l'illustre poëte; elle dut se contenter d'abord d'un échange de billets, et plus tard, quand elle le vit à loisir, soit chez lui, soit chez le duc, soit dans les concerts et les dîners où elle recevait l'élite de la société de Weimar, l'ironie de Gœthe en plus d'une occasion déconcerta sa verve. Cette froide et tranchante ironie, si différente de la vivacité française, causait une impression pénible à madame de Staël. « Gœthe peut être aimable quand il est sérieux, disait-elle, mais il ne faut pas qu'il plaisante. » Un des biographes de Gœthe, M. Viehoff, qui a recueilli sur les entretiens de Gœthe et de madame de Staël les impressions d'un témoin oculaire, compare ces conversations à une sorte de menuet. « On ne peut rien imaginer de plus intéressant, dit ce témoin, que de voir Gœthe et madame de Staël placés en face l'un de l'autre au milieu d'un cercle intime, s'attirant et se repoussant tour à tour dans un perpétuel va-et-vient. Tantôt madame de Staël formulait un jugement esthétique dont l'énoncé semblait pétrifier Gœthe; tantôt Gœthe jetait quelque parole tranchante sur la fausse sentimentalité, sur cette maudite tendance morale qui déflorait la pureté de l'art, et madame de Staël reculait d'horreur devant une pareille hérésie. On se rapprochait de nouveau, on se repoussait encore. Ainsi se développait, en lignes chorégraphiques tour à tour convergentes et opposées, un long menuet de conversation qui se terminait enfin par deux profondes révérences. »

C'est le 29 février 1804 que madame de Staël quitta Weimar, après un séjour de plus de deux mois. Six ans après, l'auteur du livre *De l'Allemagne* montrait bien en ses pages éloquentes qu'elle n'avait pas gardé rancune à Gœthe. « Au premier moment, dit-elle, on s'étonne de trouver de la froideur et même quelque chose de roide à l'auteur de *Werther*; mais quand on obtient de lui qu'il se mette à l'aise, le mouvement de son imagination fait disparaître en entier la gêne qu'on a d'abord sentie : c'est un homme dont l'esprit est universel, et impartial parce qu'il est universel... Quand on sait faire parler Gœthe, il est admirable; son éloquence est nourrie de pensées; sa plaisanterie est en même temps pleine de grâce et de philosophie; son imagination est frappée par les objets extérieurs, comme l'était celle des artistes chez les anciens, et néanmoins sa raison n'a que trop la maturité de notre temps. Rien ne trouble la force de sa tête; et les inconvénients même de son caractère, l'humeur, l'embarras, la contrainte, passent comme des nuages au bas de la montagne sur le sommet de laquelle son génie est placé. » Relisez le chapitre tout entier, méditez le rapprochement qu'elle fait entre la conversation de Gœthe et celle de Diderot, rappelez-vous ces mots : « Gœthe est un homme d'un esprit prodigieux en conversation, » et ceux-ci encore : « Si Gœthe était Français, on le ferait parler du matin au soir. » Au moment où Schiller et Gœthe, l'un dans son impatience de poëte, l'autre avec une froideur altière, vont prononcer sur madame de Staël des paroles assez peu sympathiques, il convient d'avoir présents à la pensée la bienveillance, la générosité, l'enthousiasme, toutes les qualités de cette nature si riche et si prodigue.

GŒTHE A SCHILLER.

Iéna, le 13 décembre 1803.

Il était à prévoir que, dès que madame de Staël arriverait à Weimar, on m'y rappellerait. Je m'étais cependant consulté d'avance, afin de ne pas être pris à l'improviste, et j'ai pris la résolution de rester ici. Dans ce vilain mois, surtout, j'ai à peine assez de forces physiques pour suffire au travail difficile et consciencieux qu'il est de mon devoir de mener à bien... Vous seul, cher ami, comprenez tout ce que ma position a de cruel, car, dès qu'une chose n'est pas impossible, le monde a l'habitude de la regarder comme facile. Je m'en remets entièrement à vous pour arranger au mieux ce qui concerne madame de Staël. Si elle veut venir me voir, elle sera la bienvenue; et pourvu qu'on m'en avertisse vingt-quatre heures d'avance, elle trouvera un logement bien meublé et une bonne petite table bourgeoise. De cette manière nous pourrons réellement nous voir, causer ensemble, et elle restera aussi longtemps qu'elle le voudra.

Ce que j'ai à faire ici ne m'occupe qu'à de courts intervalles ; le reste de mon temps lui appartiendra ; mais me mettre en route par un temps semblable pour retourner à Weimar, faire toilette, aller à la cour, aller dans le monde, cela est impossible, et ma résolution à ce sujet est aussi fermement arrêtée que l'a été la vôtre en des circonstances analogues.

Je remets tout ceci à votre amicale intervention ; car, si j'ai fort à cœur de faire personnellement la connaissance d'une femme aussi remarquable et que j'honore du fond de l'âme, je désire tout aussi ardemment qu'elle veuille se résigner pour moi à un petit voyage de quelques lieues. Puisqu'elle vient de faire une si longue route, elle doit être accoutumée à se contenter d'une hospitalité plus mesquine encore que celle que j'aurai à lui offrir. Je vous prie encore une fois d'arranger cette affaire avec votre délicatesse et votre amitié habituelles ; et dès que vous saurez quelque chose de positif, veuillez m'envoyer un exprès.

Bonne chance pour tous les fruits qui mûriront dans votre solitude volontaire. Quant à moi, je vogue sur un élément étranger, je pourrais même dire que j'y barbote... mais, puisque nous sommes prédestinés à représenter l'enfer sur la terre, ainsi qu'Homère et Polygnote me l'enseignent tous les jours plus clairement, je consens à ce qu'on regarde l'existence que je mène ici comme une véritable vie. Adieu, et mille souhaits de vie heureuse, dans le sens céleste du mot ! GŒTHE.

SCHILLER A GŒTHE.

Weimar, le 14 décembre 1803.

Il n'y a rien à objecter contre les motifs qui vous empêchent de revenir à Weimar en ce moment, et j'ai fait mon possible pour les faire prendre en considération par le duc. Pour ce qui est de madame de Staël, il devrait lui être plus agréable de vous voir loin de toute distraction et du bruit de la cour. Vos rapports avec cette dame, arrangés tels que vous l'entendez, seront un vrai plaisir pour vous, tandis que de toute autre manière ils seraient une charge insupportable.

Je m'intéresse de cœur et d'esprit à l'affaire qui vous occupe en ce moment, et dont il vous eût été impossible de vous dispenser.

Mon travail avance, et commence à prendre figure; malheureusement on me presse, de la part des Berlinois, avec tant d'insistance, que je crois toujours avoir sous les yeux le dragon qui dévorera mon œuvre dès qu'elle sera sortie de ma plume, ce qui ne m'encourage pas très-fort. Une lettre que je viens de recevoir de Berlin me prouve de nouveau combien l'organisation du théâtre de cette ville est déloyale et vile...

Adieu, soyez dispos de corps et d'esprit, et conduisez-vous galamment avec la pèlerine qui va visiter votre sanctuaire. Dès que je saurai quelque chose de précis, je m'empresserai de vous en instruire.

SCHILLER.

Le duc me fait dire qu'il se propose de vous écrire au

sujet de madame de Staël, et qu'il m'en parlera ce soir au spectacle.

SCHILLER A GŒTHE.

Weimar, le 21 décembre 1803.

Le passage subit d'une solitude absolue aux distractions de la vie sociale m'a tellement fatigué cette semaine, que j'ai été obligé de charger ma femme de vous faire le tableau de ce qui se passe ici.

Madame de Staël vous apparaîtra complétement telle que vous avez dû vous la *construire* déjà *à priori*. Tout en elle est d'une seule pièce ; on n'y trouve aucun trait étranger et faux, aucun trait pathologique. Voilà pourquoi, malgré l'immense distance qui sépare notre pensée de la sienne, on se sent à l'aise près d'elle, on peut tout entendre de sa part, et on se sent disposé à tout lui dire. C'est la représentation aussi parfaite qu'intéressante de la culture de l'esprit français. Dans tout ce que nous appelons philosophie, par conséquent sur les principes les plus élevés de toutes choses, on est en opposition avec elle, et cette opposition se maintient en dépit de son éloquence; son naturel et ses sentiments valent mieux que sa métaphysique, et son esprit s'élève souvent jusqu'à la puissance du génie. Voulant tout expliquer, tout comprendre, tout mesurer, elle n'admet rien d'obscur, rien d'impénétrable ; et ce que le flambeau de sa raison ne peut éclairer n'existe pas pour elle. De là son insurmontable aversion pour la philosophie idéaliste; elle n'y voit qu'un acheminement vers le mysticisme et la superstition. En un mot, cette philosophie est pour son intelligence un air méphitique qui la tue. Le sens poétique, tel que nous le comprenons, lui manque complétement ; aussi ne peut-elle s'approprier, dans les œuvres de ce genre, que le côté passionné, oratoire et général ; elle n'approuvera jamais le faux, mais elle n'apprécie pas toujours le vrai.

Ce peu de mots vous prouvera que par la netteté, la décision et la vivacité spirituelle de sa nature, elle doit exercer une influence agréable et bienfaisante. Il n'y a de fatigant chez elle que l'agilité peu commune de sa langue, car elle met son auditoire dans la nécessité de se transformer au point de n'être plus que l'organe de l'ouïe. Malgré le peu d'habitude que j'ai de m'exprimer en français, nous parvenons cependant à nous entendre passablement ; et puisque vous parlez cet idiome avec facilité, j'ai tout lieu de croire que vos conversations avec madame de Staël auront beaucoup d'intérêt pour vous et pour elle.

Voici ce que je vous proposerai : tâchez de venir samedi prochain pour faire, au préalable, connaissance avec elle, puis vous retourneriez dimanche à Iéna pour y terminer vos affaires. Si madame de Staël restait ici après le jour de l'an, vous la retrouverez, et si elle part avant, elle pourra aller vous faire sa visite d'adieu à Iéna. L'essentiel, en ce moment, est de vous faire par vous-même une idée de sa manière d'être, afin d'éviter d'être contraint et gêné dans les rencontres officielles.

Mon travail n'a guère avancé cette semaine ; cependant il n'est pas resté tout à fait stationnaire. Il est à regretter qu'une visite aussi intéressante soit arrivée dans un moment où des travaux urgents, la mauvaise saison et les fâcheux événements, qu'on ne peut jamais complétement dominer, pèsent sur nous à la fois.

Schiller.

GOETHE A SCHILLER.

Weimar, le 4 janvier 1804.

Je ne voulais d'abord vous adresser que le petit feuillet que vous trouverez ci-joint, lorsque les ballades que l'on m'a envoyées il y a quelque temps me sont tombées sous la main. Selon moi, elles ne sont pas bonnes. Veuillez m'en dire votre opinion.

Goethe.

SCHILLER A GOETHE.

Weimar, le 5 janvier 1804.

Mithridate[1] pourra servir au besoin pour une représentation de fête, telle qu'un anniversaire de naissance. Faute de mieux, cela fera quelque chose de sérieux et de comme il faut. Aussi ai-je *mobilisé* le manuscrit, qui était resté *stagnant* chez moi, et je crois qu'on pourra distribuer les rôles à la fin de la semaine prochaine.

Geist m'a dit hier que le concert et le souper qui devaient avoir lieu à la maison de ville ont été contremandés. Cette nouvelle serait-elle officielle? Je n'ai

---

[1] Il est question de la tragédie de Racine dont Goethe voulait faire représenter une traduction sur le théâtre de Weimar.

pas entendu parler de madame de Staël; j'espère qu'elle est suffisamment occupée avec M. Benjamin Constant. Que ne donnerais-je pas pour être tranquille, libre et bien portant, au moins pendant tout le reste de ce mois! Mon travail serait bien avancé alors.

SCHILLER.

GŒTHE A SCHILLER.

Weimar, janvier 1804.

Voici la nouvelle gazette... Il n'y a rien de neuf sous le ciel, et cependant, le croiriez-vous? notre excellente voyageuse m'a très-naïvement assuré ce matin qu'elle fera imprimer tout ce qu'elle m'entendra dire. Cette histoire des lettres de Jean-Jacques Rousseau m'a rendu bien défiant envers cette chère dame. Je me vois déjà dans un miroir, aux prises avec les simagrées de la coquetterie française. Adieu, mille souhaits de bonne santé[1].

GŒTHE.

SCHILLER A GŒTHE.

Weimar, janvier 1804.

Un mal que je ne puis négliger et qui m'empêche de marcher me retient depuis hier étendu sur mon sofa; aussi n'ai-je pu me rendre ni au dîner de madame de Staël, ni au concert de la cour qui a suivi. Malheureu-

---

[1] En consultant à cette date les Mémoires que Gœthe appelle simplement *Annales*, on voit qu'il venait de lire l'ouvrage intitulé: *Correspondance originale et inédite de J. J. Rousseau avec madame Latour de Franqueville et M. du Peyrou*. Les indiscrétions de madame de Franqueville lui faisaient redouter un procédé semblable de la part de madame de Staël.

sement mon travail n'a rien gagné à cette retraite, car j'ai la tête très-fatiguée. Ma femme a été également retenue chez elle par un gros rhume. Je vous prie donc, s'il en est besoin, de nous excuser auprès de Son Altesse, au sujet du concert.

J'ai lu la nouvelle *Gazette d'Iéna* avec beaucoup d'intérêt. L'exposition théologique est parfaite, et ce début n'aurait pu être mieux, lors même que vous eussiez été libre de choisir le sujet. Les comptes rendus aussi sont excellents; il est vrai qu'on aurait dû parler plus longuement de *Benvenuto Cellini;* mais cette annonce, tout insuffisante qu'elle est, arrive à propos pour répandre l'ouvrage.

Le rapport sur la philosophie m'a fait beaucoup de plaisir, c'est vraiment une heureuse idée, et je suis très-curieux d'en voir la continuation. Plusieurs écrits semblables et sortis de la même plume changeraient favorablement l'opinion du public sur la philosophie. J'avoue, à ma honte, que je n'ai pas encore pu deviner le nom de l'auteur de ce rapport...

Madame de Staël vient d'écrire un billet à ma femme, dans lequel elle parle de son prochain départ, et de son projet de revenir par Weimar.

Faites-moi savoir comment vous vous portez. Les acteurs feront ce soir, chez moi, une première lecture de *Mithridate*.   Schiller.

GŒTHE A SCHILLER.

Weimar, janvier 1804.

Il est fâcheux que vous souffriez physiquement ; on devrait, lorsque déjà on ne se porte pas bien, pouvoir prendre une part des maux de ses amis, et c'est ce que je ferais très-volontiers dans les circonstances actuelles.

L'approbation que vous donnez aux premiers numéros de la gazette m'a beaucoup tranquillisé. Dans une pareille entreprise tout est presque fortuit, et cependant il faut que cela ait l'air d'une chose mûrement méditée. Au reste l'affaire est en bon chemin, et vous l'y affermiriez encore si vous vouliez nous venir en aide ; on ne vous demande pas de travaux développés, de comptes rendus *ex professo*, mais simplement de temps à autre quelques pages vives, spirituelles, à l'occasion d'un livre que vous aurez lu sans intention d'en parler. Je mérite bien qu'on vienne un peu à mon secours ; voilà quatre mois que je pousse et traîne ce cauchemar plus que de raison.

Je suis enchanté aussi que vous soyez content de la petite introduction à la philosophie des nations. Si on peut en faire autant pour les autres sciences, le journal sera aussi amusant qu'instructif. L'auteur serait difficile à deviner, car c'est encore un être sans nom. J'ai fait à cette occasion l'expérience agréable qu'il y a beaucoup de hautes et nobles connaissances répandues en Allemagne ; espérons que ceux qui possèdent ces connaissances finiront par se grouper autour de nous.

Je vous remercie de vous être chargé de faire lire *Mithridate* par nos acteurs. Faites-moi savoir si vous avez été content de cette première lecture.

GOETHE.

SCHILLER A GOETHE.

Janvier 1804.

Je viens savoir des nouvelles de votre santé, et vous demander en même temps si vous vous sentez en bonne disposition pour vous occuper d'une œuvre poétique. Dans ce cas, je vous enverrais le premier acte de *Guillaume Tell*; je suis forcé de l'expédier à Iffland, et je n'aimerais pas le faire partir sans avoir votre avis. Malgré toutes les entraves que ces dernières semaines ont accumulées autour de moi, mon travail avance assez bien, et j'espère l'avoir terminé vers la fin du mois prochain...

J'ai vu la Staël hier chez moi, et je la reverrai aujourd'hui chez la duchesse mère. On en est toujours au même point avec elle; cela ferait songer au tonneau des Danaïdes, si l'on ne se rappelait plutôt la scène d'Oknos et de son ânesse [1].

SCHILLER.

[1] Allusion à un passage de Pausanias sur la descente d'Ulysse aux enfers. Ulysse, dit l'écrivain grec, y rencontra un certain Oknos occupé à tresser des joncs, qu'une ânesse, placée à côté de lui, dévorait immédiatement. Oknos ne se décourageait pas; il tressait toujours ses joncs, et toujours l'ânesse les mangeait. Nous n'avons pas besoin de relever ici ce que cette comparaison a d'impertinent; une raillerie aussi tudesque fait plus de tort à Schiller qu'à madame de Staël. Schiller ne pouvait-il exprimer en termes plus dignes l'antagonisme des deux littératures? Ne pouvait-il peindre plus poétiquement la résistance opiniâtre de notre éloquente interprète?

GŒTHE A SCHILLER.

Weimar, le 13 janvier 1804.

Ce n'est pas un premier acte que vous m'avez envoyé, mais une pièce entière, une pièce excellente, dont je vous félicite de tout mon cœur. Autant qu'on peut en juger par une première lecture, tout est à sa place, ce qui est très-important, surtout lorsqu'il s'agit de travaux qui doivent produire un certain effet déterminé d'avance. J'ai cependant marqué le passage où vous parlez du mal du pays que ressent le Suisse dès qu'il entend le *ranz des vaches*. Selon moi, cet air ne se chante et ne se joue dans aucun autre pays qu'en Suisse. Ce n'est donc pas parce qu'il l'entend, mais parce qu'il ne l'entend pas qu'il éprouve le mal du pays. Au reste, je puis me tromper.

Continuez à ranimer notre existence par votre noble activité... Salut et gloire !

GŒTHE.

SCHILLER A GŒTHE.

C'est une grande consolation pour moi de savoir que vous êtes content de mon introduction à *Guillaume Tell*. Lundi je vous enverrai le *Rütli*, on le met maintenant au net ; on peut le lire à part, car il forme un tout.

J'ai le plus grand désir de vous voir ; quand donc rouvrirez-vous votre porte ?

Voici, depuis quatre semaines, la première fois que j'éprouve le désir d'aller au spectacle ; je l'avais presque pris en dégoût, car on y jouait presque toujours mes pièces.

Madame de Staël veut encore rester trois semaines ici. Je crains bien qu'elle ne fasse sur elle-même l'expérience que les Français n'ont pas le privilége exclusif de l'impatience, et que les Allemands de Weimar, aussi, sont un peuple changeant. En tout cas, cela lui apprendra qu'il faut savoir s'en aller à temps.

Schiller.

GŒTHE A SCHILLER.

Weimar, janvier 1804.

... L'exposition de *Guillaume Tell* continue à me nourrir agréablement. C'est un vrai bonheur que, précisément au moment d'une visite si importune, vous nous ayez fourni, comme opposition à cette incident, une œuvre aussi parfaite. Sans cela, la situation serait tout à fait intolérable.

Je suis malade et maussade ; il me serait impossible de soutenir de nouveau une longue conversation avec notre étrangère. En tout cas, c'est pécher contre le Saint-Esprit que de lui faire la moindre concession. Si elle avait été à l'école de Jean-Paul, elle ne s'arrêterait pas si longtemps à Weimar ; qu'elle essaye donc, à ses risques et périls, de rester encore trois semaines ici.

Ne pouvant rien produire en ce moment, je me suis mis à apprendre toutes sortes de choses ; il faut seulement que je change de sujet et que je mêle à mes études des intervalles de repos.

Les paysages de Hackert, qui viennent d'arriver, m'ont procuré une agréable matinée. Ce sont vraiment des œuvres extraordinaires, et, quoiqu'il y ait quelques observations à faire, on est obligé de convenir qu'aucun artiste vivant ne saurait en produire de semblables et qu'elles contiennent des parties qui n'ont jamais été mieux conçues ni mieux exécutées.

Si vous allez demain à la cour, venez en passant me faire une petite visite; ma voiture ira vous prendre et restera toute la soirée à vos ordres.

L'envoi de votre *Rütli* me causera une grande joie. Il me tarde de voir réunies ensemble toutes ces parties si bien exécutées.

GŒTHE.

SCHILLER A GŒTHE.

Weimar, le 17 janvier 1804.

La beauté des costumes et la vivacité du détail seront à peu près ce qu'il y aura de mieux dans *Mithridate*. Si ces œuvres surannées ne servaient pas à nous fortifier dans notre foi poétique, ce serait bien perdre son temps que de chercher à les ajuster pour notre théâtre.

Vous ne me dites rien de mon *Rütli*; s'il y avait des changements à faire, il faudrait me le renvoyer immédiatement, car je suis forcé de l'expédier après-demain à Iffland.

Tâchez de rétablir promptement votre santé.

SCHILLER.

GŒTHE A SCHILLER.

Weimar, le 18 janvier 1804.

Voici le *Rütli*, sur lequel je n'ai que des éloges à vous donner. L'idée de constituer immédiatement les communes du pays est excellente ; cela donne de la dignité et de l'ampleur à l'ensemble. Je suis impatient de voir la fin.

Bonne chance pour l'accomplissement de votre œuvre.
GŒTHE.

GŒTHE A SCHILLER.

Weimar, le 25 janvier 1804.

Il faut que je fasse prendre des nouvelles de votre santé, car lorsque je suis longtemps sans vous voir je suis toujours inquiet sur votre compte.

Aujourd'hui j'ai reçu, pour la première fois, madame de Staël chez moi. L'impression qu'elle produit reste toujours la même ; et, malgré toute sa politesse, elle se conduit assez grossièrement pour une voyageuse chez des hyperboréens dont les capitaux consistent en vieux chênes, mais dont le fer et l'ambre se convertiraient assez facilement en objets utiles ou gracieux. Malgré tout cela, elle sait nous réduire à exhiber nos vieux tapis, comme cadeaux d'hospitalité, et nos armes rouillées pour nous mettre en état de défense.

Jean de Müller est venu me voir ce soir, et ma collection de médailles l'a beaucoup amusé. En se voyant ainsi transporté tout à coup au milieu d'anciennes connaissances, il m'a prouvé jusqu'à quel point tous les faits historiques lui étaient familiers. Pas une figure, même des plus subalternes, ne lui était inconnue...

J'aurais bien du plaisir à apprendre que les héros suisses ont vaillamment mis en fuite tous vos maux physiques. GŒTHE.

GŒTHE A SCHILLER.

Weimar, le 26 janvier 1804.

Madame de Staël est venue me voir de nouveau, Müller l'accompagnait, et le duc n'a pas tardé à venir les rejoindre. La conversation a été très-animée... Demain, à cinq heures du soir, j'aurai la visite de Benjamin Constant. Si vous vouliez venir passer le reste de la soirée avec moi, vous me feriez bien plaisir. GŒTHE.

SCHILLER A GŒTHE.

... Un mot seulement pour vous dire bonsoir, car je me dispose à travailler bien avant dans la nuit, afin de regagner ainsi ce qu'il me faudra perdre demain, puisque je suis obligé d'aller dîner chez madame de Staël...
SCHILLER.

GŒTHE A SCHILLER.

Weimar, le 6 février 1804.

Je viens vous demander si j'aurai le plaisir de vous posséder ce soir chez moi. Madame de Staël et M. Benjamin Constant viendront vers cinq heures, et je ferai préparer un souper pour le cas où l'on consentirait à me consacrer le reste de la soirée. GŒTHE.

SCHILLER A GŒTHE.

Weimar, le 16 février 1804.

Je touche de si près à la conclusion de mon *Guillaume Tell*, qu'il faut que j'évite soigneusement toute espèce de distractions, surtout celles que pourraient me procurer nos amis français. Excusez-moi avec cette charité évangélique que, de mon côté, je tiens à votre disposition pour un cas semblable. SCHILLER.

SCHILLER A GŒTHE.

Weimar, le 14 mars 1804.

Vous me rendez un bien grand service en vous occupant de la mise en scène de *Guillaume Tell*, car je ne me sens pas bien, le mauvais temps me fatigue beaucoup; et, depuis le départ de notre amie, il me semble que je relève d'une grande maladie. SCHILLER.

Guillaume Tell, qui était déjà en répétition lorsque madame de Staël quitta Weimar, fut représenté deux semaines après son départ, le 17 mars 1804. Le succès ne fut pas douteux un instant. Le 12 avril, Schiller écrivait à Kœrner : « *Tell* a produit plus d'effet sur la scène que mes autres pièces, et la représentation m'a causé une grande joie. Je sens que peu à peu je deviens maître des choses du théâtre. » Quatre mois après, dans la première moitié de juillet, la nouvelle tragédie fut jouée aussi à Berlin, et Zelter écrivait à Gœthe que les applaudissements avaient été unanimes. Ce triomphe s'étendit bientôt d'un bout de l'Allemagne à l'autre : Schiller était décidément le poëte de la liberté.

Son ardeur pour le théâtre ne se ralentissait pas; à peine avait-il terminé *Guillaume Tell* qu'il écrivait le plan de *Démétrius*. Il s'agissait, on ne l'ignore pas, de cet audacieux aventurier moscovite qui se fit passer pour le fils d'Ivan IV, assassiné par Boris Godounof, et qui régna quelque temps sur le trône des czars. Ce dramatique sujet, déjà traité par Lope de Vega et que d'habiles écrivains ont renouvelé de nos jours[1], aurait montré sans doute sous un aspect nouveau la féconde inspiration du poëte. Sa santé de plus en plus ébranlée, de graves inquiétudes domestiques, la maladie de sa femme et de ses enfants, l'empêchèrent de réaliser son rêve pendant l'année 1804, et dès les premiers mois de l'année suivante, au moment où il se remettait à l'œuvre avec enthousiasme, la mort impitoyable l'emporta dans la pleine activité de son génie.

Pendant les mois de mars et d'avril, Charlotte Schiller et ses enfants avaient été atteints d'une coqueluche violente accompagnée de fièvre; quand les

[1] Le grand poëte russe Pouschkine a porté sur la scène cet épisode des annales de son pays. On connaît l'*Histoire du faux Démétrius*, par M. Mérimée, et les scènes si vives que le spirituel écrivain a insérées dans la *Revue des Deux Mondes* (15 décembre 1852). Je citerai aussi le beau drame de M. Frédéric Bodenstedt : *Démétrius* (Munich, 1856). Le drame de Lope de Vega est intitulé : *El gran duque de Moscovia*.

malades furent rétablis, on leur conseilla de changer d'air. Schiller se souvint que son ami, l'excellent Iffland, le pressait depuis longtemps de venir le trouver à Berlin ; il se décida aussitôt à partir, emmenant sa femme et les aînés de ses enfants, Caroline et Charles. Ils quittèrent Weimar le 26 avril, et s'arrêtant à Leipzig, à Wittemberg, à Potsdam, ils arrivèrent le 1ᵉʳ mai dans la capitale de la Prusse. Le séjour de Schiller à Berlin fut un véritable triomphe. Le prince Louis-Ferdinand, qui devait mourir si vaillamment deux années après à la bataille d'Iéna, invita à sa table le chantre de Guillaume Tell et de Max Piccolomini. La belle reine Louise, si sympathique à tout ce qui honorait l'Allemagne, l'accueillit avec cette grâce souveraine qui inspirait les héros et les poëtes. Partout où il allait, la foule se pressait pour contempler son visage, et le respect ne contenait pas toujours les acclamations. Iffland réunissait autour de lui les écrivains et les artistes ; *Wallenstein, la Pucelle d'Orléans* et *la Fiancée de Messine* furent représentées avec une perfection achevée au milieu des applaudissements que redoublait sa présence. Berlin même voulut s'emparer du poëte ; il y eut quelques négociations à ce sujet, le gouvernement lui fit des offres flatteuses ; mais Schiller, après mûre réflexion, ne put se décider à quitter sa poétique retraite de Weimar et le voisinage de Gœthe.

Schiller était revenu à Weimar le 21 mai; deux mois après, comme sa femme était sur le point d'accoucher et qu'elle avait une confiance particulière dans le docteur Starke d'Iéna, Schiller alla passer l'été avec sa famille dans son ancienne résidence. A l'époque même de l'accouchement de sa femme, aux premiers jours du mois d'août, un refroidissement lui causa de violentes douleurs d'entrailles; il était gravement malade quand on lui apporta auprès de son lit son quatrième enfant qui venait de naître. C'était une petite fille qui fut nommée Augusta-Émilie-Henriette-Louise. Lorsqu'il revint à Weimar le mois suivant, sa santé était profondément attaquée. Il put cependant apporter son offrande à la gracieuse princesse Maria Paulowna, grande-duchesse de Russie, qui venait d'épouser le prince héréditaire de Weimar. La scène lyrique intitulée *Hommage des Arts* fut composée par lui aux premiers jours de novembre et représentée le 12 sur le théâtre, à l'occasion des fêtes données à la princesse.

Cependant Gœthe partageait toujours son temps entre ses travaux d'histoire naturelle, la composition de ses poésies, et certaines curiosités de l'histoire littéraire et morale. La société française du dix-huitième siècle attirait surtout son attention. Le seul grand ouvrage d'imagination qu'il ait écrit de 1797 à 1804, *la Fille naturelle*, est, nous l'avons vu, un tableau de l'ancien régime à la veille de la révolution, tableau inspiré par les *Mémoires de la princesse Stéphanie-Louise de Bourbon Conti*, publiés en 1799. L'année même où il composait ce drame, Schiller lui communiqua une autre curiosité bien plus intéressante que les Mémoires d'où est sortie *la Fille naturelle* : c'était un dialogue, encore inconnu en France, où Diderot avait peint de sa plume la plus cynique et la plus spirituelle le tableau de la société parisienne vers 1760. La communication de Schiller est du mois de décembre 1804 ; c'est à cette date que nous reprenons la correspondance des deux poëtes, pour ne plus l'interrompre jusqu'à la fin.

GŒTHE A SCHILLER.

Weimar, le 21 décembre 1804.

Je viens vous demander de vos nouvelles, je viens aussi vous dire quelques mots de nos affaires littéraires, afin que vous sachiez où nous en sommes. J'espère livrer la première moitié de ma traduction vers le milieu de janvier et l'autre moitié à la fin du mois; pour les notes qu'il faudra y joindre, ce sera plus long. On entre d'abord dans l'eau, croyant qu'on pourra la traverser à gué, mais bientôt on sent qu'on enfonce, et l'on est forcé de se mettre à la nage. La bombe de ce singulier dialogue éclate juste au beau milieu de la littérature française, et il faut se recueillir sérieusement pour indiquer la place où frappent les coups...

Les observations critiques sur ce dialogue commencent à devenir plus difficiles que je ne me l'étais imaginé d'abord. On y parle de la pièce *les Philosophes* comme d'une production toute récente, et c'est le 20 mai 1760 qu'elle a été représentée pour la première fois à Paris. Alors le vieux Rameau vivait encore. Il faudrait donc placer la composition de ce dialogue avant l'année 1764, date de la mort du vieux Rameau. Mais il y est aussi question des *Trois siècles de la littérature française*, ouvrage qui n'a paru qu'en 1772. De tout ceci on est autorisé à conclure que le dialogue a été revu et corrigé bien longtemps après sa première composition, et, en pareil cas, les anachronismes sont presque inévitables. Avant de rien affirmer sur une matière si embrouillée, il faut y regarder à deux fois. Je ne puis donc pas calculer au juste à quelle époque j'aurai terminé ce commentaire, car j'ai promis pour Pâques un essai sur Winckelmann, qui ne saurait non plus s'improviser. Heureusement je me porte assez bien et je ne reste pas inactif. Je vous en souhaite autant et mieux encore.   GŒTHE.

SCHILLER A GŒTHE.

Weimar, le 14 janvier 1805.

J'ai appris avec bien du regret que la vie retirée que vous menez n'est pas volontaire ; nous n'avons lieu, ni l'un ni l'autre, d'être satisfaits de notre santé, mais le moins à plaindre est à coup sûr celui qui a depuis longtemps contracté l'habitude de souffrir.

Je suis vraiment bien aise d'avoir consenti à me charger d'une traduction ; occupé de cette besogne pendant ces mauvais jours, je puis dire du moins que j'existe et que je fais quelque chose. La semaine prochaine, cependant, je chercherai à trouver les dispositions d'esprit nécessaires pour travailler à mon *Démétrius*. Si je ne puis y réussir, je reviendrai de nouveau à une occupation semi-mécanique.

Vous trouverez ci-joint tout ce qu'il y a de copié de ma traduction; veuillez la confronter avec l'original, et marquer au crayon les passages qu'il sera nécessaire de revoir. Il faut cependant que je me dépêche, car on veut déjà commencer à copier les rôles, puisqu'il faut que la pièce soit jouée pour le 30.

Le duc me permet de lire les *Mémoires* de Marmontel que vous avez entre les mains. Veuillez donc me les faire passer, quand vous aurez fini[1].

La princesse parle avec beaucoup d'intérêt de la lecture à laquelle elle a assisté chez vous, et elle espère vous entendre plus d'une fois encore.   SCHILLER.

---

[1] Les *Mémoires* de Marmontel venaient de paraître à Paris. On sait que l'auteur de *Bélisaire* et des *Incas*, l'ami de Voltaire, de Turgot, de Thomas, de l'abbé Maury, était mort en 1799, et qu'il avait employé ses dernières années à raconter pour ses enfants l'histoire de sa vie. Cette histoire qui va de Massillon à Mirabeau et de Montesquieu à Robespierre, contient un tableau un peu pâle, mais curieux, de la seconde moitié du dix-huitième siècle. Elle fut publiée sous cette indication générale : *Œuvres posthumes de Marmontel, historiographe de France, secrétaire perpétuel de l'Académie française, imprimées sur le manuscrit autographe de l'auteur.* 6 vol. Paris, an XIII (1804). Les quatre premiers volumes portent ce titre : *Mémoires d'un père pour servir à l'instruction de ses enfants.*

GOETHE A SCHILLER.

Weimar, janvier 1805.

Je vous félicite du bon emploi que vous faites de ce temps mauvais et funeste. J'ai lu les trois premiers actes de votre traduction avec beaucoup d'intérêt. L'exposition est excellente dans sa brièveté et la passion lui donne de la vie. J'ai marqué quelques passages dont il faudra changer le rhythme, car, lorsque le vers est trop court, dans les tirades pathétiques surtout, l'acteur qui les débite s'affaisse pour ainsi dire sur lui-même et perd toute contenance....

Je vous envoie avec plaisir la *Vie de Marmontel*; cela vous intéressera pendant quelques jours. Vous y rencontrerez une ou deux fois le financier Bouret qui est devenu intéressant pour nous par *le Neveu de Rameau*.

Si notre jeune princesse s'amuse de ce que je puis lui offrir, tous mes vœux sont accomplis. Nous autres poëtes, nous sommes forcés de dire avec les apôtres : Je n'ai ni or ni argent à vous offrir, mais ce que je donne, je le donne au nom du Seigneur !

Soignez votre santé. Dès que je pourrai sortir, je viendrai vous voir.

Pour chasser l'ennui, je me suis mis à lire toutes sortes de choses, et entre autres *Amadis de Gaule*. Il est vraiment honteux que je me sois laissé arriver à l'âge que j'ai sans avoir connu cet excellent ouvrage, autrement que par ceux qui l'ont parodié.   GOETHE.

SCHILLER A GŒTHE.

Nos enfants commencent à se rétablir, mais mon rhume de poitrine, quoique moins fort, ne m'a pas encore quitté entièrement.

Je lis les *Mémoires* de Marmontel avec beaucoup d'intérêt. Les *acheminements*[1] vers la révolution y sont surtout très-bien décrits. J'aurai grand plaisir, quand je vous reverrai, à parler de Necker avec vous ; sans nul doute vous le connaissez par ses propres écrits, vous saurez me dire si Marmontel en trace un portrait ressemblant.

SCHILLER.

GŒTHE A SCHILLER.

Weimar, le 19 janvier 1805.

Donnez-moi des nouvelles de votre santé et de vos travaux. Ma tentative de reparaître dans le monde ne m'a pas bien réussi ; me voilà du moins retenu chez moi pour quelques jours. J'ai donc besoin de recevoir de bonnes nouvelles de votre cabinet de travail. Je viens aussi vous demander si votre femme ne voudrait pas venir demain assister chez moi à une petite fête du matin avec quelques amies. Bonne santé et bonne inspiration !

GŒTHE.

P. S. Je viens d'apprendre que Son Altesse honorera cette fête de sa présence. Vous sériez bien aimable si vous vouliez être des nôtres.

---

[1] Le mot est en français dans le texte de Schiller : *Die Acheminements zur Revolution.*

SCHILLER A GŒTHE.

Les Complices ont été parfaitement bien représentés hier, et tout le monde en a été content... Il y a bien eu quelques situations scabreuses, mais, grâce à la bonne humeur qui règne en cette pièce, on n'a pas même songé aux sottes exigences de la décence de convention.

En relisant votre *Général citoyen*, je me suis aperçu de nouveau qu'il serait utile de supprimer dans le rôle du gentilhomme les passages dans lesquels il fait la morale à tout le monde...

Je ne sais pas encore si je pourrai laisser le rôle d'Hippolyte à l'acteur à qui je l'avais confié d'abord, car l'énergie et la dignité lui manquent complétement. Il est trop jeune encore pour comprendre un pareil personnage.

J'espère que le recours au repos a été favorable à votre santé.
SCHILLER.

GŒTHE A SCHILLER.

Weimar, le 21 janvier 1805.

Soit que, d'après les principes de l'ancienne médecine, les humeurs peccantes se promènent à travers tout le corps, ou que, selon la médecine moderne, elles s'attachent de préférence aux parties faibles, il est certain que chez moi c'est tantôt une partie et tantôt l'autre qui cloche. Le mal ne sort des entrailles que pour s'en prendre à la poitrine, puis au cou, et finalement à l'œil, où il est, à coup sûr, le moins bien venu.

Je vous remercie d'avoir bien voulu assister à la représentation des *Complices*. Puisque cette pièce a été bien accueillie, je la reverrai de nouveau pour la rendre plus gaie, et voiler mieux encore tout ce qui pourrait blesser les susceptibilités d'une pudeur farouche. C'est une affaire plus importante qu'on ne le croit vulgairement que d'avoir une pièce de plus dans notre répertoire. Je m'occuperai également du *Général citoyen*; et s'il pouvait me venir une idée heureuse pour réunir à la fin tous les éléments contraires dans une farce piquante, afin de ne pas être obligé d'avoir recours au *deus ex machina*, je supprimerais tout à fait le gentilhomme....

Puisque je ne suis pas encore près de pouvoir sortir, ne pourriez-vous pas venir me faire une petite visite? Ma voiture viendrait vous prendre à l'heure que vous m'indiqueriez. GŒTHE.

GŒTHE A SCHILLER.

Weimar, le 22 février 1805.

S'il ne vous répugne pas d'écrire quelques mots, dites-moi donc comment vous vous portez. Depuis quelque temps je ne puis rien savoir de positif sur votre santé, et cependant je m'y intéresse tant! Quant à moi, j'ai retrouvé avec le repos et la tranquillité la faculté de sentir, mais je suis toujours hors d'état de travailler, ce qui me gêne beaucoup, car je voudrais en finir avec l'essai sur Winckelmann.

Ne pourrai-je pas vous revoir bientôt? Je l'espère, et cela me console. GŒTHE.

SCHILLER A GOETHE.

Weimar, le 22 février 1805.

En revoyant quelques lignes de votre main, j'ai senti revivre en moi l'espoir que notre ancien bon temps pourra revenir, ce dont trop souvent je désespère. Les deux assauts que j'ai eus à soutenir dans l'espace de sept mois ont ébranlé mon existence jusque dans ses racines; j'aurai de la peine à me remettre, je le sens. Il est vrai que ma maladie actuelle tient à l'épidémie qui règne en ce moment, mais la fièvre était si forte, et elle m'a tellement affaibli, que je ne me reconnais plus moi-même. J'ai surtout beaucoup de peine à vaincre un certain découragement qui, dans ma situation, est le plus grand des maux.

Je serais bien curieux de savoir si votre manuscrit du *Neveu de Rameau* est sous presse. Depuis quinze jours je ne sais plus rien de ce qui se passe dans le monde. Puisse votre état s'améliorer bientôt, et le mien aussi! Puissions-nous bientôt nous revoir, dispos et joyeux l'un et l'autre!   SCHILLER.

GOETHE A SCHILLER.

Weimar, le 26 février 1805.

Persuadé que dans votre position actuelle vous aimez à vous distraire par la lecture, je vous envoie un paquet de la nouvelle gazette littéraire et nos *Winckelmanniana*.

Pour terminer mes notes sur *le Neveu de Rameau*,

je me suis égaré de nouveau dans la littérature française.

Ma santé commence à aller un peu mieux, et la vôtre ? Ne nous reverrons-nous pas bientôt ? GŒTHE.

SCHILLER A GŒTHE.

Weimar, le 23 février 1805.

J'ai vu les comptes rendus de diverses œuvres littéraires avec un très-grand intérêt, et le nom de l'auteur ne m'est pas resté un instant douteux. Si vous pouviez vous décider à faire de temps en temps de semblables excursions esthétiques, vous feriez faire de grands progrès à la bonne cause en général, et à la *Gazette d'Iéna* en particulier. Cette façon créatrice de reconstruire un ouvrage, cette indication juste et précise des points qui devaient produire les plus grands effets, est précisément ce qui manque à tous les critiques, et c'est pourtant la seule manière de devenir un guide utile.

Le ton de vos comptes rendus est si agréable et si enjoué, qu'il serait à désirer que vous pussiez vous décider à passer en revue les pièces de Kotzebue ; cela ne vous coûterait que la peine de dicter...

Je vous remercie des lettres de Winckelmann. Cette lecture arrive bien à propos pour hâter ma convalescence. Je commence à aller mieux, et, si le vent s'apaise, je me hasarderai peut-être à aller vous voir demain matin. SCHILLER.

GŒTHE A SCHILLER.

Weimar, le 28 février 1805.

J'ai appris avec beaucoup de plaisir que vous êtes satisfait de mes comptes rendus ; en pareille matière on ne sait jamais si on ne fait pas trop, et ne pas faire assez, c'est ne rien faire. Je m'en tiendrai au même genre dans mes notes sur *le Neveu de Rameau*, que je dicte en ce moment ; cela me sera d'autant plus facile, que le texte est de nature à supporter des remarques épicées. Par la même occasion, je pourrai dire beaucoup de choses sur la littérature française que jusqu'ici nous avons traitée avec trop de roideur, soit que nous l'ayons envisagée comme notre modèle ou comme notre adversaire....

Malgré mon vif désir de vous revoir bientôt, je vous prie de ne pas vous presser de sortir, surtout par ce mauvais temps. GŒTHE.

SCHILLER A GŒTHE.

Weimar, le 27 mars 1805.

.... Je me suis sérieusement remis à mon *Démétrius*, et j'espère que rien ne m'en distraira de sitôt. Après une aussi longue pause, causée par des événements malheureux, il est difficile de prendre pied à son ancien poste ; mais j'ai rassemblé toutes mes forces, tout mon courage, et me voilà en haleine.

Je crains bien que ce vent glacé ne soit fatal à votre santé ; pour moi j'en souffre moins qu'à l'ordinaire...

Je désire bien ardemment recevoir quelques lignes de votre main.   SCHILLER.

GŒTHE A SCHILLER.

Weimar, le 20 avril 1805.

Les notes sur *le Neveu de Rameau* m'ont poussé dans le domaine de la musique; comme ce domaine ne m'est pas très-familier, je me bornerai à y tracer quelques lignes principales, puis j'en sortirai le plus tôt possible...

Je vous félicite de votre travail et je me réjouis d'en voir bientôt quelque chose.   GŒTHE.

GŒTHE A SCHILLER.

Weimar, le 20 avril 1805.

Voici le reste des notes sur *le Neveu de Rameau*. Ayez la bonté de les lire et de les envoyer ensuite à l'éditeur à Leipzig. Si toutes les œuvres de l'homme n'étaient pas, en définitive, des œuvres improvisées, je ne serais pas sans inquiétude au sujet de ces annotations rédigées si vite. Ma plus grande consolation est que je puis dire : *Sine me ibis, liber!* car je n'aimerais pas à me trouver de ma personne dans tous les lieux où parviendra ce livre.

Je me suis remis à la *Théorie des couleurs*, et j'en ai presque terminé un des chapitres les plus difficiles. Je vous envoie ce chapitre avec prière de le lire et de m'en dire votre avis.

Je me porte assez bien, à la condition cependant de faire tous les jours une promenade à cheval. Dès que je suspens cet exercice, une foule de maux viennent m'assiéger. J'espère vous voir bientôt. GŒTHE.

GŒTHE A SCHILLER.

Ayez l'obligeance de supprimer l'article *Le Mierre* dans les notes que je vous ai envoyées. Je viens de m'apercevoir que j'ai fait une confusion de personnes.

GŒTHE.

SCHILLER A GŒTHE.

Weimar, le 24 avril 1805.

Vos notes se lisent avec beaucoup de plaisir, même indépendamment du texte, sur lequel elles répandent une très-vive lumière. Vos observations générales sur le goût français, sur les acteurs, sur le public, et accessoirement sur notre Allemagne, sont aussi heureuses, aussi excellentes, que vos articles de détail sur la musique et les musiciens, sur Palissot et autres, sont instructifs et bien appropriés à l'ouvrage commenté. La lettre de Voltaire à Palissot et le passage de J. J. Rousseau sur Rameau font également très-bonne figure.

J'ai trouvé peu de remarques à faire, et encore ne se rapportent-elles qu'à l'expression ; j'excepte un seul petit passage à l'article *Goût*, qui n'est pas parfaitement clair pour moi. En un mot, ces notes sont si bien finies, que je vous demande si je ne dois pas les mettre à la poste dès demain.

J'ai trouvé quinze articles du plus haut intérêt, la

moitié eût suffi pour justifier les notes; je pense qu'elles formeront au moins trois feuilles d'impression, cela s'appelle doter richement une traduction.

Continuez à aller mieux, toujours mieux ! N'oubliez pas de m'envoyer *Elpenor*.   Schiller.

Ce billet du 24 avril 1805 est le dernier que Schiller ait écrit à Gœthe; quinze jours après, l'auteur de *Guillaume Tell* avait cessé de vivre. Rien de plus touchant que cette fin du grand poëte; frappé dans la force de l'âge et du génie, il conserva jusqu'au moment suprême une sérénité victorieuse, songeant aux siens plus qu'à lui-même, fidèle à toutes les amitiés, fidèle à la poésie et doux envers la mort.

Il y avait plusieurs années déjà que sa poitrine était gravement atteinte; tous ces beaux drames qui se succédèrent si vite de *Wallenstein* à *Guillaume Tell*, il les avait écrits dans les intermittences du mal qui le dévorait. L'année 1804 lui fut particulièrement mauvaise. Pendant le séjour qu'il fit à Iéna au mois de juillet pour l'accouchement de sa femme, une crise terrible, amenée par un refroidissement, fut le signal de perturbations meurtrières. C'était la période suprême de la phthisie. Cependant, il luttait toujours; tantôt il poursuivait son *Démétrius*, tantôt il faisait des projets de voyage pour l'année suivante. On voit par ses lettres à Kœrner combien était vive sa sollicitude pour sa femme et pour tous les siens. Il se sentait nécessaire à ses enfants, dont le plus jeune venait de naître, il ne pouvait croire que le moment fût venu de se séparer d'eux. La vie ne lui devait-elle pas encore bien des inspirations poétiques et bien des joies de famille ? Le 11 octobre, il écrivait à Kœrner qu'il se sentait assuré de sa guérison ; à ce moment-là même sa belle-sœur, madame de Wolzogen, remarquait avec larmes la décroissance visible de ses forces et l'effrayante pâleur de son visage. Ce furent, pendant tout l'hiver, des alternatives de crises et de périodes plus calmes. Son *Démétrius* exigeant une ardeur d'inspiration que lui interdisaient ses souffrances, il s'était chargé de travaux qui pouvaient occuper son esprit sans épuiser ses forces. Au mois de novembre, il avait écrit l'*Hommage des Arts* pour la princesse Paulovna ; il travailla pendant le mois de décembre à une traduction de la *Phèdre* de Racine, qui fut représentée le 30 janvier 1805. A Noël, au jour de l'an, ses douleurs étaient devenues plus vives. Il cherchait toujours à dissimuler son état aux personnes qui lui étaient chères. Henri Voss, le fils du poétique auteur de *Louise*, qui a eu l'honneur d'être le compagnon assidu, le garde-malade de Schiller pendant les six derniers mois de sa vie, nous a laissé à ce sujet de bien touchants détails. Un soir, Charlotte (imitons les écrivains de l'Allemagne qui, parlant de la femme de Schiller, la désignent simplement par son nom de baptême, comme une figure idéale que la poésie a consacrée), un soir, dis-je, Charlotte veillait avec Henri Voss près du lit du malade. Vers minuit, Schiller la supplia de se retirer et d'aller prendre du repos ; elle s'y refusa d'abord, mais, vaincue enfin par ses instances, elle sortit. A peine avait-elle fermé la porte que le malade tomba sans connaissance entre les bras de son ami. Henri Voss était accoutumé à lui donner tous les soins que réclamait son état ; dès que Schiller fut revenu à lui, sa première pensée fut pour Charlotte : « Voss, dit-il à voix basse, ma femme s'est-elle aperçue de quelque chose ? » Ayant senti s'approcher la crise, il avait fait en sorte qu'elle ne se doutât de rien. Pendant ce temps-là, Gœthe était retenu au lit par une maladie violente qui faillit l'emporter. Plus d'entretiens, plus de correspondance ; c'était là un de leurs grands chagrins. L'amitié cependant venait en aide à l'amitié. Henri Voss, comme un messager pieux, allait sans cesse de Schiller à Gœthe et de Gœthe à Schiller.

Vers la fin du mois de mars, Schiller eut quelques bonnes journées, et aussitôt il se remit à son *Démétrius* avec une impatiente ardeur. Hélas ! ce n'étaient que des éclairs dans une nuit qui devenait toujours plus sombre. Il sembla se ranimer un instant aux premières bouffées printanières. Avec quelle joie il quitta sa chambre de malade, accompagné de Charlotte et de sa belle-sœur Caroline, pour se réchauffer au doux soleil d'avril! Sa première visite fut pour Gœthe, qui commençait à se rétablir de ses violentes secousses. Henri Voss assistait à l'entrevue et il ne pouvait y penser sans larmes. Les deux poëtes se jetèrent dans les bras l'un de l'autre, et se tinrent ainsi longtemps et cordialement embrassés, avant de se dire une seule parole. Pas un mot de ce qu'ils avaient souffert; tout entiers au bonheur de se retrouver, ils écartaient les pensées douloureuses et les pressentiments sinistres. Schiller, heureux de revivre, reprenait son activité d'autrefois. Ses travaux et ceux de ses amis occupaient de nouveau son imagination, comme à l'époque où il déployait toutes ses forces avec un juvénile enthousiasme. Il écrivait à Kœrner, à Guillaume de Humboldt, et s'il leur parlait de sa santé, il les entretenait surtout des choses de l'art, de tout ce qui était la nourriture de leur intelligence. Son dernier billet à Gœthe, daté du 24 avril, est consacré au *Neveu de Rameau* et aux curieuses notes que Gœthe venait d'ajouter à sa traduction de Diderot. L'écriture est d'une main ferme, les caractères sont beaux et hardis, selon l'expression de Gœthe. « Voyez! » disait Gœthe plus tard, montrant comme une sainte relique cette page si nettement tracée quinze jours avant la mort, « c'était une créature magnifique, il nous a quittés dans la plénitude de sa force. »

Le lendemain, 25 avril, il adressait à Kœrner cette lettre qui confirme les paroles de Gœthe. C'est la dernière que Kœrner ait reçue de son ami, il faut la citer tout entière : « Enfin la belle saison se fait aussi sentir chez nous, et me rend de nouveau le courage et l'inspiration. J'aurai de la peine à triompher des violents assauts que j'ai eus à subir depuis neuf mois et je crains bien qu'il ne m'en reste quelque chose. De trente à quarante ans la nature n'a pas autant de ressources qu'avant la trentième année. Je me déclare satisfait toutefois si je reste en vie et en santé jusqu'à cinquante ans. Gœthe a été très-souffrant d'une maladie des reins accompagnée de convulsions violentes; le docteur Starke n'espère pas pouvoir l'en guérir complétement. Maintenant il va bien; il sort de ma chambre, et il m'a parlé d'un voyage à Dresde qu'il compte faire l'été prochain. Dans son état de santé il ne peut travailler, et ne s'occuper à rien serait contre sa nature. Le mieux pour lui est de vivre au milieu des chefs-d'œuvre de l'art qui lui fourniront matière à réflexions. Il n'est pas cependant resté inactif cet hiver; outre plusieurs articles très-spirituels dans la *Gazette d'Iéna*, il a traduit un manuscrit inédit de Diderot qu'un heureux hasard nous a mis dans les mains et l'a accompagné d'annotations. Il sera publié chez Gœschen sous ce titre : *le Neveu de Rameau*; je te l'enverrai dès qu'il aura paru. C'est une conversation entre le neveu imaginaire du musicien Rameau et Diderot. Ce neveu est l'idéal du vagabond parasite, mais c'est un héros parmi les gens de cette espèce, et en même temps qu'il se peint lui-même, il fait la satire de la société et du monde où il vit. Diderot a profité de l'occasion pour percer de part en part les ennemis des encyclopédistes, particulièrement Palissot, et pour venger tous les bons écrivains de son temps des attaques que leur lançait la canaille des critiques de carrefour. En outre, il y manifeste les sentiments les plus intimes sur la grande lutte des musiciens qui divisait la société de son temps, et il écrit là-dessus des choses excellentes. Outre ce travail, Gœthe a fait imprimer des lettres inédites de Winckelmann avec des additions et des remarques. Cet écrit paraîtra aussi à Pâques. En fait de poésie, il n'a rien produit. Pour moi, je suis assez actif, mais, déshabitué longtemps du travail et affaibli encore par tant de secousses, je n'avance que lentement. Si je te disais à présent le sujet du drame qui m'occupe, tu ne pourrais t'en faire aucune idée, car l'intérêt de mon œuvre sera dans ma façon d'envisager le sujet plutôt que dans le sujet même. Ce sujet est emprunté à l'histoire, et de la manière dont je le prends, il est plein d'une tragique grandeur ; il pourrait être considéré en un certain sens comme un pendant à *la Pucelle d'Orléans*, bien qu'il en diffère dans toutes ses parties.

— Les œuvres posthumes de Necker, publiées par sa fille, te sont-elles tombées sous les yeux? si tu ne les as pas, je te les enverrai. Tu prendras plaisir, j'en suis sûr, à lire cet écrit qui met en mouvement contre madame de Staël toutes les clabauderies parisiennes. Il est vrai qu'elle loue son père sans vergogne, mais cela ne lui messied pas. Le livre ne contient rien de très-important, mais il renferme beaucoup de choses curieuses, entre autres un petit roman du vieux Necker qui fait une étrange figure. Nous vous saluons tous cordialement, toi et les tiens. Adieu. »

Telle fut la dernière lettre de Schiller au plus ancien confident de ses pensées. Le 28 avril, il se rendit à la cour, et Henri Voss, qui l'aidait à s'habiller, se réjouissait de lui voir si bonne mine dans son habit de gala; il ne devait plus remettre ces vêtements de fête, et c'était la dernière visite qu'il faisait à ses augustes hôtes. Le lendemain 29, Gœthe vint le voir dans la soirée; Schiller avait formé le projet d'aller au théâtre; Gœthe, qui se sentait encore malade, ne put l'accompagner ; les deux amis se séparèrent au seuil de la maison et ne se revirent plus dans ce monde.

Le 1er mai, pendant que Gœthe était retenu au lit par de vives souffrances, Schiller avait senti plus profondément les atteintes de la maladie. « Me voilà de nouveau frappé, » dit-il à Henri Voss, qui l'avait vu la veille plein d'ardeur et d'espoir. Sa fille

Caroline, ses fils Charles et Ernest étant entrés dans sa chambre en même temps qu'Henri Voss, il fit à peine attention à leur présence. C'était un grave symptôme chez ce père excellent qui aimait à jouer avec ses enfants comme un écolier joyeux. Le 6 mai, il eut plusieurs accès de délire. Henri Voss, ce jour-là même, allant donner à Gœthe des nouvelles de son ami, le trouva tout en larmes. Gœthe était déjà informé de la situation : « Ah ! dit-il, le destin est impitoyable, et l'homme est bien peu de chose. » Pendant les dernières nuits, le malade rêvait souvent, parlait tout haut, et l'on entendit plusieurs fois sur ses lèvres le nom de Démétrius. Dans la matinée du 8 mai, sa belle-sœur Caroline lui ayant demandé comment il se trouvait, il répondit : « Toujours mieux; toujours plus calme. » C'était le résumé de son existence tout entière. La pensée de l'autre vie avait dû apporter à son âme de viriles consolations. Un matin, pendant qu'il rêvait, on recueillit distinctement ces paroles : « Est-ce là votre enfer ? est-ce là votre ciel ? » Au moment où il disait cela, une douceur ineffable se répandit sur son visage, ses yeux se tournèrent vers le ciel, on eût dit qu'une merveilleuse apparition souriait au poëte de l'idéal, au chantre de la liberté et de la vertu. Son agonie commença le 9 mai, vers trois heures de l'après-midi ; sa respiration était irrégulière et haletante. Madame de Wolzogen était à l'extrémité du lit avec le médecin, occupée à réchauffer les pieds du mourant, essayant de rappeler encore la vie dans ses membres glacés par le trépas. Charlotte, tenant la main de son mari, était agenouillée près du chevet, ainsi que sa fille Caroline; on avait emmené la petite Émilie, âgée de neuf mois. Les deux fils, Charles et Ernest, sanglotaient en silence. Toute la chambre était pleine de larmes et de gémissements étouffés. Vers le coucher du soleil, la respiration devint plus douce, plus faible, et bientôt on n'entendit plus rien. Une merveilleuse expression de sérénité couvrit tout à coup le visage de l'agonisant. Schiller semblait endormi, l'âme immortelle venait de prendre son vol vers les cieux.

Le soir même, le funeste message fut porté dans la maison de Gœthe, mais nul n'osa le lui transmettre. Le peintre Meyer se trouvait en ce moment auprès du poëte; on l'appela, il sortit... dès qu'il sut la nouvelle, il n'eut plus le courage de rentrer. Gœthe comprit tous ces symptômes : « On me cache quelque chose, dit-il, Schiller doit être bien malade. » Pendant la nuit, on l'entendit sangloter. Le lendemain, il dit à sa compagne : « N'est-ce pas? Schiller était bien malade hier. » Il y avait un tel accent dans sa demande que Christiane ne put retenir ses larmes. « Il est mort! » s'écria-t-il. — Vous l'avez dit vous-même. » — « Il est mort! » Disant cela, il inclina la tête, comme frappé d'un grand coup, et se couvrit le visage de ses deux mains.

ÉPILOGUE

LE POÈME DE L'AMITIÉ — DERNIÈRES ANNÉES DE GŒTHE

Schiller était mort le 9 mai 1805, vers six heures de l'après-midi. Le lendemain, quand la fatale nouvelle se répandit dans Weimar, ce fut une douleur universelle. On peut dire que la cour et la ville prirent le deuil. Le grand-duc et ses filles, alors en voyage, s'empressèrent de revenir, impatients de se mêler à l'affliction publique et de consoler la famille du poëte. Henriette Knebel, gouvernante de la princesse Caroline, écrivait à son frère, à l'excellent Knebel, le vieux camarade de Gœthe : « C'est à Auerstaedt que nous avons appris la mort de Schiller. Ce fut un coup bien inattendu pour ma pauvre princesse. Elle pleurait, elle sanglotait, elle ne pouvait contenir son désespoir, bien que la princesse héréditaire, si cruellement frappée elle-même, fît tous ses efforts pour la consoler. Nous sommes presque tous les jours auprès de madame Schiller, dont l'affliction est profonde, mais se manifeste avec douceur... » La princesse héréditaire dont il est question ici était cette Maria Paulovna, grande-duchesse de Russie, qui avait épousé l'année précédente le fils du duc Charles-Auguste, et pour qui Schiller avait fait représenter sur la scène de Weimar la belle scène lyrique intitulée l'*Hommage des Arts*. Elle paya noblement sa dette au poëte qui avait chanté sa bienvenue et se chargea de l'éducation de ses enfants.

Pendant qu'on sanglotait à la cour, la ville était comme frappée de stupeur. On eût dit une famille atteinte dans le plus cher de ses membres. « Des hommes qui ne se connaissaient pas la veille, dit M. Gustave Schwab, se saluaient dans les rues et se donnaient mutuellement des marques d'une sympathie profonde. » Subitement unis par la communauté de la douleur, ils n'étaient plus étrangers les uns aux autres. Personne, dit encore M. Schwab, ne pouvait demeurer en repos dans sa maison ; les rues de la ville, les allées du parc étaient remplies de gens inquiets qui s'abordaient en pleurant. Puis on rentrait chez soi, et chacun, depuis les princes de l'intelligence jusqu'aux plus humbles enfants de la cité, chacun, grand ou petit, mesurait à sa manière l'immensité de la perte que la patrie venait de faire. Le soir du 10 mai, il y avait une représentation annoncée au théâtre ; les acteurs décidèrent eux-mêmes qu'elle n'aurait pas lieu ; quel artiste aurait eu la force de vaincre ses émotions pour vivre, une heure seulement, de la vie d'un personnage idéal? Quel spectateur eût pu chercher un plaisir, fût-ce les virils plaisirs de la poésie de Schiller, au milieu des larmes de tout un peuple? Le théâtre resta fermé pendant trois jours. Un voile noir semblait tendu sur la cité. Pendant que tous les plaisirs étaient ajournés, tous les travaux interrompus, et qu'une pensée unique occupait les esprits, les réflexions de chacun augmentaient la douleur commune. Quoi! il était mort si jeune, à quarante-cinq ans, dans la force de ses meilleures années, à l'heure où il allait jouir enfin du résultat de tant de travaux, à l'heure où d'une main libre il allait cueillir tant de fruits savoureux dans les jardins de l'idéal! et on se rappelait ses dernières années, ce début d'une saison si féconde, ce commencement d'un été si splendide et si riche; on se rappelait de *Wallenstein* à *Guillaume Tell* cette merveilleuse moisson. Que de chefs-d'œuvre on pouvait attendre encore d'une inspiration si ardente! Que de grandes pages il devait à sa patrie et à l'humanité! que de scènes sublimes! que de personnages sympathiques! combien de ces paroles qui rendent les hommes meilleurs, qui fortifient les âmes, qui les aident à s'élever vers l'infini! et tout cela était perdu à jamais... Ah! je n'ai pas eu tort de le dire, la ville était frappée de stupeur.

Est-ce précisément à cette stupeur de la ville, à

cette douleur muette et morne, qu'il faut imputer la mesquinerie presque scandaleuse des funérailles du poëte? L'enterrement avait été fixé au dimanche 12 mai; la rapide décomposition du corps ne permit pas d'attendre jusque-là, et ce fut dans la nuit du 11 au 12, vers une heure du matin, au milieu des ténèbres et du silence, ce fut de cette manière clandestine qu'un cortége peu nombreux accompagna le poëte de la lumière et de l'idéal à sa dernière demeure. Il ne paraît pas que les amis de Schiller soient venus en aide à la famille pour l'organisation et les apprêts de la cérémonie funéraire. Un M. Gunther, conseiller du consistoire, et le bourgmestre de Weimar, M. Charles-Lebrecht Schwabe, s'acquittèrent de ce soin avec une singulière négligence. M. Schwabe eut cependant l'idée de convoquer une vingtaine de jeunes gens d'élite, savants, artistes, magistrats, et de leur confier le soin de porter au cimetière le cercueil de l'illustre mort. Ce fut là, si nos renseignements sont exacts, le seul appel adressé aux habitants de Weimar. Un fils du bourgmestre a publié, d'après les notes manuscrites de son père, le récit authentique de ces funérailles; cette narration ne saurait être suspecte, traduisons-la. « Minuit sonné, le petit cortége, — il est question des jeunes gens convoqués par le bourgmestre, — le petit cortége, grave et silencieux, se rendit de la maison de M. Schwabe à la maison de Schiller. C'était une nuit de mai éclairée par la lune ; seulement, de temps à autre, quelques nuages venaient obscurcir le ciel. La maison mortuaire était plongée dans un silence profond, à part une seule chambre d'où retentissait vaguement un bruit de sanglots étouffés. Les amis entrèrent; on descendit le cercueil, qui fut reçu par eux au seuil de la maison. Personne devant la porte, personne dans les rues; un silence profond, lugubre, régnait dans toute la ville. Le cortége se mit en marche, et traversant l'esplanade, le marché, la *Jacobsgasse*, se dirigea vers le vieux cimetière de l'église Saint-Jacques. Sur la droite, à l'entrée, se trouve encore aujourd'hui le caveau funéraire aux portes duquel on déposa le précieux fardeau. En ce moment la lune perça subitement les nuées qui l'enveloppaient, et le cercueil du poëte fut inondé de sa lumière; mais le disque lumineux fut recouvert de nouveau par les nuages qui couraient rapidement dans le ciel, on entendit mugir le vent sur les toits des maisons et dans le feuillage des arbres. La porte du sombre monument s'ouvrit alors; le fossoyeur et ses trois aides soulevèrent le cercueil, le portèrent à l'intérieur, ouvrirent une trappe, et les chères dépouilles furent introduites avec des cordes au fond du caveau souterrain que n'éclairait aucun rayon de lumière. La trappe retomba, et la porte extérieure du caveau fut refermée. Pas un chant funéraire, pas un mot consacré au souvenir de celui qu'on venait d'ensevelir, n'interrompit le silence des heures noires. Le cortége funèbre allait s'éloigner sans bruit du cimetière quand une apparition inattendue attira tous les regards; un homme de haute taille, enveloppé dans son manteau, était debout au milieu des tombes, non loin du caveau sépulcral qui avait reçu le corps de Schiller, et ses sanglots disaient assez quelle part il avait prise à la douloureuse cérémonie. » Cet homme, on le sut bientôt, c'était le beau-frère du poëte, Guillaume de Wolfzogen, qui, revenant d'un voyage à Leipzig, avait appris en route le fatal événement; aussitôt il était monté à cheval, et, s'élançant au galop sur la route de Weimar, il avait pu arriver à temps pour qu'on entendît au moins un sanglot, un cri de l'âme et du cœur dans ce morne cortége.

Presque tous les biographes de Schiller ont essayé de dissimuler avec art la tristesse de ce tableau. Aucun d'eux n'a oublié ce rayon de lune qui vient tout à coup éclairer le cercueil au moment où il va disparaître dans la fosse; on dirait que ce poétique incident les console. Caroline de Wolfzogen, pour écarter un souvenir pénible, avait écrit la première : « C'était par une belle nuit de mai, jamais je n'ai entendu les chants des rossignols plus prolongés et plus sonores. » Ces harmonies de la terre et du ciel compensaient suffisamment pour des imaginations rêveuses l'absence d'une foule émue, l'absence des chants, des prières et du suprême adieu prononcé par des voix éloquentes. Ce n'était pas ainsi pourtant que Klopstock avait été enseveli, deux années auparavant, dans une ville qui ne pouvait disputer à Weimar sa royauté littéraire. A Hambourg, en 1803, au milieu du mouvement des affaires et des arrivages des navires, l'auteur de *la Messiade* avait été accompagné au cimetière par une population immense; le pasteur, après le service divin, avait lu auprès du catafalque les plus beaux chants de sa mystique épopée; jeunes gens et jeunes filles avaient jeté à pleines mains des fleurs sur son cercueil: toutes les villes d'Allemagne étaient représentées dans le cortége, et l'enterrement d'un poëte avait eu le caractère d'une cérémonie nationale. Un tel contraste ne devait-il pas frapper les esprits? La conscience du pays se révolta; des plaintes amères, des accusations contre Weimar ne tardèrent pas à éclater sur plusieurs points de l'Allemagne et il n'y a pas longtemps encore qu'elles ont retenti de nouveau. On sait bien, il est vrai, que le lendemain de cette cérémonie clandestine, le dimanche 12 mai, dans l'après-midi, un service religieux pour l'âme du noble poëte fut célébré dans l'église Saint-Jacques; que M. Voigt, président du consistoire, prononça le discours funèbre, qu'avant et après ce discours, le *Requiem* de Mozart fut exécuté par les musiciens de la chapelle grand-ducale; on sait que tout Weimar y assistait, que l'émotion était profonde, que bien des yeux étaient mouillés de larmes; on sait aussi que, vingt et un ans après, en 1826, un nouveau cimetière ayant été construit, la ville donna au poëte un lieu de repos plus digne de sa mémoire, et que, plus tard encore, sa dépouille fut transportée dans la chapelle des souverains de Weimar, à côté même de Gœthe et du grand-duc Charles-Auguste; cette réparation éclatante peut-elle faire oublier la triste nuit du 11 mai 1805? L'Allemagne ne le pense pas; des plaintes, je le répète, se sont plusieurs fois renouvelées. Un homme de cœur, M. Adolphe Stahr, a été dans ces derniers temps le plus véhément interprète de ce remords public, et malgré les rectifications de détail qu'on a pu faire à son récit, il a bien fallu reconnaître que ce n'était pas là une vaine déclamation. « Tous les écrits du monde, — ainsi parle une revue allemande à propos des répliques adressées à ce généreux manifeste, — tous les écrits du monde et celui même de M. Schwabe ne changent rien à la vérité de ces sentiments, à la justesse de ces reproches. Qui donc voudrait soutenir que l'enterrement de Schiller a été ce qu'il devait être? Maintenant, qu'il y ait eu deux personnes de plus ou de moins dans le cortége, que le cercueil ait coûté tel ou tel prix, qu'il ait été porté par des amis jusqu'au cimetière, que les ouvriers tailleurs de la ville se soient offerts pour s'en charger, tout cela est indifférent. Le dernier citoyen d'une petite ville, pour ne rien dire de pis, est enseveli avec plus d'honneurs que Weimar n'en accorda au grand poëte. Donc point de discussions sur ce qui s'est passé, d'autant plus que Schiller n'est pas mort; il vit, il continue et continuera de vivre dans le cœur de bien des millions d'hommes[1]. »

La vraie cérémonie funéraire de l'auteur de *Guillaume Tell*, c'est le concert de plaintes et de gémissements qui se fit entendre d'un bout de l'Allemagne à l'autre. Le grand philosophe Jean-Gottlieb Fichte, qui se trouvait alors à Erlangen, écrivait le 1ᵉʳ juin à Guillaume de Wolfzogen : « Nous avons été profondément atterrés, ma femme et moi, en apprenant la mort de notre cher Schiller. J'avais en lui un frère, un esprit avec qui je me sentais (chose si rare) en parfaite communauté sur toutes les choses de l'âme. Il est mort : toute une part de mon existence intellectuelle s'en est allée avec lui. » Guillaume de Humboldt, alors ministre de Prusse auprès de la cour de Rome, se sentait aussi frappé au cœur, et il exprimait son affliction en des pages viriles et tendres. A Berlin, on le voit par les lettres de Zelter à Gœthe, la douleur publique fut profonde. Le 21 mai, Zelter faisait exécuter à l'*Académie de chant* un *Requiem* de sa composition pour le poëte national, et une foule immense s'associait à la pensée de l'artiste. Cette même foule, émue et recueillie, secondait les efforts

[1] *Francfurter Conversations-Blatt*, année 1852, n° 186.

d'Iffland, lorsque l'excellent homme, à la fois auteur, acteur et directeur du théâtre, représentait en l'honneur du poëte et au bénéfice de sa famille toute la série de ses poëmes dramatiques, depuis *les Brigands* jusqu'à *Guillaume Tell*. Gœthe n'avait pas été d'abord favorable à cette idée : « Il faut toujours, écrivait-il à Zelter, à propos de certaines fêtes du même genre qu'on voulait organiser à Weimar, il faut toujours que les hommes cherchent à transformer une perte, un malheur, en une occasion de plaisir. » Mais ce n'était pas une occasion de plaisir que l'on cherchait à Berlin. « La conduite d'Iffland, écrit Zelter, est très-honorable... Ce soir on a donné *les Brigands* avec tout le zèle et tout l'éclat possibles. La salle était pleine à s'y étouffer. Iffland jouait le rôle de Franz, et il était bien manifeste qu'il voulait y déployer toutes les forces de son talent... » Quand on voit dans le récit de Zelter à Gœthe le zèle presque religieux des artistes, l'empressement et l'enthousiasme de la foule, on se rappelle involontairement ce que disait Henri Voss au sujet de ses visites à la veuve du poëte et de tous les pieux souvenirs qu'elle évoquait devant lui : « Il me semble que je mets le pied dans un temple, chaque fois que j'entre dans la maison de Schiller. » Le théâtre aussi était la maison de Schiller ; ces graves artistes et la foule respectueuse y entraient comme dans un temple. Un de ces spectateurs, si enthousiastes et si recueillis tout ensemble, le comte de Benzel-Sternau demanda, dans une pétition solennelle, que toutes les scènes de l'Allemagne jouassent ainsi tous les drames de Schiller, et que du produit de ces représentations on achetât un domaine aux héritiers du poëte. Malheureusement la saison d'été commençait; l'hiver venu, la guerre de la France et de l'Autriche, la bataille d'Austerlitz, la dissolution de l'empire d'Allemagne, l'établissement de la confédération du Rhin, une lutte imminente entre Napoléon et la Prusse, nos foudroyantes victoires à Iéna et à Auerstaedt, l'abaissement du pays où avait régné le grand Frédéric, enfin toutes les luttes et toutes les catastrophes qui suivirent expliquent trop bien pourquoi le projet du comte de Benzel-Sternau ne put être réalisé.

Ce qu'on sentait si vivement à Weimar, à Erlangen, à Berlin, dans l'Allemagne entière, on devait l'éprouver avec une douleur plus cruelle encore dans les vallées de la Souabe. Un des camarades du poëte à *l'Académie de Charles*, le grand sculpteur Dannecker, écrivait de Stuttgart à Guillaume de Wolfzogen : « La mort de Schiller m'a profondément abattu. La terrible nouvelle nous a été apportée ici par M. Granz, le maître de chapelle. Au premier moment, je ne pus prononcer un seul mot, la douleur me suffoquait, je crus que ma poitrine allait éclater, et pendant tout le jour j'éprouvai la même oppression violente. Le lendemain, à mon réveil, le divin poëte était devant mes yeux, et tout à coup cette idée me vint à l'esprit : je ferai sa statue ! Mais la statue de Schiller ne peut être faite que dans des proportions colossales ; oui, il faut que Schiller revive, gigantesque, sous le ciseau du statuaire. Ce que je veux, c'est une apothéose ! » Puis, s'adressant aussitôt au duc de Wurtemberg : « Altesse ! lui écrivait-il, le souverain de la Souabe doit élever un monument au poëte souabe. » Les mêmes raisons qui avaient empêché de donner suite à la proposition de M. de Benzel-Sternau ne permirent pas de réaliser le projet du généreux artiste. Une période de guerre et de sacrifices allait s'ouvrir pour les nations allemandes. Dannecker ne renonça pas cependant à une pensée qui était la consolation de sa douleur. Schiller avait posé devant lui en 1793 pour un buste de grandeur naturelle ; il tailla un bloc de Carrare et reproduisit ce buste en des proportions colossales. N'ayant pu sculpter la statue complète pour l'Allemagne, il fit le buste pour lui-même, pour l'ornement et la consécration de son atelier. C'est là que bien des admirateurs du poëte ont été saluer son image ; un jour madame Schiller y conduisit ses enfants, et tout émue devant cette œuvre qui révélait si bien le ciseau d'un maître et le cœur d'un ami, elle leur fit baiser la main de l'artiste : « Enfants, baisez cette main qui fait revivre ainsi votre père ! »

Il y a, ce me semble, quelque chose de bien touchant dans ces émotions si vives, si diverses, que l'Allemagne entière a partagées ; je ne sais pourtant si tous ces témoignages réunis ne sont pas balancés par le seul témoignage de Gœthe. Observez son attitude, recueillez ses paroles, suivez-le pendant les vingt-sept années que le destin lui réserve encore, et voyez quelle place Schiller occupait dans son âme. Il se tait d'abord ; point de cris, point d'exclamations, quelques paroles seulement, brèves, expressives, qui montrent bien la profondeur de sa blessure et la virilité de sa tendresse. En de telles occasions surtout Gœthe avait horreur de l'emphase. Il n'exagère rien assurément quand il écrit à Zelter : « Je viens de perdre la moitié de mon être. » L'enterrement clandestin de la nuit du 11 mai, qui a suscité des accusations si vives, ne lui déplaisait pas. Il ne regrettait point d'avoir été retenu chez lui par une maladie grave au moment où Schiller rendait le dernier soupir. Huit ans après, au mois de janvier 1813, Wieland étant mort à Weimar, on exposa son corps dans la maison mortuaire, comme dans une chapelle ardente, et une foule nombreuse alla le visiter. Un des amis de Gœthe, Jean Falk, s'y rendit comme les autres, et celui-ci, l'ayant su, le tança vertement : « Pourquoi, lui dit-il, (je traduis le récit de Jean Falk), pourquoi laisserais-je détruire en moi par un masque outrageant l'aimable impression que je garde du visage de mes amis ? Cette vue imprimerait dans mon imagination quelque chose de contraire à la nature et à la vérité. Je me suis bien gardé de voir ni Herder, ni Schiller, ni la duchesse Amélie dans l'appareil funèbre. La mort est un très-médiocre peintre de portraits. Pour moi, je veux conserver dans ma mémoire l'image vivante de mes amis, et non un masque. Je vous prie donc, quand nous en viendrons là, d'agir de la même manière avec moi. Je ne vous le cacherai pas, c'est là ce qui me plaît d'une façon tout exceptionnelle dans le départ de Schiller. Il était venu à Weimar sans être annoncé, sans faire le moindre bruit; sans le moindre bruit aussi il s'est éloigné de nous. Je n'aime pas les parades dans la mort. Sans doute, l'exposition des cadavres est une coutume antique et louable, nécessaire même pour le peuple et la sûreté publique. Il importe à la société de savoir non-seulement qu'une personne est morte, mais comment elle est morte... » Nous retrouvons ici les opinions bien connues de l'auteur d'*Iphigénie*, son amour de la nature, son besoin de sérénité, l'horreur que lui inspiraient tous les spectacles attristants; mais voici un détail plus curieux : pendant que le vieux poëte réprimandait son ami Falk, le jeune Auguste Goethe, qui a représenté son père à l'enterrement de Wieland, arrive et en raconte les détails. Or, sans s'inquiéter de se contredire, Goethe se met à louer les dispositions prises, l'éclat de la cérémonie, la présence des dignitaires de l'État, l'empressement des gens du peuple. « C'est le dernier honneur, ajoute-t-il, que nous puissions lui rendre, à lui et à nous-mêmes.... Nous prouvons ainsi au monde que nous ne sommes pas indignes d'avoir possédé parmi nous ce rare talent pendant une si longue suite d'années. » D'où vient donc qu'il n'avait pas souhaité pour Schiller une cérémonie pareille? C'est qu'à ses yeux Wieland était était bien mort et que Schiller vivait toujours.

Il le voyait devant ses yeux comme l'avait vu Dannecker, il reprenait avec lui l'entretien commencé, il continuait cette vie en commun, cette vie de méditations et de travaux alternés, qui, depuis plus de dix ans, les soutenait l'un l'autre, les ravissait ensemble vers les sommets de la poésie. Merveilleuse influence de Schiller sur Gœthe! Par la force et l'élan de son amitié, Gœthe s'élevait au-dessus de cette nature dont il adorait les lois; en pensant à Schiller, il triomphait de la mort...

Je ne déclame pas, j'expose des faits qui veulent être médités. Ce prêtre de la nature, comme on l'a nommé si justement, ce génie robuste et calme qui se reposait avec tant de confiance dans le sein de la puissance créatrice, le voilà qui se révolte! Les saints, les héros, les poëtes sublimes, tous les enthousiastes, tous les amants du monde idéal, en un mot les frères de Schiller, sont en lutte perpétuelle contre les obstacles du monde physique, contre le joug de cette nature inférieure qui n'est que le point de départ de notre existence, le commencement et la condition d'un immortel avenir. Une force irrésistible les pousse hors des limites du fini. Qu'ils l'appellent grâce, esprit saint, héroïsme, mépris du monde, inspiration poétique, peu importe; sous des noms différents, sous des formes et avec des vertus qui ne se ressemblent pas, il y a là un même élan de la vie morale, un même essor vers Dieu. Mais cette inquiétude sublime, cette faculté surhumaine, Gœthe, à qui tous les autres dons furent si largement prodigués, Gœthe ne les possède pas; il n'est pas de la famille des héros ou des saints; il n'appartient pas au groupe des poëtes, des philosophes, dont la mission est de révéler l'infini; il n'aspire pas de toutes les forces de son intelligence, comme Schiller, comme Kant ou Fichte, *à la liberté des enfants de Dieu*. Ici pourtant il n'hésite pas à nier la mort, à braver les commandements de la nature. Le voilà en plein dans les domaines de l'esprit. Il dit au monde physique et à ses lois: « Tu ne m'enlèveras pas Schiller, il est à moi, il m'appartient, je sens son âme qui vit dans la mienne. » On croit entendre par instants la voix d'un mystique. La parole est toujours grave, mesurée; le sentiment est d'une étrange hardiesse, et cette hardiesse est doublement significative chez un homme tel que lui. Ces mots, *malgré la mort, en dépit de la mort,* reviennent plus d'une fois sous sa plume. Cette formule aussi, *il est à moi, il est à nous*, que de fois il la répète avec un cri de triomphe! Et quand il parle de la vie nouvelle où vient d'entrer son ami, de la transfiguration de sa personne, de l'action qu'il continuera d'exercer avec plus d'autorité que jamais, comme on sent bien que des ailes invisibles emportent ses strophes vers les cieux! Si, une fois dans sa vie, le calme et puissant artiste a brûlé des feux de l'enthousiasme, s'il a été véritablement ravi au-dessus de lui-même, il l'a dû à son amitié pour Schiller.

Sa première pensée, après le départ de son ami (c'est lui qui dit le départ, l'éloignement, *hingang*, il évite les mots funèbres, et quand il les emploie, c'est pour les combattre), sa première pensée fut de casser, pour ainsi dire, l'arrêt fatal, en prolongeant la vie spirituelle du noble poëte. Il connaissait le plan de son *Démétrius*; il avait reçu la confidence de ses inspirations; il entreprit d'achever le drame, non pas avec ses idées à lui-même, mais avec le style et les sentiments de Schiller. « Dès que je fus revenu à moi-même, écrit-il en ses *Annales*, je cherchai quelque grande tâche à laquelle je pusse résolûment me consacrer; ma première pensée fut d'achever *Démétrius*. Depuis le premier jour où Schiller avait songé à ce sujet jusqu'en ces derniers temps, nous avions bien des fois discuté le plan de son drame. Il aimait, tout en travaillant, à contrôler l'exécution de ses idées, à débattre le pour et le contre, soit avec lui-même, soit avec ses amis ; il se fatiguait aussi peu de recueillir les opinions d'autrui que de modifier les siennes en tous sens. J'avais donc suivi pas à pas toutes ses œuvres, depuis *Wallenstein*, et presque toujours avec une parfaite communauté de sentiments, bien qu'à plusieurs reprises, et surtout au moment de la mise en scène, j'eusse combattu très-vivement certaines choses... amicales disputes où il fallait bien que l'un ou l'autre finît par céder. C'est ainsi que son esprit ardent et toujours avide du mieux avait voulu donner beaucoup trop de développement à *Démétrius*. J'avais assisté à toutes les modifications de sa pensée, je l'avais vu d'abord préparer son exposition dans un prologue, tantôt à la manière de son *Wallenstein*, tantôt à la façon de sa *Jeanne d'Arc*, puis resserrer peu à peu son plan, concentrer les points principaux de l'action, et enfin commencer à écrire une scène d'un côté, une scène de l'autre. Tandis que les péripéties du drame l'attiraient tour à tour, j'avais pris part à son œuvre, soit par mes conseils, soit plus directement encore ; a pièce était vivante pour moi autant que pour lui. Je brûlais donc du désir de continuer nos entretiens, en dépit de la mort, de conserver ses pensées, ses vues, ses intentions, jusque dans le moindre détail, de montrer enfin pour la dernière fois, et à son degré le plus élevé, cette communauté de travail devenue chez nous une habitude... Il me semblait que je déjouais l'action de la mort, en prolongeant ainsi son existence. J'espérais relier ainsi nos amis communs. Le théâtre allemand, pour lequel nous avions travaillé ensemble, lui, en créant de belles œuvres, en donnant le ton à la poésie, moi, par l'enseignement, par le souci de la pratique et la direction de la scène, le théâtre, me disais-je, ne restera pas tout à fait orphelin jusqu'au jour où viendra, jeune et vaillant, quelque esprit de même race. En un mot, l'enthousiasme que produit en nous le désespoir au moment d'une grande perte s'était emparé de mon âme. J'étais libre de tout travail ; en quelques mois j'aurais achevé la pièce. La voir jouer à la fois sur tous les théâtres eût été la plus magnique fête funéraire, une fête que Schiller se serait préparée à lui-même et à ses amis. Je me sentis dispos, je me sentis consolé. Par malheur, des empêchements de toute sorte s'opposèrent à l'exécution de ce dessein, empêchements que j'aurais pu écarter sans doute avec un peu d'adresse et de prudence, mais que j'augmentai encore par l'impétueuse ardeur et le trouble passionné de mon esprit, (*leidenschaftlicher Sturm und Verworrenheit*). Obstiné dans mes vues, trop impatient pour attendre une solution, j'abandonnai mon projet, et aujourd'hui encore je ne puis penser sans effroi à l'état dans lequel je me sentis tout à coup plongé. C'est alors que Schiller me fut véritablement arraché, c'est alors que je fus privé de tout entretien avec lui. Il était interdit à mon imagination d'artiste de s'occuper du catafalque que je songeais à lui élever, de ce catafalque plus long que celui de Messine, et qui n'eût pas disparu après la cérémonie funéraire ; ma pensée alors se tourna d'un autre côté et suivit le cadavre dans le caveau où il avait été enfermé sans pompe. C'est alors aussi que le corps de mon ami commença de se décomposer pour moi, une douleur intolérable me saisit, et comme à cette époque mes souffrances physiques me séparaient de toute société, je me trouvais emprisonné dans la plus triste des solitudes. Les feuilles de mon journal ne mentionnent rien de ce temps-là ; les pages blanches indiquent le vide de mon âme, et le peu de nouvelles qui y sont éparses çà et là montre seulement que je suivais le train des affaires courantes sans m'y intéresser, et que je me laissai conduire par elles, bien loin de les conduire moi-même... »

Sa douleur s'apaisa pourtant, il retrouva sa sérénité, mais sans perdre un seul instant le souvenir de son ami. Pendant les vingt-sept années qui vont suivre, la pensée de Schiller est sans cesse présente à l'esprit de Gœthe. A la veille même de sa mort, dans ses travaux les plus éloignés de la poésie, dans ses recherches de botanique et d'anatomie comparée, dans sa polémique obstinée contre le système de Newton, il se sentait soutenu par les conseils et les critiques de Schiller. Combien cette influence devait être plus vive encore en tout ce qui intéressait la vie intérieure! Schiller, en un mot, lui apparaissait toujours dans la plénitude de son génie et le radieux épanouissement de son âme. C'est alors qu'il écrivait ces paroles : « Nous pouvons à juste titre glorifier sa félicité, puisque des sommets de l'existence humaine il s'est élancé vers les bienheureux, puisque une courte et rapide souffrance l'a enlevé du milieu des humains. Il n'a pas connu les infirmités de la vieillesse, l'affaiblissement des facultés de l'esprit. Il a vécu en homme, et c'est comme un homme complet qu'il s'est éloigné de nous. Il jouit maintenant du privilège d'apparaître à la postérité comme un esprit éternellement actif et puissant. Car la forme que l'homme possédait en quittant la terre est celle qu'il conserve parmi les ombres, et c'est ainsi qu'Achille est présent à notre pensée comme un héros toujours jeune qui éternellement déploie sa force. De sa mort prématurée résulte aussi pour nous un avantage. Du fond de la tombe où il est descendu, le souffle de son âme puissante vient retremper nos forces, et éveille en nous le plus ardent désir de continuer sans relâche, de continuer avec amour ce qu'il a commencé. C'est ainsi qu'il vivra éternellement pour son peuple et pour le genre humain, dans tout ce qu'il a fait et dans tout ce qu'il a voulu faire. »

Arrêtons-nous ici un instant; avant de suivre

Gœthe dans les dernières années de sa carrière, avant de le voir se retremper sans cesse au souvenir de Schiller et y puiser une vie nouvelle, résumons les traits du tableau que cette correspondance des deux poëtes vient de dérouler à nos regards. L'amitié, la véritable amitié est rare partout et en tout temps; elle est rare surtout entre poëtes, il faut nous donner ce spectacle.

L'amitié! ce nom, comme tant d'autres, a été mille fois profané par les hommes. Il y a longtemps que le fabuliste ancien disait : *Vulgare amici nomen, sed rara est fides.* Il y a longtemps que la Fontaine répétait ainsi sa plainte :

> Chacun se dit ami, mais fou qui s'y repose.
> Rien n'est plus commun que ce nom,
> Rien n'est plus rare que la chose.

Mais la Fontaine, qui parle si merveilleusement de l'amitié, n'en a peut-être pas montré la beauté virile. L'ami, chez la Fontaine, est doux, tendre, empressé, craintif; « un songe, un rien, tout lui fait peur. » Avec quel soin il cherche, il devine ce qui vous manque! quel trouble au moindre pressentiment de malheur! quel empressement dès la première alarme!

> Vous m'êtes, en dormant, un peu triste apparu :
> J'ai craint qu'il ne fût vrai, je suis vite accouru.

Exquises délicatesses du cœur le plus sincère et le plus prompt aux émotions tendres; ce n'est pas là pourtant l'amitié tout entière, et si le grand poëte du dix-septième siècle y eût pensé avec plus de force, il nous eût dit peut-être, en son divin langage, pourquoi, le nom étant si commun, rien n'est plus rare que la chose. L'amitié est plus que le sentiment d'un cœur tendre, le premier mouvement d'une âme débonnaire et secourable; l'amitié est inséparable de la vertu. « La nature, dit l'orateur romain, nous a donné l'amitié pour seconder la vertu... Elle nous l'a donnée pour que notre vertu, qui ne peut, dans l'isolement, s'élever aux grandes choses, y parvînt avec l'appui et le concours d'une noble compagne... Si nous voulons atteindre à la félicité suprême, il faut pratiquer la vertu, sans laquelle l'amitié est impossible. » Voilà de belles paroles assurément; expriment-elles tout ce qu'il faut dire ici? pas encore. Montons un degré de plus. Cette noble compagne de la vertu est une vertu elle-même, la fleur des vertus de l'homme, a dit un poëte de nos jours :

> Pain des forts que le cœur à son gré multiplie,
> Calice aux profondeurs pures de toute lie,
> Vin qui réchauffe l'âme et n'enivre jamais,
> Chaste plante qui croît sur les plus hauts sommets,
> Amitié! don du ciel, fleur des vertus de l'homme,
> Nom viril dont l'amour chez les anges se nomme!
> Le cœur qui t'appartient et qui suit ton sentier
> Aux austères devoirs reste encor tout entier;
> Bien loin de l'épuiser, tu rends double sa force ;
> Tes fruits, à toi, n'ont pas de cendre sous l'écorce.
> Amitié! joug divin qu'on porte librement;
> Chaîne où l'on s'est lié sans fol aveuglement,

Qu'aucun hasard fatal n'aggrave ou ne dénoue ;
Élection du cœur que la raison avoue !
Amitié ! notre appui quand tout autre s'abat ;
Sagesse qui prévoit et force qui combat ;
Acier fidèle, armure et lame bien trempée,
Je te serre à mon flanc comme on serre une épée !...

Oh ! bonheur de donner ce nom sacré d'ami,
Présage de vertus en deux cœurs affermi !
Outre sa conscience avoir un autre juge,
Contre son propre cœur se créer un refuge,
Un témoin qui vous suit, vous conseille en tout lieu ;
A qui l'on se confesse et l'on croit comme à Dieu
Qui, resté clairvoyant quand notre esprit s'enivre
Donne un rude conseil et nous aide à le suivre,
Et, si nous faiblissons, devenu triste et doux,
Du juste châtiment pleure avec nous sur nous ;
Le seul qui puisse, avec ses mains tendres et pures,
Sans irriter le mal toucher à nos blessures !

Soleil de tous climats et de toute saison,
Douce chaleur au cœur, lumière à la raison,
Amitié ! tu ne luis que sur les grandes âmes ;
Jamais un œil impur ne réfléchit tes flammes,
Tu ne dores qu'un front de sa candeur vêtu.

Amitié, n'es-tu pas toi-même une vertu ?
Forte vertu qui cache une douceur insigne !
On ne peut s'en sevrer sitôt qu'on en est digne.
Saint trésor qu'on achète avec le don de soi,
Amitié ! l'homme-Dieu n'a pas vécu sans toi !

Voilà un beau chant à l'amitié. Or, ces vers si bien sentis de M. Victor de Laprade, ces principes si élevés et si purs, croyez-vous qu'ils trouvent souvent leur application dans les rapports des hommes entre eux ? non, certes, et c'est pour cela que l'auteur les

a placés dans ses *Poëmes évangéliques*, à propos de
Jésus et de Lazare. L'amitié est une vertu divine,
puisqu'elle est aussi, dans une certaine mesure, un
sacrifice de soi, une victoire remportée sur l'amour-
propre, sur ce fond d'égoïsme qui est l'héritage des
enfants d'Adam. Une victoire sur l'amour-propre,
ai-je dit ; oh ! alors, il est à peu près impossible que
l'amitié existe entre ceux qui tiennent la plume et
le pinceau, entre les esprits créateurs qui poursui-
vent le beau, qui vivent par l'imagination, qui s'eni-
vrent de leurs triomphes, et là où elle existe, elle
est deux fois plus belle. Certes, je ne voudrais pas
imiter le philosophe antique, qui, devant parler de
l'amitié, commençait ainsi avec une poignante amertume : « O mes amis ! il n'y a pas d'amis. » Je me
garderais bien aussi d'appliquer à l'amitié, comme
on l'a fait, ce que le railleur italien de la Renaissance
osait dire de l'amour : « C'est comme les esprits,
disait le Pogge ; tout le monde en parle et personne
n'en a vu. » Oublions ces cruelles paroles ; et cependant si nous cherchons dans l'histoire de la poésie les
exemples de cette amitié, mâle, pure, vraiment digne
de ce nom, comme l'histoire semble vide ! comme
l'espace se rétrécit ! moins petite est la maison de
Socrate. A peine deux ou trois groupes d'hommes
nous apparaissent dans la série des âges, marchant
du même pas, se soutenant l'un l'autre, portant au
front la double auréole du génie et de l'amitié, —

à Rome Virgile et Horace, chez nous Boileau et Racine, en Allemagne Gœthe et Schiller.

Et pourquoi donc est-elle si peu remplie, la petite maison de Socrate? Pourquoi sont-ils si rares dans l'histoire, ces groupes d'amis glorieux? La réponse est simple : les grands poëtes, les grands philosophes, les héros de l'intelligence et de l'art ont eu rarement des amis, parce que l'amitié suppose l'égalité des âmes. Dante, Machiavel, Michel-Ange, Shakspeare, Descartes, Voltaire, Rousseau, ont eu des admirateurs, des flatteurs, des disciples, des partisans, ils ont passionné et gouverné la foule, ils n'ont pas eu d'amis. Ce sont des rois solitaires. Leur élévation les condamnait à l'isolement. M. Alfred de Vigny, dans son poëme de *Moïse*, a peint cette situation avec une grandeur épique. Le prophète, sur le sommet du mont Nébo, parle avec Dieu face à face, et, accablé sous le poids de la mission divine, las de cette majesté redoutable qui éloigne de lui ses frères plus humbles, il demande comme une grâce de pouvoir enfin mourir :

> Il disait au Seigneur : « Ne finirai-je pas ?
> Où voulez-vous encor que je porte mes pas ?
> Je vivrai donc toujours puissant et solitaire ?
> Laissez-moi m'endormir du sommeil de la terre.
> Que vous ai-je donc fait pour être votre élu ?
> J'ai conduit votre peuple où vous avez voulu...
> Mon pied infatigable est plus fort que l'espace ;
> Le fleuve aux grandes eaux se range quand je passe,
> Et la voix de la mer se tait devant ma voix.

> Lorsque mon peuple souffre ou qu'il lui faut des lois,
> J'élève mes regards, votre esprit me visite;
> La terre alors chancelle et le soleil hésite;
> Vos anges sont jaloux et m'admirent entre eux.
> Et cependant, Seigneur, je ne suis pas heureux;
> Vous m'avez fait vieillir puissant et solitaire,
> Laissez-moi m'endormir du sommeil de la terre.
>
> Sitôt que votre souffle a rempli le berger,
> Les hommes se sont dit : Il nous est étranger;
> Et leurs yeux se baissaient devant mes yeux de flamme,
> Car ils venaient, hélas! d'y voir plus que mon âme.
> J'ai vu l'amour s'éteindre et l'amitié tarir.
> Les vierges se voilaient et craignaient de mourir.
> M'enveloppant alors de la colonne noire,
> J'ai marché devant tous, triste et seul dans ma gloire.

Cette plainte du prophète, c'est la peinture sublime de l'isolement du génie. Aussi, quand le génie se présente à nous dans des conditions familières, quand deux esprits supérieurs s'unissent avec simplicité, quand l'amitié les soutient, une amitié loyale, candide, sans camaraderie bruyante, sans jalousie secrète, il n'est guère de spectacle plus touchant et plus beau. En France, Boileau et Racine, Goethe et Schiller en Allemagne, voilà les plus complets exemples de ces belles amitiés de poëte à poëte. Le seul groupe qu'on pût encore associer à ceux-là, ce sont les figures de Montaigne et de la Boétie, tant il y a de poésie dans l'expression des sentiments de Montaigne, et tant son culte pour la gloire de son ami rappelle par moments la sollicitude de Boileau pour Racine, ou les mutuels encouragements que se prodiguaient Schiller et Gœthe. En 1570, n'ayant encore aucun titre littéraire et la Boétie étant mort depuis sept années déjà, Montaigne écrit au chancelier Michel l'Hôpital, enfermé alors dans la retraite. Il lui envoie les poésies latines de la Boétie, et (je résume sa lettre) il lui tient ce discours : « Monseigneur, vous autres à qui la fortune a donné le gouvernement des affaires du monde, vous devez chercher avec grand soin, ce me semble, à connaître les hommes. En voici un qui n'a pas été connu. On l'a laissé, *tout du long de sa vie, croupir méprisé aux cendres de son foyer domestique,* lui qui était pourtant *un des plus propres et nécessaires hommes aux premières charges de la France.* Je veux du moins que *sa mémoire, à qui seule désormais je dois les offices de notre amitié, reçoive le loyer de sa valeur, et qu'elle se loge en la recommandation des personnes d'honneur et de vertu.* Ce livre que je vous envoie vous montrera une partie de son âme, une partie seulement, une faible partie, hélas ! *Recevez-la de bon visage. Vous ne ferez que rendre la pareille à l'opinion très-résolue qu'il avait de votre vertu, et ainsi vous accomplirez ce qu'il a infiniment souhaité pendant sa vie ; car il n'était homme du monde en la connaissance et amitié duquel il se fût plus volontiers vu logé qu'en la vôtre.* » Ainsi parlait Montaigne à Michel l'Hôpital en 1570, et, dix ans plus tard, publiant les *Essais*, il y insérait ce chapitre sur l'amitié, si tendre, si touchant, si viril, pages merveilleuses où l'on sent battre un cœur. Tout jeune encore, Montaigne avait rencontré Etienne la Boétie, son aîné de trois ans, la Boétie, *une âme à la vieille marque, une âme pleine et qui montrait un beau visage à tous sens*, et tout à coup il sentit si vivement la beauté de cette âme d'élite, que, dans le subit élan qui les porta l'un vers l'autre, il aperçoit *je ne sais quelle force inexplicable, une ordonnance du ciel.* « Nous nous cherchions avant que de nous être vus... et, à notre première rencontre, qui fut par hasard en une grande fête et compagnie de ville, nous nous trouvâmes si pris, si connus, si obligés entre nous, que rien dès lors ne nous fut si proche que l'un à l'autre. » Qui a mieux senti que Montaigne la douceur de vivre dans une autre âme? Il avait connu la Boétie pendant quatre ans seulement, il lui survécut trente-cinq années, et quand il compare sa vie, si douce et si aisée d'ailleurs, à ces quatre années toutes lumineuses passées auprès d'un tel ami, « ce n'est que fumée, ce n'est qu'une nuit obscure et ennuyeuse. » Depuis le jour où il l'a perdu, il n'a fait que « traîner languissant. » Les plaisirs mêmes qui se sont offerts à lui, bien loin de le consoler, ont rendu ses regrets plus douloureux encore. « Nous étions à moitié de tout, il me semble que je lui dérobe sa part. » Douces paroles que Montaigne emprunte à un personnage de Térence, mais qu'il a su rendre siennes par l'accent qu'il y met; douces paroles, doux gémissements du cœur qui rappellent encore ces vers si tendres de Virgile :

> Ille meos, primus qui me sibi junxit, amores
> Abstulit; ille habeat secum, servetque sepulcro.

Quand on parle de l'amitié de Gœthe et de Schiller, il est impossible de ne pas songer à cette amitié de Montaigne et de la Boétie, « si entière et si parfaite que certainement il ne s'en lit guère de pareilles... Il faut, ajoute Montaigne, tant de rencontres à la bâtir, que c'est beaucoup si la fortune y arrive une fois en trois siècles. » Et pourtant, comme il ne s'agit pas ici de l'amitié en général, mais d'une espèce très-particulière d'amitié, de l'amitié la plus difficile et la plus rare, de l'intime fraternité de deux poëtes, c'est Boileau et Racine qu'il faut placer en regard des dioscures de la poésie allemande.

Ce ne sont pas ici des rapprochements forcés : entre Gœthe et Boileau il n'y a pas, à coup sûr, la plus lointaine analogie du talent, bien qu'un éminent critique de l'Allemagne ait pu dire avec raison : « Sans Boileau et Voltaire, aurions-nous Gœthe tel qu'il est ? » Non, entre l'auteur de *Faust* et l'auteur de l'*Art poétique*, nul lien, nulle ressemblance, tout un monde de sentiments et d'idées les sépare ; mais tous deux furent dévoués à un ami, à un ami qui était un grand poëte, un poëte préféré, triomphant, et tous deux dans ce dévouement à l'ami faisaient intervenir aussi le dévouement à l'art et à la vérité morale. Gœthe complétait le génie de Schiller, Boileau faisait l'éducation de Racine. Non-seulement, on l'a répété mille fois, il lui apprenait à se défier de sa facilité, à faire des vers lentement, sévèrement, car, pour bien écrire, a dit un des plus ingénieux penseurs de nos jours, il faut une facilité naturelle et une difficulté acquise ; non-seulement Boileau enseignait cette difficulté à Racine, mais c'était l'homme aussi qu'il formait, c'était la beauté morale qu'il perfectionnait chez lui. D'un seul mot, en faisant appel à son cœur, il triomphait de cet esprit superbe, et le ramenait au bien. On connaît l'anecdote tant de fois citée, qui suppose plus d'un trait de même genre, et qui peint à merveille l'attitude des deux poëtes. Racine était vif dans la discussion, et très-souvent amer ; un jour qu'il avait contredit Boileau avec cette verve moqueuse dont il n'était pas maître, Boileau offensé lui dit simplement : « Avez-vous eu l'intention de me blesser ? — Non, certes. — Eh bien ! donc, vous avez tort, car vous m'avez blessé. » Ces blessures-là guérissaient vite. Boileau aimait chez Racine un merveilleux génie, Racine aimait chez Boileau l'âme la plus loyale et la plus franche. Au milieu des luttes que Racine est obligé de soutenir, Boileau est sur la brèche, comme s'il s'agissait de lui-même. Aux représentations d'*Andromaque*, de *Bérénice*, d'*Iphigénie*, chaque fois que Racine est attaqué, Boileau est auprès de lui ; véritable fraternité du champ de bataille, et quel éclatant témoignage il nous en a laissé à propos de la cabale organisée contre *Phèdre!* Quels virils encouragements associés aux consolations les plus tendres! Avec quels sentiments de chrétien et d'artiste il lui montre l'utilité des ennemis! C'est la raison d'un Nicole aiguisée par l'esprit du critique et rendue avec l'accent du poëte. Et, après ce développement philosophique, après cette prédication morale appuyée d'illustres exemples, comme il revendique fièrement sa place et celle de son ami! comme il déploie avec un juste orgueil tous les noms de leur glorieuse clientèle! Quel dédain pour ces rivaux indignes qui croassent dans les bas-fonds!

> Eh! qu'importe à nos vers que Perrin les admire,
> Que l'auteur de *Jonas* s'empresse pour les lire,
> Qu'ils charment de Senlis le poëte idiot,
> Ou le sec traducteur du français d'Amyot,
> Pourvu qu'avec éclat nos rimes débitées
> Soient du peuple, des grands, des provinces goûtées,
> Pourvu qu'ils puissent plaire au plus puissant des rois,
> Qu'à Chantilly Condé les souffre quelquefois,
> Qu'Enghien en soit touché, que Colbert et Vivonne,
> Que la Rochefoucauld, Marsillac et Pomponne,
> Et mille autres qu'ici je ne puis faire entrer
> A leurs traits délicats se laissent pénétrer.
> Et plût au ciel encor, pour couronner l'ouvrage,
> Que Montausier voulût lui donner son suffrage!
> C'est à de tels lecteurs que j'offre mes écrits.
> Mais pour un tas grossier de frivoles esprits,
> Admirateurs zélés de toute œuvre insipide,
> Que non loin de la place où Brioché préside,

> Sans chercher dans les vers ni cadence ni son,
> Il s'en aille admirer le savoir de Pradon.

Voilà les *Xénies* de Racine et de Boileau, voilà le frère d'armes de l'auteur de *Phèdre* combattant pour l'amitié et pour la dignité de l'art. Ces choses-là sont-elles si communes ? Regardez autour de vous : il y a des coteries, des sociétés d'admiration mutuelle, des traités de paix, des traités de camaraderie, mais cette amitié loyale, dévouée, dont Boileau et Racine dans notre France, dont Gœthe et Schiller chez nos voisins ont donné un exemple si noble, cette amitié qui se sacrifie elle-même, mais qui ne sacrifie pas la vérité, cette amitié devenue une force morale et une vertu, où donc est-elle dans nos mœurs littéraires ?

Celle de Boileau et de Racine a duré plus de trente ans, et l'histoire en est des plus touchantes. Ce qui m'y frappe tout d'abord, c'est que ni Boileau, ni Racine, je le répète, pas plus que Schiller ou Gœthe, ne firent jamais à leur affection le sacrifice de la vérité. Racine était brouillé avec Molière ; Boileau considérait Molière comme le premier poëte de son temps, et il le disait tout haut, il le disait à Louis XIV et à Racine. Dans cette pièce même adressée à l'auteur d'*Andromaque* et de *Britannicus*, il insérait ces beaux vers sur Molière, ces vers si purs, si touchants et si hardis alors :

> Avant qu'un peu de terre obtenu par prière
> Pour jamais sous la tombe eût enfermé Molière...

Réunissant ainsi dans le même poëme les deux anciens amis, comme ils étaient réunis, aux heures de la jeunesse, dans le petit logement de la rue du Vieux-Colombier. Il y a là maintes délicatesses de cœur pour ceux qui savent lire et comprendre. Amitié vraiment morale et chrétienne! c'est pour cela qu'elle grandit toujours. Lorsque Racine s'est retiré du monde et du théâtre, lorsqu'il est allé tout en pleurs retrouver ses maîtres de Port-Royal, lorsqu'il passe sa vie à lire la Bible, et que ses seules distractions mondaines sont *Esther* et *Athalie*, Racine s'attache de plus en plus à Boileau. On le sait à Paris, on sait l'étroite union des deux poëtes; ce qui intéresse Racine, on va le dire à Boileau. Un jour, chez les jésuites, un jeune régent, voulant faire du zèle, prononce dans une solennité publique un discours latin sur Racine, et posant cette question injurieuse: Racine est-il chrétien? Racine est-il poëte? *an christianus? an poeta?* il donne à entendre que l'auteur d'*Andromaque* n'est ni poëte ni chrétien. Un jésuite, homme d'esprit et de goût, le père Bouhours, présent à la cérémonie, est indigné, et le jour même il court à Versailles, où Boileau se trouvait alors, protester auprès de lui contre l'injure faite à son ami. Quel éloge du cœur de Boileau!

La généreuse fierté de Schiller, son goût de l'héroïsme moral, tout ce qu'il y avait de *grandiose* dans son caractère et sa poésie exerça une influence manifeste sur Gœthe, et finit par l'arracher à son indifférence olympienne ; on peut dire aussi que la loyale franchise de Boileau se communiqua au poëte d'*Esther* en plus d'une occasion, et releva cette âme timorée. A travers toutes les dissemblances des hommes et des époques, il y a ici des analogies curieuses qui se présentent d'elles-mêmes à la pensée. Gœthe, à peu près insensible au spectacle de la révolution de 89, bien qu'il ait noblement chanté dans son *Hermann* l'enthousiasme de ces grands jours, avait été aussi fort indifférent aux événements qui suivirent ; d'où vient qu'en 1806 il sent tout à coup si vivement les désastres de l'Allemagne ? Qui lui dicte tant de nobles et courageuses paroles ? Qui lui inspire sa fière attitude envers les vainqueurs ? C'est le souvenir de celui qui a écrit *Wallenstein* et *Guillaume Tell*. Racine est bien timide en face de Louis XIV, quoiqu'il possède naturellement l'aisance brillante et les nobles manières des gentilshommes de Versailles ; il craint de déplaire, il tremble d'avoir déplu ; un mot, un regard, un mouvement des sourcils, le troubleraient comme Esther. Un jour pourtant il montra que, soutenu par le cœur de son ami, il savait affronter sans jactance cette majesté redoutable. C'était vers 1694, la verve de Boileau venait de se réveiller ; le vieux satirique en cheveux blancs écrivait ses dernières épîtres ; mais, accablé d'infirmités, il ne pouvait se présenter à la cour et lire ses vers au roi. Ce fut Ra-

cine qui le remplaça. Quand il fut arrivé à ce beau
vers :

> Arnauld, le grand Arnauld, fit mon apologie,

il oublia, ou plutôt il se souvint hardiment que celui
devant lequel il parlait avait obligé Arnauld à se cacher pendant sa vie et à mourir en exil ; il éleva donc
la voix, une voix émue, mais fière, marquant ainsi
l'intention du poëte, et s'associant à la généreuse
audace de son ami.

Enfin, lorsque Racine mourut en 1699, lorsqu'il
voulut être enseveli à Port-Royal des Champs, aux
pieds de M. Hamon, Boileau écrivit pour lui, en latin
et en français, une épitaphe qui est un résumé admirablement simple de cette noble vie. La piété de l'auteur d'*Esther* y respire en de suaves paroles. Boileau
et Racine, comme plus tard Gœthe et Schiller, vous
avez donné aux hommes l'exemple d'une vertu bienfaisante et virile, vous leur avez enseigné, au milieu
des enivrements de l'art et des piéges continuels de
l'amour-propre, ce qu'il y a de doux et de fortifiant
dans l'amitié, — dans l'amitié qui n'est pas la camaraderie, dans l'amitié morale, chrétienne, vraiment humaine, dans l'union des deux âmes qui grandissent ensemble et montent, en s'aidant l'une l'autre,
vers la source du bien et du beau !

Mais j'ai beau multiplier les rapprochements glorieux, Montaigne et la Boétie, Racine et Boileau, je ne crois pas qu'un seul de ces exemples puisse donner une complète idée de l'amitié de Gœthe et de Schiller ; du moins, les circonstances au milieu desquelles cette amitié se forma, la différence absolue de ces deux génies, la distance qui les séparait dans le monde de la pensée, la répulsion qu'ils éprouvaient d'abord l'un pour l'autre, l'état de la poésie allemande à cette époque, les intérêts si précieux attachés à l'union de leurs travaux, les conséquences qui en devaient résulter, tout cela imprime à ce magnifique épisode une grandeur et un attrait qu'on chercherait vainement ailleurs. Gœthe le sentait bien lorsqu'il conservait avec un soin si religieux sa correspondance avec Schiller. Nous avons là-dessus des détails bien expressifs dans ses lettres intimes et ses entretiens familiers ; c'est à Eckermann que j'emprunterai cette page. Jean-Pierre Eckermann était un enfant du peuple, le fils d'un pauvre paysan de l'Allemagne du Nord, qui, devenu soldat en 1813, sentit s'éveiller en lui le goût de la poésie et des arts. Au village, tous ses heureux instincts n'avaient pas eu occasion de se produire ; au régiment, il se sentit un autre homme, et rêva une carrière nouvelle. Après une vie assez errante, il va étudier à l'université de Gœttingue, ayant déjà plus de trente ans. Il s'exerçait à faire des vers, à écrire en prose, et c'était surtout à Gœthe qu'il demandait ses inspirations et ses modèles. Gœthe est charmé de ses naïfs essais, il l'encourage, lui donne des conseils, et voilà notre homme qui, abandonnant ses professeurs de Gœttingue, s'en va, le sac sur l'épaule, frapper tout joyeux à la porte du poëte. Cela se passait à la fin du mois de mai 1823 ; peu de temps après, Eckermann était un des commensaux familiers, un des jeunes amis de Gœthe, et c'est à lui que nous devons ces *Entretiens* qui contiennent dans leur simplicité ingénue un portrait si vivant du glorieux maître. Écoutons-le : il nous fera le récit d'une soirée intime, d'une causerie littéraire chez Gœthe, et nous verrons comme le souvenir de Schiller était toujours présent au cœur et à l'esprit de l'auteur de *Faust*. Cette page est datée du 18 janvier 1825 :

Gœthe était de très-joyeuse humeur. Il fit apporter une bouteille de vin et nous versa à boire, à Riemer et à moi ; quant à lui, il buvait de l'eau de Marienbad. Il s'était, à ce qu'il m'a paru, réservé cette soirée pour revoir avec Riemer le manuscrit de son autobiographie, et y faire peut-être çà et là quelques corrections au point de vue du style. « Eckermann, restez avec nous, dit Gœthe, et soyez attentif. » En prononçant ces paroles, qui me furent si douces à entendre, il passa le manuscrit à Riemer, qui en commença la lecture à l'année 1795.

Déjà, dans le courant de l'été, j'avais eu plusieurs fois le bonheur de lire les feuilles manuscrites de Gœthe qui contiennent les années de sa vie depuis cette date jusqu'à nos jours ; mais les entendre lire à haute voix, en présence de Gœthe lui-même, c'était une jouissance toute nouvelle. Riemer donnait toute son attention au style, et j'eus l'occasion d'admirer sa rare souplesse, sa riche variété d'expressions et de tours de phrase. Quant à Gœthe, la période de sa vie décrite dans ce tableau se ranimait tout entière devant lui ; il s'enivrait de souvenirs, et à chaque nom de personnes, à chaque mention d'événements particuliers, il complétait sa narration écrite en y ajoutant mille détails de vive voix. Ce fut une délicieuse soirée ! Les plus importants personnages contemporains furent passés en revue, mais c'était Schiller sur qui la conversation revenait toujours de nouveau, Schiller, dont la vie pendant cette période avait été si étroitement mêlée à celle de Gœthe. C'est alors qu'ils avaient mis leurs travaux en commun pour régénérer le théâtre ; quelques-uns des meilleurs ouvrages de Gœthe appartiennent aussi à cette période : *Wilhelm Meister* terminé, *Hermann et Dorothée* si rapidement conçu et mené à bonne fin, les *Mémoires de Cellini* traduits pour *les Heures*, les *Xénies* versifiées avec Schiller pour son *Almanach des Muses*, maintes relations quotidiennes entre les deux poëtes, tout cela fut le sujet de la conversation pendant cette soirée, et les occasions ne manquant pas, Gœthe nous fit les révélations les plus intéressantes.

Hermann et Dorothée, dit-il entre autres choses, est presque le seul de mes grands poëmes qui me réjouisse encore, je ne puis le relire sans une vive émotion... —

On parla longuement aussi de *Wilhelm Meister*. « Schiller, dit-il, y blâmait l'introduction de l'élément tragique comme ne convenant pas au roman. Il avait tort pourtant, comme nous le savons tous. Les lettres qu'il m'a écrites sur *Wilhelm Meister* contiennent des vues et des idées de la plus haute importance ; mais cet ouvrage est au nombre des productions qui échappent à toute mesure ; moi-même je n'en ai pas la clef. On y cherche un point central ; or, il est difficile qu'il y en ait un, et même cela ne serait pas bon. Une existence riche et variée qui se déroulerait devant nos yeux serait aussi un tout sans aucune tendance exprimée, car une tendance n'est pas quelque chose de réel, ce n'est qu'une conception de notre esprit. Si pourtant on en veut une à toute force, on peut s'en tenir à ces paroles que Frédéric adresse à notre héros à la fin du récit : « Tu ressembles à Saül, fils de Kis, qui sortit pour chercher les ânesses de son père, et qui trouva un royaume. » Oui, qu'on s'en tienne là ; car, au fond, l'ensemble du roman ne paraît pas vouloir exprimer autre chose que ceci : l'homme, malgré ses sottises et ses égarements, guidé par une main d'en haut, finit cependant par atteindre le bonheur.

.... Quand la lecture du manuscrit, interrompue par cent et cent commentaires de Gœthe sur les matières les plus intéressantes, eut été continuée jusqu'à la fin de l'année 1800, Gœthe mit les papiers de côté, et fit servir un petit souper sur un coin de la grande table autour de laquelle nous étions assis. Nous y fîmes honneur, mais Gœthe n'en prit pas une bouchée ; jamais, du reste, je ne l'ai vu manger le soir. Il était assis auprès de nous, il nous servait à boire, il mouchait les chandelles et nous régalait l'esprit de merveilleux discours. Le souvenir de Schiller était si vivant en lui, que, dans toute la seconde partie de la soirée, il ne fut plus question que de Schiller.

Riemer parla de sa personne extérieure. La forme de ses membres, sa manière de marcher dans les rues, chacun de ses mouvements, dit-il, avait quelque chose de fier, ses yeux seuls exprimaient la douceur. « Oui, dit Gœthe, tout le reste en lui était fier et grandiose, mais ses yeux étaient singulièrement doux. Et son talent ressemblait à son corps. Il savait saisir et considérer hardiment un grand sujet : il le tournait en tous sens, l'examinait de tous côtés, il le tenait à son gré dans ses mains puissantes.... tous les huit jours, il devenait un autre homme, un homme plus accompli. Chaque fois que je le revoyais après une courte séparation, j'étais frappé de ses progrès ; lectures, érudition, jugement, tout avait marché à grands pas. Ses lettres sont le plus beau souvenir que je possède de lui, et elles sont au nombre des meilleures pages qu'il ait écrites. Je garde sa dernière lettre comme une relique parmi mes trésors. » A ces mots, il se leva et alla chercher la précieuse page. « Voyez et lisez, » dit-il en me tendant la lettre.

« La lettre était belle et tracée d'une main hardie. Elle contenait un jugement sur les notes du *Neveu de Rameau*, notes relatives à la littérature française de l'époque, et dont Gœthe avait communiqué le manuscrit à Schiller. Je lus la lettre à Riemer. « Vous voyez, dit Gœthe, comme son jugement est sûr et serré ; et dans l'écriture aucune trace de faiblesse. C'était un homme splendide, et c'est dans la plénitude de ses forces qu'il s'est éloigné de nous. Cette lettre est du 24 avril 1805 ; Schiller est mort le 9 mai. »

Nous regardions la lettre, nous nous la passions de main en main, nous étions heureux d'admirer ce langage si net, ces caractères si bien tracés, et Gœthe consacrait encore à son ami maintes paroles où respirait le souvenir le plus tendre, lorsque enfin nous nous aperçûmes qu'il se faisait tard ; il était près de onze heures, il fallut se retirer[1].

Cette idée de force, de grandeur, d'héroïque jeunesse attachée à la personne de Schiller, ne s'est pas effacée un seul jour du cœur et de l'imagination de Gœthe. On peut dire que trois influences souveraines ont agi sur l'auteur de *Faust* à trois époques décisives de sa carrière. D'abord, après ses tristes années d'université à Leipzig, ce fut l'impétueuse explosion de sa jeunesse, les idylles de Strasbourg et de Wetzlar, les conversations de Herder, les enchantements de la pensée unis aux ivresses de l'amour, et tout cela exprimé avec un mélange extraordinaire de grâce juvénile et de passion tumultueuse dans *Gœtz* et dans *Werther* ; puis, quand cette première flamme s'éteint,

[1] *Gespræche mit Gœthe von J. P. Eckermann*, t. I, p. 192-199. Voyez la traduction de M. Émile Délerot (Bibliothèque Charpentier).

quand sa vie de cour à Weimar semble engourdir son imagination, il part pour l'Italie, et l'Italie le réveille en lui montrant un nouveau monde à conquérir. Au fougueux poëte des premières années succède un artiste accompli qui veut dérober à la statuaire antique le secret de la beauté pure. Est-ce là pourtant le dernier terme de son activité littéraire? Sous ces formes savantes, un froid glacial se fait sentir. Il faut une âme ici, pour que nous retrouvions le véritable Gœthe avec toutes les richesses que son génie tient encore en réserve. Alors commencent les relations de Gœthe avec Schiller, et en même temps que l'auteur de *Don Carlos*, arraché par Gœthe aux subtilités de l'esthétique, reçoit de son glorieux ami les inspirations les plus fécondes, Gœthe se réchauffe au foyer brûlant du noble poëte. Il en garda jusqu'à son dernier jour une flamme qui ne s'éteignit pas. Il le voyait toujours ardent, généreux, sublime, et il s'encourageait par ce souvenir à marcher comme lui, les yeux levés vers l'idéal. Une personne qui avait vu souvent Schiller dans l'intérieur de sa famille avait noté religieusement ses entretiens, ses paroles familières, et après sa mort, elle avait envoyé ce recueil à Gœthe; Gœthe le montre à Eckermann et lui dit : « Schiller paraît ici, comme toujours, dans la possession absolue de sa sublime nature. Il est aussi grand autour d'une table familière qu'il l'eût été au Conseil d'État. Rien ne le gêne, rien ne le comprime, rien n'abaisse le vol de ses pensées. Toutes les grandes idées qui vivent en lui s'élancent librement au dehors, sans hésitation et sans scrupules, et c'est ainsi qu'il faudrait être. » L'élan intérieur que révèlent ces paroles se manifeste, quoi qu'on ait pu dire, dans toute la dernière période de la vie de Gœthe. De 1805 à 1832, Gœthe est plus grand que jamais. En toutes les circonstances décisives, il se conduit en homme ; et les cris sublimes qui lui échappent, nous le verrons, soit dans ses lettres, soit dans ses conversations intimes, attestent le progrès d'un spiritualisme viril, j'allais presque dire d'un christianisme naturel, que développait dans son âme le souvenir toujours présent de Schiller.

Ces témoignages que Gœthe a rendus à Schiller, Schiller les rendait-il à Gœthe? On a vu par ses lettres quelle joie il éprouvait de posséder un tel ami, comme il en remerciait la Providence, avec quelle noble candeur, quelle déférence respectueuse il obéissait à ses conseils ; mais peut-être est-ce l'écrivain reconnaissant qui se montre à nous dans cette correspondance; je veux voir l'homme appréciant l'homme, et l'ami venant au secours de l'ami. Gœthe, on ne l'ignore pas, inspirait moins de sympathie que Schiller, et ses contemporains l'ont apprécié souvent avec la plus cruelle injustice. Avant même que Wolfgang Menzel, au nom des passions teutoniques, et Louis Bœrne, au nom d'un libéralisme impatient, aient proféré contre lui des accusations si amères, il avait des ennemis secrets qui ne se faisaient pas faute de calomnier son cœur. Une des amies de Schiller, la comtesse Schimmelmann, partageait ces préventions; en s'efforçant de vaincre ses antipathies, le noble frère d'armes de l'auteur d'*Hermann et Dorothée* répondait d'avance à Wolfgang Menzel, à Louis Bœrne, à tous ceux qui devaient injurier si violemment le grand poëte de l'Allemagne. C'est là une belle page, aussi honorable pour Schiller que pour Goethe :

« Vos bonnes paroles, gracieuse comtesse, me délivrent de tout embarras, et je puis vous écrire avec confiance. Comment douterais-je un seul instant de vos sentiments généreux qui se peignent d'une manière si éclatante à chaque ligne de votre lettre?... Oui, certes, je bénirais mon sort, s'il me donnait le privilége de vivre dans votre voisinage. Vous et l'excellent Schimmelmann, vous auriez formé un monde idéal autour de moi. Ce que je puis avoir de bon a été semé dans mon âme par un petit nombre de personnes d'élite ; une heureuse destinée les a conduites sur ma route aux époques importantes de ma vie ; mes relations sont l'histoire de ma destinée. Ces réflexions et quelques mots de votre lettre m'amènent naturellement à vous parler de mon amitié avec Gœthe, amitié que je considère aujourd'hui, après une période de six années, comme l'événement le plus bienfaisant de toute mon existence. Je n'ai pas besoin de vous parler de son esprit. Vous savez reconnaître ses mérites comme poëte, bien que vous ne les sentiez pas aussi vivement que je le fais.

« D'après ma plus intime conviction, aucun poëte n'approche de lui, même de loin, pour la profondeur et en même temps la délicatesse des sentiments, pour le naturel et la vérité, unis à l'intelligence souveraine de l'art. Depuis Shakspeare, aucun n'a été si richement doué par la nature; et en dehors de ses dons si précieux, il a acquis encore plus que nul autre par des études et des investigations sans relâche. Il a travaillé pendant vingt ans avec le courage le plus opiniâtre à l'étude des trois règnes de la nature, et il a pénétré jusque dans les profondeurs de la science. Il a rassemblé sur l'organisation physique de l'homme les plus importants résultats, et dans son chemin paisible et solitaire, il a été le premier à réaliser les découvertes dont on fait tant de bruit aujourd'hui dans le monde savant. Ses découvertes en optique ne seront complétement appréciées que des temps à venir; il a démontré jusqu'à l'évidence tout ce qu'il y a de faux dans la théorie de Newton sur la lumière, et s'il vit assez longtemps pour achever l'ouvrage qu'il consacre à ce sujet, la question en litige sera décidée sans appel. Sur le magnétisme et l'électricité, il a aussi des vues très-neuves et très-belles. En ce qui concerne le goût des arts plastiques, il est bien en avant de son siècle, et les artistes ont beaucoup à apprendre auprès de lui.

« Entre tous les poëtes, qui donc pourrait approcher de lui, de si loin que ce fût, pour ces connaissances approfondies? Cependant il a employé une grande partie de sa vie aux affaires ministérielles; et parce que le duché est petit, ne croyez pas que les affaires y soient minces et insignifiantes. Eh bien, ce n'est pas sa supériorité intellectuelle qui m'a attaché à sa personne ; si l'homme chez lui n'avait pas plus de valeur que tous ceux que j'ai jamais connus, je me bornerais à admirer de loin son génie. Je puis dire que pendant les six années où j'ai vécu avec lui je n'ai pas eu un doute d'un instant sur son caractère. Il y a dans sa nature une franchise, une loyauté admirables, avec le sentiment le plus élevé du juste et du bien ; c'est pour cela que les bavards, les hypocrites et les sophistes se sont toujours trouvés mal à l'aise dans son voisinage. Ils le haïssent parce qu'ils le craignent. Comme il méprise du fond de son cœur le faux et le superficiel dans la vie ainsi que dans la science, comme tout ce qui n'est que vaine apparence lui inspire du dégoût, il s'est fait nécessairement beaucoup d'ennemis dans la société civile autant que dans le monde littéraire...

« Il serait à désirer que je pusse justifier Gœthe pour sa vie domestique comme je puis le faire avec confiance pour sa vie littéraire et sociale. Malheureusement, des idées fausses sur le bonheur domestique et une funeste aversion pour le mariage l'ont engagé dans une liaison qui pèse sur lui, qui le rend malheureux dans sa propre maison, et dont il n'a ni la force ni le courage de se débarrasser. C'est le seul défaut que je lui connaisse, et encore ce défaut, qui ne nuit qu'à lui-même, tient-il à un autre côté très-noble de son caractère.

« Excusez, gracieuse comtesse, la longueur de cette lettre ; elle est consacrée à un ami vénéré, à un ami que j'aime, que j'estime infiniment, et que je suis attristé de voir méconnu par vous deux. Si vous le connaissiez comme j'ai eu l'occasion de le connaître et de l'étudier, il y a peu d'hommes que vous jugeriez plus dignes de votre vénération et de votre amour. »

Goethe a-t-il connu cette lettre ? je ne sais, mais certainement il connaissait les sentiments qui l'ont dictée ; il se savait aimé de Schiller comme il désirait l'être, cordialement et loyalement, dans le secret du cœur et à la face des hommes ; il savait que devant les générations nouvelles, auprès des esprits plus jeunes que sa gravité éloignait, auprès de ceux qui l'accusaient de froideur, d'orgueil et d'égoïsme, il avait dans Schiller un témoin toujours prêt et un défenseur enthousiaste. Schiller le protégeait encore du fond de sa tombe. Quel que fût le dédain de Goethe pour l'opinion vulgaire, il était heureux d'opposer aux clameurs de l'envie ou aux injustices de la foule le souvenir et les titres de cette fraternité immortelle. N'est-ce pas là le sentiment qui l'anime lorsqu'il dit à l'Allemagne entière : « Cet homme que j'ai aimé, que j'ai soutenu dans ses luttes, dont j'ai aidé le génie à déployer toutes ses richesses, cet homme qui m'a prêté aussi une si intime et si féconde assistance, il a été, il est encore et il sera éternellement un bienfaiteur pour nous tous. Ne sentez-vous pas son âme qui vous inspire vos meilleures pensées ? » Mais il faut citer ses paroles mêmes; les plus beaux vers de Gœthe, les strophes les plus pures, les plus parfaites qu'il ait écrites au jugement des premiers critiques de l'Allemagne, c'est ce magnifique *Épilogue* composé pour la représentation de *la Cloche*. Trois mois après la mort de son ami, Gœthe, n'ayant pu accomplir son rêve et achever *Démétrius*, voulut au moins faire représenter, comme une œuvre dramatique, le plus beau des poëmes lyriques de Schiller, il voulut surtout profiter de cette occasion pour exprimer publiquement sa douleur et adresser au grand poëte les hommages de la patrie. *La Cloche* fut donc jouée par les acteurs de Weimar, aux premiers jours du mois d'août 1805, sur le théâtre de Lauschstedt. Le maître était à l'œuvre, environné de ses compagnons. On les entendait prendre la parole tour à tour, s'encourager les uns les autres, et tous les tableaux de la vie humaine se déroulaient dans ce poétique entretien. Gœthe n'avait rien négligé pour animer la mise en scène. Auprès du maître et des ouvriers, il y avait place aussi pour les curieux, pour les spectateurs avides, qui se pressaient autour des fourneaux brûlants et mêlaient leurs réflexions aux chants des travailleurs. Sans rien changer au texte, il avait introduit des personnages divers chargés d'exprimer successivement les diverses pensées du poëte. Des femmes, des vieillards, des enfants, à chaque incident du travail, donnaient un libre cours à leurs émotions, et toutes ces voix si ingénieusement entremêlées composaient le plus harmonieux ensemble. « La partie mécanique de la pièce, dit Gœthe, produisit aussi un excellent effet. Ce grave atelier, ces fourneaux incandescents, le conduit par où le ruisseau de feu s'élance et disparaît dans le vaste moule, puis ce moule qui s'ouvre, la cloche qui en sort, et aussitôt les guirlandes de fleurs qui, passant de main en main, vont couronner l'œuvre triomphante, tout cela offre aux yeux un divertissement agréable. » La cloche, ainsi couronnée de fleurs, s'élevait ensuite dans les airs, et au-dessous d'elle, au milieu du peuple pieusement charmé, s'avançait la Muse aux strophes harmonieuses. Les derniers vers prononcés par les acteurs s'adressaient ainsi à la cloche : « Qu'elle sonne la joie pour la ville, que ses premiers tintements annoncent la paix! » La Muse répondait à ce vœu du maître, et, rappelant les heureux événements de Weimar pendant la période qui suivit la publication du poème de Schiller, faisant allusion au mariage du jeune grand-duc avec la princesse Maria Paulovna, fille de l'empereur de Russie Paul Ier, elle commençait par remercier la cloche d'avoir sonné la joie dans la contrée :

« Et c'est ce qui arriva! aux sons bienfaisants de la cloche, tout le pays tressaillit, et le bonheur, sous une fraîche image, les mains pleines de bénédictions, nous apparut. Au milieu des chants, nos cœurs saluaient le jeune couple royal. En tumulte et joyeusement, la foule ardente se pressait au-devant d'eux, et sur les degrés couverts de fleurs, un hommage solennel, l'hommage des arts les attendait au seuil.

« Tout à coup, au milieu de la nuit, j'entends avec terreur la voix d'airain, qui, morne et pesante, épanche les sons funèbres du glas. Cela se peut-il? Est-ce pour notre ami qu'elle sonne, pour celui à qui tant de vœux sont si étoitement attachés? L'homme le plus digne de la vie va être la proie de la mort? Ah! comme une telle perte va troubler le monde! Ah! comme un tel coup va briser le cœur de tous les siens! le monde pleure; nous aussi, ne pleurerons-nous pas?

« Oui, car il fut nôtre! Quelle aisance, quelle douceur sociale nous montra cet homme puissant, lorsqu'un jour heureux nous l'amena; avec quelle joie cordiale et naïve son austère génie se pliait aux entretiens familiers; quelle souplesse d'esprit, quelle abondance d'idées, quelle sûreté magistrale, quel sens profond il déployait en traçant les plans qui doivent remplir notre vie; quelle était enfin sa fécondité dans le conseil, sa fécondité dans l'action, tout cela nous l'avons éprouvé nous-mêmes, et nous en avons recueilli les bienfaits.

« Oui, il fut nôtre! Puisse cette fière parole dominer la bruyante douleur! C'est chez nous qu'il a voulu, dans un port assuré, s'accoutumer au repos durable après les violences de la tempête. Cependant son esprit s'avançait en maître dans l'éternel domaine du vrai, du bien, du beau, et derrière lui, vaine apparence, derrière lui gisait ce qui nous enchaîne tous, la vulgarité.

« Nous l'avons vu embellir pour sa demeure ce joli jardin d'où il entendait l'harmonie des étoiles, éternelle harmonie, sœur de son esprit éternel, et qui s'épanchait vers lui à la fois si mystérieuse et si claire. Là, précieuses jouissances et pour lui et pour nous, on l'a vu, par une merveilleuse confusion des heures, consacrer aux œuvres les plus belles ce domaine du crépuscule et de la nuit, où d'ordinaire s'engourdissent nos pensées.

« Alors passaient devant lui les flots tumultueux de l'histoire, les événements criminels ou glorieux, les sauvages armées des conquérants qui se déchaînèrent par le monde, et toutes ces choses, les unes basses et effroyables, les autres bonnes et sublimes, il les jugeait dans leur essence même avec une netteté lumineuse. Puis la lune s'inclinait à l'horizon, et apportant les joies du jour renouvelé, le soleil paraissait sur les cimes étincelantes.

« Et la joue du poëte s'enflammait, toujours plus brillante, de cette jeunesse qui jamais ne s'envole, de ce courage qui tôt ou tard triomphe de la résistance et de l'inertie du monde ; de cette foi, qui, toujours plus haute, tantôt s'élance avec audace, tantôt s'insinue avec patience, pour que le bien agisse, et croisse, et devienne fécond, pour qu'on voie luire enfin le jour de tout ce qui est noble.

« Exercé ainsi, riche de tant de pensées sublimes il n'a pas dédaigné cette estrade de planches. C'est ici qu'il a peint le destin, ce destin qui de ses mains puissantes fait tourner l'axe de la terre et succéder la nuit au jour. Ici mainte œuvre profonde, en sa magnificence, a élevé la valeur de l'art et la gloire de l'artiste. Il employa ses plus généreux efforts, la fleur de son âme, sa vie elle-même, à peindre cette image de la vie.

« Vous l'avez connu ; vous savez comme à pas de géants il parcourait la sphère du vouloir et de l'action ; comme à travers les temps et les lieux, il lisait d'un regard serein le livre obscur où sont écrites les mœurs et les pensées des peuples. Mais aussi, comme au milieu de nous, haletant de sa course, il souffrait des maux du corps et s'en relevait péniblement, nous l'avons vu, nous l'avons éprouvé, souffrant nous-mêmes avec lui, en ces années douloureusement belles, car il fut nôtre.

« Lorsque, après la fièvre, après les ravages de ses cruelles souffrances, il ouvrait de nouveau ses yeux à la lumière, nous prenions plaisir à le distraire des lourdes et stagnantes impressions du temps présent ; par le charme de l'art et les jeux choisis du théâtre, nous reposions ce noble esprit, nous lui donnions une vie nouvelle ; au soir même de sa vie, avant ses derniers soleils, nous avons (quelle joie pour nous !) éveillé sur ses lèvres un sourire plein de grâce.

« De bonne heure, il avait lu l'austère sentence ; il était familier avec la souffrance, avec la mort, et tout à coup, comme souvent nous l'avions vu guérir, nous l'avons vu s'éloigner de nous. Ce que tant de fois nous avions redouté cause aujourd'hui notre épouvante.

Mais déjà son être glorieux, quand il abaisse ses regards vers la terre, se voit ici transfiguré. Ce qu'autrefois ses contemporains ont pu regretter ou blâmer en lui, la mort, le temps l'ont ennobli. »

Cette mise en scène de la *Cloche*, couronnée par ce poétique épilogue, fut renouvelée dix ans plus tard avec un éclat particulier. Gœthe aurait voulu que la fête fût célébrée tous les ans ; le 10 mai 1815, ce ne fut pas à Lauschstedt, mais à Weimar que ce brillant hommage fut rendu à l'auteur de *Wallenstein* et de *Guillaume Tell*. Une comédienne habile, madame Wolff, avait été chargée de réciter les strophes de l'épilogue ; Gœthe lui apprit lui-même à trouver les accents qui devaient émouvoir la foule, et elle profita si bien de ses conseils, qu'à un certain moment, assure-t-on, le vieux poëte éclata en sanglots. Ce fut pour lui une occasion de revoir, de corriger ses vers, d'y chercher la perfection suprême ; il ajouta deux strophes, les deux dernières, montrant ainsi que les dix années écoulées depuis le fatal événement, bien loin d'effacer ses souvenirs, n'avaient fait qu'accroître ses regrets et affermir sa reconnaissance. Les voici :

« Plus d'un esprit qui lutta contre le sien, qui ne reconnut qu'avec peine sa haute valeur, se sent aujourd'hui pénétré de sa force, et reste volontairement enchaîné dans sa sphère. Il s'est élancé vers les hauteurs sublimes, fraternellement uni à tout ce que nous vénérons. Fêtez-le donc ! Car tout ce que la vie n'accorde à l'homme qu'à moitié, la postérité doit le lui donner sans réserve.

« Donc il reste avec nous celui qui depuis tant d'années, — depuis dix années déjà, — s'est éloigné de nous. Tous, en maintes occasions bénies, nous avons reconnu par nous-mêmes ce que le monde doit à son enseignement. Il y a longtemps déjà que ses plus intimes pensées se sont répandues chez des milliers d'hommes. Il brille devant nous, comme la comète prête à s'évanouir, unissant sa propre lumière à la lumière infinie. »

Qu'ajouterons-nous à de telles paroles ? En 1805, Gœthe écrit cet épilogue au poëme dramatique de la *Cloche*; en 1815, il renouvelle et complète son hommage ; en 1829, il publie avec un pieux respect les lettres qu'il a reçues de son ami : en 1830, le célèbre penseur anglais, Thomas Carlyle, bien jeune alors, ayant donné une biographie de Schiller, Gœthe compose une préface pour la traduction de cet ouvrage, et y glorifie, dans les termes les plus expressifs, l'influence que l'auteur de *Don Carlos* et de *Guillaume Tell* exerçait sur les plus nobles âmes. Enfin, pendant toute cette période, de 1805 à 1832, soit qu'il s'entretienne avec Jean Falk ou Eckermann, avec Riemer ou Knebel, avec Zelter ou Guillaume de Humboldt, c'est toujours Schiller qui occupe son cœur et sa pensée. Ouvrez même ses ouvrages spécialement consacrés à des problèmes scientifiques ; lisez l'*Histoire de la théorie des couleurs;* à la dernière page de ce curieux livre, à la fin du chapitre intitulé *Confession de l'auteur*, vous trouverez l'expression de la gratitude la plus tendre pour l'assistance si cordiale que le poëte de l'idéal avait prêtée à l'adversaire de Newton. « Il s'était, dit-il, initié à mes études afin de les suivre et de m'y encourager. Quels secours n'ai-je pas dus à ce grand instinct de la nature qui était le fond de son génie! » Ces souvenirs, ces tendresses, ces effusions de reconnaissance, ce culte si sincère et si fidèlement gardé jusqu'à la dernière heure, n'est-ce pas là une belle œuvre dans la vie de Gœthe ? Certes il a écrit de grandes compositions poétiques, *Gœtz de Berlichingen*, *Werther*, *Faust*, *Torquato Tasso*, *Egmont*, *Iphigénie*, *Hermann et Dorothée*; mais quand je rassemble ces détails, ces entretiens, ces cris du cœur, ces chants éplorés ou radieux, quand je vois ce sentiment si doux et si fort, si intime et si poétique, s'emparer du cœur et du génie de ce grand homme, quand je songe à cette fraternité intellectuelle et morale aussi grave que celle de Boileau et de Racine, aussi tendre que celle de Montaigne et de la Boétie, mais revêtue par la poésie d'une lumière toute magique, j'ajoute à la liste de ses œuvres un nom que les historiens ont oublié de signaler, et je dis hardiment : Gœthe, cet olympien, comme on l'appelle, ce génie égoïste et superbe, isolé dans sa gloire, Gœthe a écrit un poëme plus beau que ses *Ballades*, plus beau que le premier *Faust*, plus beau que *Hermann* ou *Iphigénie*, il a écrit le poëme de l'amitié.

———

J'ai rassemblé tous les détails épars qui nous font assister à la vivante amitié de Gœthe et de Schiller; on sait maintenant l'influence que ces deux maîtres ont exercée l'un sur l'autre, et l'on a vu la trace que le génie de l'illustre mort a imprimée dans l'âme du survivant. Faut-il ajouter à ce tableau le récit des dernières années de Gœthe? Faut-il suivre, selon l'ordre des temps, les péripéties de sa destinée et les suprêmes travaux de son intelligence? Je serai bref, car ce n'est pas la biographie complète de Gœthe que j'ai entreprise dans cette étude; j'ai voulu surtout mettre en lumière un épisode magnifique et imparfaitement connu de cette existence glorieuse. Mon sujet, encore une fois, c'est l'union intellectuelle et morale de l'auteur de *Faust* et de l'auteur de *Wallenstein*.

Nous en retrouverons encore les éclatants vestiges dans la dernière période que je vais résumer à grands traits. Sept mois après la mort de Schiller, l'Allemagne était bouleversée par les triomphes de Napoléon. Un empire qui durait depuis mille ans venait d'être renversé en un jour; après la bataille d'Austerlitz, l'empire d'Allemagne, vieille ombre, il est vrai, mais toujours imposante, et qui pouvait encore, à un moment donné, rassembler sous un même drapeau tous les enfants d'un même pays, l'antique empire d'Allemagne, le saint-empire des Othon, des Barberousse, des Rodolphe de Habsbourg, était rayé de la carte; il ne restait plus qu'une Autriche abattue, une Prusse à la fois furieuse et terrifiée, et tout le groupe des États secondaires que le puissant vainqueur, maniant et remaniant à son gré les duchés et les royaumes, venait d'organiser sous sa tutelle en confédération du Rhin. A l'heure où la Prusse voulut revendiquer les droits de la patrie commune, le grand-duc de Weimar, oubliant ses intérêts pour accomplir son devoir, accepta un commandement dans l'armée prussienne. Deux grandes batailles furent livrées le même jour à Iéna, à Auerstædt, et la Prusse y fut écrasée. Quel tumulte, quelle désolation sur ces routes paisibles de Weimar à Iéna où s'étaient croisés naguère tant de poétiques messages! Tout tremblait à Weimar, car on n'ignorait pas la colère de Napoléon contre le grand-duc. La duchesse mère, le duc et la duchesse héréditaire venaient de prendre la fuite; seule, la grande-duchesse Louise, digne femme du vaillant prince qui avait combattu à Iéna, était restée courageusement à son poste, au milieu des ennemis victorieux, qui déjà pillaient la ville et menaçaient de mettre le feu au château. Elle avait pensé que sa présence relèverait le cœur de son peuple. L'attitude de Gœthe pendant ces heures d'angoisse fut telle qu'on devait l'attendre de l'ami, osons le dire, de l'élève de Schiller. Wieland, membre correspondant de l'Institut national de France, était protégé par des factionnaires qui veillaient à sa porte et défendaient sa maison contre les pillards ; Gœthe dut se défendre tout seul, et il le fit sans trembler. Il est vrai que sa maison avait été désignée pour être le quartier général du maréchal Augereau ; mais en attendant l'arrivée du maréchal, et nulle garde, nulle consigne n'arrêtant la soldatesque, le sanctuaire du poëte fut exposé à bien des outrages. Deux tirailleurs s'y étaient installés ; contenus d'abord par l'attitude de celui à qui Napoléon dira plus tard : « Vous êtes un homme, monsieur Gœthe, » ils ne connurent plus de frein, dès que l'ivresse leur eut enflammé le cerveau. On raconte qu'ils pénétrèrent dans sa chambre et menacèrent de le tuer. Sans sa calme intrépidité, sans la présence d'esprit de Christiane, qui sortit aussitôt et alla chercher du secours parmi nos soldats, qui sait si une page sinistre n'eût pas souillé le livre de nos victoires ? Ce danger n'était pas le seul ; le lendemain de ces scènes violentes, Gœthe trouva sa maison pleine de cartouches et de poudre dispersée : le feu avait pris à la maison voisine, et c'est par un simple hasard que l'incendie fut arrêté dès le commencement. Représentez-vous la douleur de Gœthe, si ses collections, ses lettres, ses manuscrits, tant de travaux commencés, tant de poëmes, de romans, de traités scientifiques, tant d'ébauches sublimes et de découvertes religieusement classées, enfin si l'atelier d'un tel maître, avec ses richesses de toute sorte, fût devenu la proie des flammes. Le premier trésor qu'il s'empressa de déposer en lieu sûr fut son manuscrit de la *Théorie des couleurs*, l'ouvrage auquel il attachait le plus de prix, et qu'il considérait, par une illusion singulière, comme le meilleur garant de l'immortalité de son nom. Ce n'était pas une précaution vaine; son ami Meyer, pendant ces jours néfastes, perdit tout ce que renfermait son atelier, collections, tableaux, précieux dessins rapportés d'Italie. Un grand nombre de manuscrits laissés par Herder, et que ses héritiers devaient livrer au public, disparurent dans le pillage. Enfin le maréchal arriva, l'ordre se rétablit, et la maison du poëte fut sauvée.

On sait que Napoléon lui-même ne tarda pas à se rendre à Weimar; on sait avec quelle rudesse il traita la grande-duchesse Louise, quand celle-ci vint le recevoir au haut du grand escalier du palais; on sait aussi comme l'attitude de cette noble femme, la dignité de son langage, la constance de son âme finirent par dominer les ressentiments du vainqueur. Les ministres du grand-duc ayant été admis à l'audience de Napoléon, Gœthe refusa de se joindre à ses collègues. Il n'éprouvait pas le besoin de se montrer aussi fier avec les hôtes que lui imposaient les événements; son impartialité, qui n'était point de l'indifférence, lui fournit encore, dans ces jours désolés, l'occasion de revenir naturellement aux études et aux méditations de toute sa vie. Parmi les personnages très-divers que Gœthe eut à loger sous son toit se trouvait M. Denon, directeur des musées de l'empire. Il l'avait connu à Venise; tous deux furent heureux de se revoir, et de longs entretiens sur l'art, sur l'antiquité, sur sa chère Italie apportèrent au poëte une consolation inattendue. Qui aurait le courage de blâmer cette puissante égalité d'humeur, c'est-à-dire, en définitive, cette souveraine possession de soi-même? N'est-ce pas là aussi une manière toute virile de se montrer supérieur à la fortune?

Je m'assure que Gœthe s'était continuellement souvenu de Schiller et que ce souvenir avait été sa force pendant ces tragiques émotions du mois d'octobre 1806. Il pensait encore à son généreux ami lorsque, le premier dimanche qui suivit ces jours de terreur, le 19 octobre, il conduisit au temple sa compagne Christiane Vulpius, et fit donner la consécration religieuse à son illégitime union. En face d'un avenir si sombre, il sentait enfin le prix de ces liens de famille qu'il avait si longtemps méconnus; il se rappelait combien cette indifférence morale avait désolé son ami, il se rappelait aussi les belles paroles qu'il avait placées dans la bouche de son Hermann, au moment où le vaillant jeune homme, voyant la révolution bouleverser le monde et le sol trembler sous ses pas, s'attache, comme un naufragé, au foyer de la famille, et s'écrie, en pressant Dorothée sur son cœur : « Tu es à moi, et tout ce qui est à moi, aujourd'hui, est plus à moi que jamais. »

Du bist mein, und nun ist das Meine meiner als jemals.

Heureux le poëte qui trouve ainsi dans ses œuvres mêmes un encouragement à la réparation de ses fautes ! Son fils Auguste, son secrétaire Riemer, furent ses témoins à la cérémonie nuptiale, et quand, au sortir de l'église, il présenta Christiane à ses amis, il prononça simplement ces nobles mots : « Elle n'a jamais cessé d'être ma femme. » Ah ! nous avons pu souhaiter pour Gœthe une autre union que celle-là ; lorsque Frédérique de Sesenheim dut se séparer de celui qu'elle avait tant aimé, et à qui elle eût inspiré sans doute des œuvres plus belles et plus pures, nous n'avons pas su nous résigner comme elle, et de sévères paroles se sont mêlées à nos regrets ; mais ici, devant cette cérémonie du 19 octobre 1806, effaçons, effaçons tout ce qui nous est échappé d'amer. Schiller lui-même eût été désarmé ; Schiller, qui ne fait jamais dans ses lettres la moindre allusion à Christiane, qui ne répond jamais aux témoignages d'affection que Gœthe prodiguait à Charlotte et à ses enfants par des témoignages du même genre, Schiller eût regretté son silence, et rendant justice au dévoument, à la constance, à l'humilité de la pauvre compagne cachée dans l'ombre du poëte, il se fût écrié aussi, les yeux pleins de larmes : « Elle n'a jamais cessé d'être sa femme. »

Lorsque le grand-duc Charles-Auguste, au mois de novembre 1806, fut autorisé à rentrer dans ses États, les jours funestes n'étaient pas encore passés. Le malheureux prince, subissant la loi du vainqueur, avait été forcé de rompre avec la Prusse et d'entrer dans la confédération du Rhin. Ce n'est pas tout : entouré de surveillants et d'espions, soumis à un contrôle de tous les instants, il ressemblait plus à un accusé qu'à un souverain. Un jour, un ami de Gœthe, Jean Falk, qui remplissait les fonctions d'interprète auprès des autorités françaises, eut connaissance de plusieurs plaintes, de plusieurs actes d'accusation intentés au grand-duc et les communiqua au poëte. On sut alors tout ce qu'il y avait de dévouement caché, de patriotisme sincère, de loyale et généreuse indignation dans cette âme si impartiale et si haute. A l'accent de sa voix, à la flamme de ses yeux, en eût dit Schiller en personne. « Que veulent-ils donc, ces Français ? s'écriait le noble poëte. Sont-ce des hommes ? Pourquoi exigent-ils des choses contraires à l'humanité? Qu'a donc fait le grand-duc qui ne soit pour lui un titre d'honneur et de gloire?... Je vous le dis, le grand-duc doit agir comme il agit, il le doit. Il se conduirait mal s'il faisait autrement... Dût-il y perdre ses États, il ne peut s'écarter d'une ligne de ses nobles principes, de tout ce que lui prescrivent ses devoirs d'homme et de souverain... On parle du malheur qui le menace. Le malheur! Qu'appelle-t-on le malheur? Le malheur pour un souverain, c'est de se soumettre, dans sa propre maison, au bon plaisir de l'étranger. Et fallût-il en venir aux dernières extrémités, sa chute fût-elle certaine, notre conscience n'en serait pas troublée... Un bâton à la main, nous accompagnerons notre maître sur les chemins de l'exil et de la misère, nous resterons fidèles à ses côtés... Les enfants et les femmes, dans les villages, nous regarderont en pleurant, et se diront les uns aux autres : Voilà le vieux Gœthe et l'ancien duc de Weimar que l'Empereur des Français a précipité de son trône parce qu'il est demeuré fidèle à ses amis malheureux... Oui, j'irai dans tous les villages, dans toutes les écoles, partout où le nom de Gœthe est connu, je chanterai la honte des Allemands, et les enfants réciteront par cœur ce chant de honte jusqu'à ce que, devenus des hommes, ils replacent mon maître sur son trône et vous jettent en bas du vôtre. »

Ce ne sont pas ici de vaines phrases; Gœthe aurait

tenu parole, car jamais homme ne fut plus sincère avec lui-même. Heureusement les craintes de Jean Falk ne se réalisèrent pas; les événements épargnèrent cette douleur à l'Allemagne et ces regrets à la France. Quelques mois après, la vie sociale et littéraire de Weimar reprenait son cours accoutumé. Gœthe était une âme trop puissante et trop sereine pour connaître le désespoir; il répétait souvent qu'il ne faut jamais s'abandonner soi-même, dût-on se croire perdu sans ressources, et le meilleur moyen de faire son devoir pour un homme tel que lui, n'était-ce pas de maintenir en face des vainqueurs cette culture de l'esprit allemand qui commençait à leur inspirer du respect? A partir de ces jours de deuil, Gœthe va nous apparaître de plus en plus comme le pontife de la littérature et de la science. Un des plus spirituels appréciateurs de ses travaux, M. Charles Rosenkranz, désigne cette période sous le titre d'*éclectisme universel*. Certes, l'auteur de *Faust* produira encore des œuvres originales; mais la méditation, la critique, l'étude sympathique et avide, le besoin de tout connaître et de tout comprendre seront de plus en plus le signe distinctif de son génie. On peut lire, dans ses *Annales*, l'indication des recherches multiples qui se partagent ses laborieuses journées. Il venait de nouer des relations plus étroites avec Alexandre de Humboldt, récemment arrivé d'Amérique; ce furent là comme on pense, de fécondes excitations pour ses travaux d'histoire naturelle, et tout en mettant la dernière main à sa *Théorie des couleurs*, il étudiait avec passion les principes du grand voyageur sur la géographie botanique du cosmos. En même temps, les productions littéraires des générations nouvelles, le mouvement romantique, la publication des *Niebelungen*, le rajeunissement des chants populaires du moyen âge dans le *Wunderhorn* de Clément de Brentano attiraient son attention et provoquaient sa critique. Il était le centre, le foyer de toute la vie intellectuelle de son époque.

Au milieu de ces jouissances de l'esprit, qui le consolaient peut-être trop aisément des malheurs de l'Allemagne, de mémorables incidents se produisent. Un congrès de souverains se réunit à Erfurt; Goethe y accompagne le grand-duc au mois de septembre 1808, et il siége dans ce parterre de rois devant lequel Napoléon faisait représenter les chefs-d'œuvre de notre scène. Il vit Talma dans *Andromaque* et dans *Britannicus*. Le 1ᵉʳ octobre, il assistait, au milieu d'une foule brillante, au lever de l'empereur. On raconte que le duc de Bassano, s'étant entretenu avec le poëte, fut frappé de la supériorité de son esprit, et que le jour même, il faisait part de ses impressions à l'empereur. Le lendemain, l'auteur de *Werther* était mandé auprès du vainqueur d'Austerlitz. L'audience dura près d'une heure.

Talleyrand, Berthier, Savary étaient auprès du maître, quand Gœthe fut introduit; Daru entra quelques instants après, et assista aussi à l'entretien. Napoléon déjeunait; il invita l'illustre poëte à s'asseoir près de lui, en lui adressant ces mots qu'on a si souvent répétés : « Vous êtes un homme, monsieur Gœthe. » Puis il lui demanda son âge, le complimenta sur son air de force et de santé, et la conversation s'engagea sur les œuvres du poëte. Daru ayant rappelé à ce propos la traduction que Gœthe avait faite de *Mahomet*, Napoléon, en quelques mots d'une admirable justesse, fit la critique de la tragédie de Voltaire. Revenant ensuite à Gœthe : « J'ai lu votre *Werther* sept fois, » lui dit-il; et il prouva bien, en effet, qu'il l'avait lu et médité. Il en savait le fort et le faible, il analysait les caractères, les situations, la marche du récit, et les critiques se mêlaient aux éloges. Il remarqua, entre autres choses, que, dans plusieurs passages du roman, les rancunes de l'ambition trompée se confondaient chez Werther avec les tourments de la passion. « Ce n'est point naturel, disait-il; cette confusion de sentiments affaiblit dans l'esprit du lecteur l'idée de cet amour insurmontable qui domine votre héros. Pourquoi avez-vous fait cela? » Gœthe écoutait, le visage serein : « Je ne crois pas, répondit-il, qu'on m'ait encore adressé ce reproche, mais je le trouve parfaitement juste, et il est évident qu'il y a là quelque chose de contraire à la vérité. Il est pourtant, ajoutait-il, des artifices qu'il faut pardonner au poëte, s'ils sont destinés à produire certains effets qu'il n'eût jamais pu atteindre par le simple chemin de la nature. » Cette réponse parut satisfaire l'empereur, puis, comme on parlait encore du théâtre, et particulièrement des drames fatalistes, fort en vogue alors sur la scène allemande, il blâma en termes énergiques ce qu'il appelait très-bien la poésie des époques sombres. « Qu'appelle-t-on aujourd'hui destin, fatalité? Le destin, c'est la politique. » Et chaque fois qu'il exprimait ainsi une opinion, qu'il jetait une pensée, il ajoutait : « Qu'en pense monsieur Gœthe? » L'entretien fut interrompu un instant par ce perpétuel mouvement d'affaires qui s'agitait autour du maître; c'était Daru qui prenait ses ordres pour le règlement des contributions de guerre; c'était le maréchal Soult qui venait l'informer de la situation de la Pologne. L'empereur se leva, et fit quelques pas vers Gœthe; il l'interrogea sur sa famille, sur celle du grand-duc, puis revenant encore à la poésie dramatique : « La tragédie, devrait être, disait-il, l'école des rois et des nations ; c'est le but le plus élevé que puisse se proposer un poëte. Vous devriez écrire une *Mort de César*, plus dignement et mieux que Voltaire ne l'a fait; ce pourrait être la mission de votre vie. Il faudrait montrer au monde combien César l'eût rendu heureux, comme l'histoire entière eût suivi un autre cours, si on lui avait laissé le temps d'accomplir ses plans grandioses. Venez à Paris, je l'exige de vous. Le monde vous y offrira de plus grands spectacles; vous y trouverez une riche matière pour vos peintures. » Lorsque Gœthe se retira, on entendit l'empereur dire à Berthier et à Daru : « Voilà un homme! »

Napoléon avait annoncé l'intention de visiter Weimar, et d'y faire jouer la troupe du Théâtre-Français en l'honneur de la duchesse. Gœthe revint donc à son poste dès le 4 octobre pour préparer la fête. Le 6, on représenta *la Mort de César*. Talma, dans le rôle de Brutus, y obtint un de ces succès qu'on n'oublie pas. Le même soir, il y eut bal à la cour, et l'empereur s'y entretint longuement avec Gœthe et Wieland. La conversation roula encore sur l'importance de la poésie tragique et le besoin de la régénérer : « La tragédie est supérieure à l'histoire, » disait-il, s'appropriant sans le savoir une des grandes pensées d'Aristote. Il insistait aussi sur la nécessité de respecter les limites des genres; il blâmait le drame qui défigure l'histoire, abaisse la poésie, mélange sans profit tous les tons, et comme l'auteur de *Gœtz* défendait sur ce point les conquêtes de l'art moderne, il lui jetait cette sentence, impérieuse autant que bienveillante : « Je suis étonné qu'un grand esprit comme vous n'aime pas les genres tranchés. » C'était, comme on voit, la discussion de

Gœthe avec madame de Staël qui recommençait sous une forme différente ; mais Gœthe résistait à la parole brève et altière du grand capitaine comme il avait résisté à l'éloquence prodigue et caressante de la fille de Necker. Gœthe, ainsi que Wieland, fut invité le jour suivant à déjeuner avec Napoléon, et dès qu'il fut de retour à Erfurt, ils reçurent tous les deux la croix de la Légion d'honneur.

Ces entretiens avec Napoléon laissèrent une trace profonde dans les souvenirs du poëte ; malgré son attachement à l'Allemagne et à la justice, il s'habitua peu à peu à considérer ce redoutable génie comme un magnifique sujet d'étude : il interrogeait sa vie, ses actes, son caractère, sa constitution physique elle-même[1], avec une curiosité sympathique, aussi impartial dans cet examen que s'il eût apprécié un personnage des temps évanouis. Quant à ce voyage de Paris que l'empereur lui avait presque imposé, il y songea souvent et d'une manière sérieuse ; à force de l'ajourner cependant, il se vit obligé d'y renoncer ; pouvait-il y penser encore après 1813 ?

Une des plus importantes productions de Gœthe à cette époque, ce sont les *Affinités électives*. Malgré le talent psychologique, malgré la finesse d'observation qu'y a déployé l'auteur, on s'explique très-bien le

---

[1] *Gespraeche mit Gœthe, von Eckermann,* t. III, p. 230-232. Voyez la traduction de M. Émile Délerot (Bibliothèque Charpentier).

médiocre succès de ce roman. Qu'on se figure *Werther* moins la simplicité et l'énergie de la passion, *Werther* compliqué et subtilisé, voilà la double histoire du capitaine et de Charlotte, d'Édouard et d'Ottilie. Ce livre a subi bien des vicissitudes. Inconnu à la foule, dédaigné par les uns comme une œuvre fastidieuse, blâmé par les autres comme une composition immorale, il est glorifié depuis quelque temps par l'élite des critiques et des historiens littéraires. La vérité doit être cherchée entre ces deux extrêmes. Les *Affinités électives* resteront comme une œuvre digne d'étude et par la richesse des analyses psychologiques et par les révélations qu'on y pourra puiser sur la philosophie de Gœthe. Madame de Staël en apprécie exactement les qualités et les défauts quand elle résume ainsi son opinion : « On ne saurait nier qu'il y ait dans le livre de Gœthe une profonde connaissance du cœur humain, mais une connaissance décourageante. La vie y est représentée comme une chose assez indifférente, de quelque manière qu'on la passe : triste quand on l'approfondit, assez agréable quand on l'esquive, susceptible de maladies morales qu'il faut guérir si l'on peut, et dont il faut mourir si l'on n'en peut guérir. »

A ses productions littéraires le grand poëte entremêle comme toujours ses travaux scientifiques. La *Théorie des couleurs*, qui l'occupait depuis plus de vingt ans, paraît enfin en 1810. En même temps, sous le titre de *Morphologie*, il donne une nouvelle édition de la *Métamorphose des plantes*, accompagnée d'une très-curieuse histoire de ses études botaniques. C'est aussi le moment où, prenant goût à ces souvenirs du passé, il entreprend de raconter sa vie entière. Ces Mémoires secrets de son enfance et de sa jeunesse ont paru de 1810 à 1813 ; jamais Gœthe n'a été plus maître de son talent, jamais sa psychologie n'a été plus pénétrante, jamais simplicité plus gracieuse n'a été unie à de plus profondes pensées. *Vérité et Poésie*, tel est le titre de cet ouvrage, titre charmant dans son ingénuité hardie, et d'une exactitude rigoureuse. La poésie et la vérité s'étaient toujours développées ensemble pendant sa longue carrière. On l'a dit avec raison : sa poésie, c'est lui-même. Gœtz, Werther, Clavijo, Fernando, Torquato Tasso, Wilhelm Meister, Faust, enfin, c'est toujours Gœthe, c'est toujours le poëte qui transforme en figures vivantes les impressions successives de son âme, et qui s'interrogeait encore à soixante ans, qui analysait toutes les phases de sa vie, tous les développements de sa nature, avec l'impartiale curiosité du botaniste étudiant le travail secret d'une plante ou la croissance d'un chêne. *Poésie et Vérité*, c'était le seul nom qui convînt à une telle œuvre.

Occupé de ces pages exquises, Gœthe avait-il donc oublié les malheurs de sa patrie? Non, il la défendait à sa manière. Au mois de novembre 1813, le publiciste et historien Luden vint lui proposer de prendre part à la rédaction d'un journal, *la Némésis*, dirigé contre Napoléon et la France. Gœthe le détourna de ce projet, l'entreprise lui paraissant hérissée de difficultés sans nombre, mais il ajouta d'une voix émue : « N'allez pas croire que je sois indifférent à toutes ces grandes idées, liberté, nation, patrie. Non, toutes ces idées sont en nous, elles font partie de notre être, nul ne peut les rejeter hors de lui. Moi aussi, je porte l'Allemagne au fond de mon cœur. J'ai ressenti bien des fois une douleur amère en pensant à ce peuple allemand chez qui l'individu est si digne de respect et l'ensemble si misérable. La comparaison du peuple allemand avec les autres peuples éveille en moi des pensées si pénibles que je m'efforce d'y échapper par tous les moyens. Des ailes ! des ailes pour m'envoler au-dessus de ces régions funestes! Ces ailes, c'est l'art et la science qui me les ont données, car la science et l'art appartiennent au monde, et toutes les frontières des nationalités s'évanouissent devant eux. Triste consolation, hélas ! cela ne remplace pas le viril orgueil d'appartenir à une nation grande et forte, respectée et redoutée. La foi dans l'avenir de l'Allemagne est une consolation du même genre. Cette foi, je m'y attache aussi fortement que vous. Oui, le peuple allemand promet un avenir, il a un avenir; les destinées de l'Allemagne, pour parler comme Napoléon, ne sont pas encore accomplies. » Puis, après un retour sur le passé de l'Allemagne : « Vous parlez du réveil, du soulèvement du peuple allemand, vous pensez que ce peuple ne se laissera pas arracher ce qu'il aura conquis, ce qu'il aura chèrement payé de son or et de son sang, la liberté! Mais est-il bien réveillé en effet? Sait-il ce qu'il veut et ce qu'il peut? Son sommeil a été trop profond pour que la secousse même la plus violente puisse lui rendre sitôt la possession de lui-même. Et puis, quand le peuple s'agite, est-ce donc toujours pour se lever? L'homme qui est violemment secoué, peut-on dire qu'*il se lève?* Je ne parle pas de quelques milliers d'hommes et de jeunes gens d'un esprit cultivé, je parle de la foule, je parle des millions d'hommes qui forment le peuple. Qu'ont-ils gagné? Quelles sont leurs conquêtes? Vous dites : la liberté. Dites plutôt la délivrance; et quelle délivrance? Non pas du joug étranger, mais seulement de l'un des jougs étrangers. Il est vrai je ne vois plus ici de Français, plus d'Italiens, mais je vois des Cosaques, des baschkirs... Nous nous sommes habitués longtemps à diriger nos yeux vers l'Ouest, et à croire que tous nos dangers venaient de ce côté, mais la terre qui tourne de l'est à l'ouest tourne aussi de l'ouest à l'est. » On voit que le patriotisme de Gœthe n'était pas aveugle, comme celui du baron de Stein, par exemple, qui, pour arracher l'Allemagne aux mains de Napoléon, ne craignait pas de l'enchaîner à la Russie. Quelle clairvoyance au milieu de sa tristesse! et comme cette tristesse même, au moment de la victoire, était plus patriotique et plus sage que l'enthousiasme haineux des hommes qui maudissaient la France! Gœthe ne voyait qu'un seul moyen de relever le peuple allemand, de lui assurer un jour une position forte et respectée entre ses redoutables voisins, c'était de travailler, chacun dans sa voie et selon sa vocation, de développer ses talents pour développer ainsi la culture générale, d'avoir foi dans l'esprit, dans la pensée, dans l'art, dans la science, dans tout ce qui élève les âmes, de répandre cette foi partout, en haut et en bas, c'est-à-dire de créer un peuple « et de le tenir prêt à agir pour l'époque où se lèveront les jours de gloire. »

Ainsi, ne soyons pas étonnés que Gœthe ne vive plus que par l'intelligence, et qu'il s'abandonne sans scrupule à la vocation de son génie. A mesure qu'il avance en âge, sa vie intellectuelle devient plus compliquée de jour en jour; il fait sans cesse des acquisitions nouvelles; son âme est un vaste musée où tout vient se classer avec ordre. Il commence en 1814 la rédaction de son *Voyage d'Italie*; il fonde en 1815 et continue jusqu'en 1828 un recueil intitulé l'*Art et l'Antiquité*; en 1819, il donne sous le titre d'*Annales* la suite de ses Mémoires. Comment citer, comment indiquer seulement tous les articles qu'il écrit sur des questions de littérature et d'art, sur tel ou tel problème des sciences physiques et naturelles? Il avait perdu sa femme le 6 juin 1816, et ses lettres à Knebel, à Zelter, disent assez combien ce coup lui fut sensible. Il lui fut donné pourtant de ne pas voir s'assombrir ses dernières années ; la maison solitaire s'emplit bientôt de bruits charmants qui rajeunirent le cœur de l'aïeul. Au commencement de 1817, son fils Auguste épousa mademoiselle Ottilie de Pogwisch, et l'année suivante le vieux poëte chantait un chant de bienvenue près du berceau de son petit-fils Walther. La grâce et l'esprit de la jeune femme, le gazouillement des enfants (un second petit-fils, Wolfgang, lui naquit en 1820), égayaient le soir de sa vie, comme une floraison printanière. Son imagination sembla reverdir. Quelques-unes de ses plus belles ballades, *la Cloche qui marche*, *le Fidèle Eckard*, *la Danse des morts*, attestent cette nouvelle jeunesse de son esprit, en même temps que *le Divan oriental-occidental* (1818) ouvrait des routes nouvelles à la poésie allemande. En 1821, il publie la seconde partie de *Wilhelm Meister*, œuvre incomplète et fausse sur bien des points, mais qui révèle une pensée toujours en travail. Les problèmes et les rêveries politiques de nos jours semblent pressentis dans ces *Années de voyage de Wilhelm Meister* et plus d'un commentateur en ce moment même s'ingénie à expliquer le *socialisme* de Gœthe.

Cette énigme une fois jetée à la curiosité des interprètes, le grand sphinx retournait à ses méditations. Un des traits caractéristiques de son esprit dans cette dernière période, c'est l'attention qu'il prête au mouvement intellectuel de l'Europe. Mécontent de certains symptômes de son pays, hostile à ce romantisme artificiel qui tantôt, avec les Schlegel et Clément de Brentano, voulait ramener le genre humain au moyen âge, tantôt, avec Zacharias Werner et Henri de Kleist, aggravait en les exprimant les maladies morales du dix-neuvième siècle, il cherchait ailleurs l'image de la force et de la santé. N'était-ce pas arracher l'Allemagne à ses rêveries malsaines, que de l'associer à l'œuvre des nations étrangères? Lorsqu'il contemplait ainsi le spectacle de la vie européenne, il espérait que son exemple ne serait pas inutile; il désirait communiquer à l'Allemagne le goût d'une critique supérieure ; il savait que c'était là la vocation de son pays, et que ce serait un jour sa meilleure part d'originalité. Le poëte, avait dit Schiller, est citoyen du monde ; Gœthe voulait que l'esprit germanique réalisât ce programme. La littérature allemande, par son zèle, sa sagacité, son érudition conquérante, par le privilége d'une langue qui se modèle si aisément sur les idiomes étrangers, et peut reproduire les chefs-d'œuvre du Midi et du Nord, la littérature allemande, disait-il, devait être la littérature centrale de l'Europe, bien plus, la littérature du monde, c'est son expression même, *die Weltliteratur.*

L'Angleterre, l'Italie, les pays slaves, les contrées les plus lointaines de l'Orient, attiraient sa pensée. Les créations ardentes de lord Byron, les tableaux si attrayants et si vrais de Walter Scott, et plus tard les subtiles et profondes analyses de Thomas Carlyle trouvèrent chez l'ami de Schiller l'appréciateur le plus sympathique. Lord Byron, pour le remercier, voulait lui dédier sa tragédie de *Sardanapale*, hommage, disait-il, d'un vassal littéraire à son seigneur, au premier des poëtes vivants, à l'homme qui avait créé la littérature de son propre pays, et illustré celle de l'Europe, *the first of existing writers, who has created the literature of his own country and illustrated that of Europe.* Gœthe avait déjà reçu cet hommage de la main même de Byron; mais la dédicace, arrivée trop tard à l'imprimeur, n'ayant pu être insérée dans la première édition de *Sardanapale*, ce fut une autre tragédie, *Werner*, que le poëte anglais dédia au maître allemand avec ces simples mots : *To the illustrious Gœthe by one of his humblest admirers this tragedy is dedicated.* Walter Scott, dans sa jeunesse, avait traduit en anglais *Gœtz de Berlichingen;* il regardait Gœthe comme un de ses maîtres, et Gœthe, fier d'avoir inspiré un si charmant génie, suivait son développement avec l'admiration la plus tendre. Il était émerveillé de son art, de son habileté, et quand il parlait de *Waverley*, d'*Ivanhoë*, de la *Jolie fille de Perth*, on le voit dans ses entretiens avec Eckermann, il ne tarissait plus. Quant à Carlyle, il l'appelait *une force morale d'une immense valeur*; il y a en lui, disait-il, un grand avenir, et il est impossible de calculer tout ce qu'il fera. Quel enthousiasme aussi pour Manzoni ! Il le mettait au-dessus de Walter Scott et le comparait à Schiller. Mais c'était surtout la littérature rajeunie de la France qui excitait chez lui les espérances les plus vives. La lecture du journal *le Globe* le remplissait de joie. Cette critique hardie et mesurée, ces principes si élevés et si fermes, cette intelligence impartiale, ouverte à toutes les idées et à toutes les formes de l'art, n'était-ce pas la meilleure part de l'inspiration allemande unie à ce qu'il y a de meilleur dans le génie français ? Les leçons de M. Guizot, de M. Villemain, de M. Cousin, étaient des événements pour lui comme pour la France de 1828 ; nos maîtres n'ont pas eu d'auditeur plus attentif et plus charmé que ce grand maître. La maturité précoce de M. J. J. Ampère le frappait d'étonnement. Il lisait aussi nos poëtes et nos romanciers, Lamartine, Victor Hugo, Sainte-Beuve, Alfred de Vigny, Mérimée, Émile Deschamps, Balzac, Jules Janin, Béranger. Les tentatives les plus opposées de cette littérature nouvelle lui paraissaient dignes d'un sérieux examen ; n'y voyait-il pas, en dépit des fautes et des erreurs, la grâce souriante de la jeunesse ? Un jour, le statuaire David, en lui adressant les médaillons de bronze où il avait gravé les traits des jeunes écrivains de 1828, avait joint à son envoi leurs principales œuvres : « David, disait Gœthe peu de temps après, m'a procuré bien des journées heureuses. Voilà toute une semaine que ces jeunes poëtes m'occupent, et que je trouve une vie nouvelle dans les fraîches impressions que je reçois d'eux. Je ferai un catalogue spécial de ces livres, de ces chers portraits, et je leur donnerai dans mes collections et ma bibliothèque une place particulière. » Ne croyez pas pour cela qu'il fût toujours satisfait de ses lectures ; s'il était sévère cependant, s'il blâmait sans hésiter certaines tendances de Victor Hugo, s'il adressait, par exemple, à *Notre-Dame de Paris*, justement les mêmes reproches que Gustave Planche devait formuler plus tard avec tant de précision et de franchise, la rigueur même de ses paroles attestait sa sollicitude pour la poésie française régénérée.

Souvenons-nous que cette attention donnée aux littératures étrangères ne le détournait pas un instant de ses propres travaux, de ses études scientifiques, de ses méditations sur la philosophie de la nature, de ses recherches sur l'art des anciens, de son commerce avec les plus grands esprits de l'Allemagne, un Wolff, un Schelling, un Alexandre de Humboldt. Le poëte, après tant de travaux si divers, ne pouvait-il pas dire comme Faust : « Philosophie, jurisprudence, médecine, théologie aussi, j'ai tout approfondi avec une laborieuse ardeur? » C'est *Faust*, en effet, qui résume toute sa vie, et c'est par *Faust* que nous devons terminer notre étude. Ce drame, avec les remaniements successifs qu'il a subis, reproduit comme dans un miroir les transformations de l'auteur. Les premières scènes, publiées en 1790, se rapportent à la jeunesse de Gœthe; le *Faust* complété en 1807, et la seconde partie, publiée en 1831, représentent l'immense et subtil travail de son esprit pendant la dernière période de sa carrière. Dans le *Faust* de 1790, nous voyons l'écrivain dont le génie s'est éveillé à Strasbourg, l'auteur de *Gœtz de Berlichingen* et de *Werther*, le poëte franc, hardi, passionné, qui s'empare d'une œuvre populaire, d'une légende du seizième siècle, devenue une comédie de marionnettes, et qui l'élève à la dignité de l'art. Le sens naïvement profond de la légende est mis en pleine lumière, mais sans recherches allégoriques, sans subtilités alexandrines. Le mystérieux s'unit au naturel dans cette proportion harmonieuse qui était ici l'idéal du sujet. La pensée et le style, tout est franc et bien venu. Faust, Marguerite, Méphistophélès, Wagner, tous les personnages sont dessinés avec une netteté magistrale. On s'intéresse à Marguerite et à Faust comme à des êtres qui vivent, qui aiment, qui souffrent, et cependant la symbolique pensée de la légende provoque nos méditations, et nous élève au-dessus du spectacle déroulé à nos yeux. Ce n'est qu'un fragment sans doute, mais cette forme est peut-être celle qui convenait le mieux à une telle œuvre. N'est-ce pas une fin vraiment tragique que la scène de Marguerite s'évanouissant dans l'église aux accents terribles du *Dies iræ?* Un historien littéraire que j'ai déjà cité, M. Julien Schmidt, a très-bien montré les différences qui séparent non-seulement la première et la seconde partie du poëme, mais les deux rédactions du premier *Faust*. Depuis la publication des fragments de 1790, le goût de la poésie symbolique s'était répandu en Allemagne. Gœthe avait contribué plus que personne à fonder cette esthétique nouvelle; *Iphigénie, Torquato Tasso, Hermann et Dorothée* étaient des symboles. Lorsqu'il voulut compléter ces fragments de *Faust*, il se remit à l'œuvre avec une inspiration singulièrement modifiée, et bien que les additions de 1807 contiennent des scènes très-belles, très-heureuses, par exemple le monologue de Faust après le départ de Wagner, la tentative de suicide interrompue par les cloches de Pâques et le chant matinal des anges, la double promenade de Faust et de Marguerite, de Méphistophélès et de Marthe, la scène de Marguerite et de son frère Valentin, on sent déjà que l'intention de combiner des symboles altère la primitive simplicité du plan.

C'est bien autre chose dans le second *Faust :* ces

continuelles allégories, ces figures mythologiques, ces représentations de l'antiquité et du moyen âge, ces sorcières, ces sphinx, ces lémures, cette fantasmagorie philosophique, esthétique, scientifique, au sein de laquelle s'agitent de gros systèmes et de menues épigrammes, en un mot ce tumultueux sabbat n'a pas seulement le tort d'exiger un commentaire perpétuel, il a le tort bien plus grave de projeter son ombre sur la première partie du *Faust* et d'en compromettre la beauté. Il y a certes de magnifiques épisodes au milieu des machines de cet immense opéra : la figure d'Hélène ne pouvait être dessinée ainsi que de la main d'un maître; la mort de Faust, le combat de Méphistophélès et des anges, les mystiques degrés du paradis, toutes ces scènes étincellent d'une poésie merveilleuse; mais qu'importe cette poésie? la défaite de Méphistophélès, la justification de Faust sont des tableaux qui nous laissent froids. Marguerite elle-même priant la Vierge pour son amant et s'élevant plus haut dans le ciel pour que Faust l'y suive, Marguerite elle-même ne réussit pas à nous émouvoir. Pourquoi? parce que les personnages vivants ont depuis longtemps disparu. Ce n'est plus Faust, ce n'est plus Marguerite que le poëte nous montre ici; nous avons quitté le terrain du drame réel pour les fastidieux domaines de l'allégorie.

Est-ce à dire que *Faust* soit une œuvre manquée? C'est une œuvre assurément très-défectueuse au point de vue de l'art, mais une œuvre que le génie seul a pu exécuter, et qui, pleine de beautés de détail, offre surtout un attrait singulier à la critique, puisqu'elle contient l'image entière du poëte. Gœthe, à vingt ans, généreux, passionné, romantique, inspiré de Shakspeare, obéissant à tous les instincts de son cœur, puis Gœthe, à son retour d'Italie, amoureux de l'art antique, amoureux du calme et de la sérénité, enfin Gœthe cherchant l'éclectisme universel, unissant la poésie et la science, l'esprit antique et l'esprit moderne, jouissant de toutes ses richesses et surtout de l'harmonie de ses facultés, ces trois hommes, ces trois Gœthe sont réunis ici dans le même tableau. On ne peut exiger qu'un ouvrage composé à de si longs intervalles et dans des dispositions si différentes brille par une vigoureuse unité. C'est l'erreur des critiques allemands d'avoir voulu absolument trouver un logique enchaînement de merveilles dans une œuvre où les disparates sont inévitables. Depuis quelques années, on étudie *Faust* plus impartialement, et en suivant cet exemple nous croyons rendre à l'auteur l'hommage qui aurait le plus de prix à ses yeux. L'intelligence est le trait dominant de Gœthe; ce n'est pas manquer de respect à un tel poëte que de chercher à le comprendre.

Le dernier écrit de Gœthe est le compte rendu qu'il

a donné de la discussion de Cuvier et de Geoffroy Saint-Hilaire, à l'Académie des sciences. Le 15 février 1830, Geoffroy Saint-Hilaire, lisant un rapport à l'Académie sur un mémoire relatif à l'organisation des mollusques, profita de l'occasion pour exposer sa théorie des analogues, qui est, selon lui, la véritable clef de la science zoologique. L'illustre savant français, comme le poëte de Weimar, établissait la loi de l'unité qui domine la composition des corps vivants. Cuvier, voyant là un système *à priori*, c'est-à-dire une pure rêverie philosophique, opposa à son confrère les plus graves objections ; un débat solennel, qui se prolongea à travers les émotions politiques de 1830, s'éleva entre ces deux hommes éminents et partagea longtemps l'opinion des maîtres de la science. Gœthe ne pouvait rester indifférent à cette lutte; son nom avait été cité par Geoffroy Saint-Hilaire avec les noms de ses émules, Kielmeyer, Meckel, Oken, Spix, Tiedemann. En septembre 1830, il avait résumé pour l'Allemagne la controverse des deux naturalistes français; il y revint encore et avec plus de développements au mois de mars 1832. La consécration donnée à ses études par cette discussion mémorable fut une des joies de sa vieillesse. Quelques jours après la rédaction de ces pages tracées d'une main si sûre, le grand poëte, plein de gloire et d'années, entrait dans les demeures éternelles. Il mourut sans souffrance, avec ce calme et cette sérénité dont sa vie entière avait poursuivi l'idéal. On était aux premiers jours du printemps. Comme les rideaux de sa fenêtre interceptaient les rayons du soleil, il les fit écarter. *De la lumière! plus de lumière!* ce furent ses dernières paroles.

Tel a été ce puissant esprit, le plus grand poëte de l'Allemagne et l'un des plus vastes génies du monde moderne. Gœthe a proclamé lui-même que trois hommes bien dissemblables, Shakspeare, Linné, Spinoza, avaient exercé sur son esprit une profonde influence. Shakspeare et Linné, en éveillant son inspiration poétique et son goût des sciences naturelles, ne l'empêchèrent pas de se développer librement; a-t-il secoué le joug de Spinoza, comme il s'est affranchi de la tutelle de Linné et de l'imitation de Shakspeare? Oui; je crois pouvoir affirmer, en terminant cette étude, que le panthéisme de Gœthe, ou du moins ce qu'on a appelé de ce nom, c'est-à-dire sa religion de la nature, sa confiance sereine dans les lois du cosmos, le désir et la joie qu'il éprouvait de se sentir vivre au sein de l'harmonie universelle, avait subi dans la seconde période de sa carrière des modifications décisives. Lorsque Gœthe saluait Linné, Shakspeare et Spinoza comme ses maîtres, il parlait surtout des premiers développements de sa pensée; le dernier précepteur que lui a envoyé la Providence, le dernier et le plus grand, il l'a dit bien des fois, ce fut Schiller. Gœthe, en 1806, après la bataille d'Iéna;

Goethe, en face de Napoléon, à Erfurt; Goethe, tout prêt à suivre dans les misères de l'exil son souverain détrôné, et à soulever les peuples allemands en chantant la honte de la patrie, ce Goethe-là, si différent de celui qui se résignait avant 1794 à une sorte d'épicuréisme intellectuel, qui donc, si ce n'est Schiller, l'a éveillé enfin à une existence virile? L'examen des opinions philosophiques et religieuses de Goethe exigerait tout un livre. En résumé, je le sais bien, le signe par excellence de cet esprit encyclopédique, c'est l'intelligence, l'intelligence ouverte, avide, insatiable, l'intelligence maîtrisant la passion et cherchant surtout à se mettre en harmonie avec le monde; toutefois, regardez-y de plus près, interrogez les périodes diverses de sa vie et les progrès cachés qui s'y révèlent, vous verrez, sous l'action insensible et continue de l'auteur de *Don Carlos*, vous verrez le cœur chez Goethe, le cœur le plus mâle et le plus tendre, réclamer généreusement ses droits. Un point trop peu remarqué, c'est que le christianisme, indifférent d'abord et même odieux au panthéiste enivré de la nature, avait fini par toucher son âme. Il a parlé magnifiquement de la Bible et de l'Évangile. Son esprit amoureux de la forme avait voulu symboliser à sa manière la suite des traditions religieuses de notre race; il substituait aux douze apôtres, figures trop uniformes à son gré, douze personnages de l'Ancien et du Nouveau Testament, qui, groupés autour du Sauveur, représentaient avec une grâce et une majesté singulières toutes les phases du divin drame. Les pages où il explique cette glorification de notre histoire religieuse seraient dignes d'inspirer un grand peintre; on y sent un sincère amour du Christ uni à la constante préoccupation du beau. Peu de temps avant sa mort, le 11 mars 1832, il disait à Eckermann : « Je tiens les quatre Évangiles pour parfaitement authentiques; j'y vois le reflet vivant d'une grandeur attachée à la personne du Christ, grandeur aussi divine que le divin puisse l'être sur la terre. Veut-on savoir si je suis disposé à lui rendre les hommages d'une respectueuse adoration? Je réponds : Sans nul doute. Je m'incline devant la personne du Christ comme devant la manifestation divine du plus haut principe de la moralité. »

En un mot, soit qu'on interroge son existence publique et privée, soit qu'on étudie ses doctrines philosophiques ou religieuses, il est impossible de ne pas découvrir dans la seconde partie de sa carrière une âme plus vivante, plus complète, un essor toujours plus élevé de la conscience. Or, c'est surtout depuis son union avec Schiller qu'il a exprimé en maintes rencontres sa croyance à un Dieu distinct du monde, son espoir d'une vie plus haute et le prix qu'il attachait au développement de la liberté morale.

En vain des fanatiques de toute couleur, démocrates passionnés, gallophobes intraitables, méthodistes ténébreux, ont-ils confondu aveuglément toutes les phases de sa destinée ; les meilleurs juges ont laissé entrevoir le résultat que nous signalons ici. Quelques jours après la mort de Gœthe, Schelling, qui l'avait connu depuis son alliance avec Schiller, annonçait ainsi la funeste nouvelle à l'Académie des sciences de Munich : « Il y a des époques où les hommes d'une vaste expérience, d'une raison saine et inébranlable, d'une pureté d'intentions élevée au-dessus de tous les doutes, exercent, par leur seule existence, une salutaire et fortifiante action. C'est dans une de ces époques que l'Allemagne, je ne dis pas seulement la littérature allemande, je dis l'Allemagne tout entière, vient de faire la perte la plus douloureuse qui pût lui être infligée. Un homme lui est enlevé, qui, au milieu de toutes nos agitations du dedans et du dehors, était là debout comme une puissante colonne; un homme vers lequel bien des yeux se dirigeaient comme vers un phare qui éclairait toutes les routes de l'esprit; un homme qui, ennemi par nature de toute anarchie, de toute irrégularité, ne voulait devoir qu'à la vérité et à la justice la domination qu'il exerçait sur les intelligences; un homme dans l'esprit, et j'ajoute, dans le cœur duquel l'Allemagne était assurée de trouver un jugement d'une paternelle sagesse, une décision suprême et conciliatrice pour toutes les controverses d'art ou de science, de poésie ou de vie sociale, qui pouvaient l'agiter. L'Allemagne n'était pas orpheline, l'Allemagne n'était pas apauvrie, l'Allemagne malgré toute sa faiblesse, malgré ses déchirements intérieurs, a été grande, riche, et puissante par l'esprit, aussi longtemps que — Gœthe a vécu. » Voilà, certes, une magnifique oraison funèbre ; Gœthe eût-il mérité de telles paroles, Schelling eût-il pu les prononcer au milieu du deuil de sa patrie, si la Providence n'avait envoyé au glorieux chambellan du duc de Weimar l'auteur de *Don Carlos* et des *Lettres esthétiques?* Gœthe lui-même répondrait : « Non. » « Quel bonheur, disait-il un jour à Eckermann, que Schiller soit venu à moi, au moment où je laissais s'engourdir les facultés de mon âme ! »

FIN DU DEUXIÈME ET DERNIER VOLUME.

TABLE

DU TOME DEUXIÈME

V. La représentation de la trilogie de *Wallenstein* (1798-1799).. 1

VI. Marie Stuart (1799). 70

VII. Marie Stuart et la Pucelle d'Orléans (1800-1801). . . . 161

VIII. Weimar. La Fiancée de Messine (1801-1803). 237

IX. Guillaume Tell. — Madame de Staël. — Mort de Schiller (1803-1805). 306

Épilogue. — Le Poëme de l'Amitié. — Dernières années de Gœthe. 380

Angers, imp. Burdin et Cⁱᵉ.

www.ingramcontent.com/pod-product-compliance
Lightning Source LLC
Chambersburg PA
CBHW072111220426
43664CB00013B/2076